O ILUMINISMO ESCOCÊS

O ILUMINISMO ESCOCÊS

JAMES BEATTIE * HUGH BLAIR * GEORGE CAMPBELL * ADAM FERGUSON
ALEXANDER GERARD * DAVID HUME * FRANCIS HUTCHESON * LORDE KAMES * JAMES MILLAR
LORDE MONBODDO * THOMAS REID * WILLIAM ROBERTSON * ADAM SMITH

PEDRO PAULO PIMENTA (ORG.)

TRADUÇÕES
ALEXANDRE AMARAL RODRIGUES
DANIEL LAGO MONTEIRO
FERNÃO DE OLIVEIRA SALLES
LUÍS F. S. DO NASCIMENTO
MARCOS BALIEIRO
PEDRO PAULO PIMENTA

Copyright© 2011 Pedro Paulo Pimenta

Publishers: Joana Monteleone/ Haroldo Ceravolo Sereza/ Roberto Cosso
Edição: Joana Monteleone
Editor Assistente: Vitor Rodrigo Donofrio Arruda
Revisão: João Paulo Putini
Projeto gráfico e diagramação: Marília Reis
Capa: Patrícia Jatobá U. de Oliveira
Assistentes de produção: Marília Reis/ João Paulo Putini
Imagem da capa: Henry Raeburn, *The Reverend Robert Walker Skating on Duddingston Loch*, 1790.

CIP-BRASIL. CATALOGAÇÃO-NA-FONTE
SINDICATO NACIONAL DOS EDITORES DE LIVROS, RJ

I29

O ILUMINISMO ESCOCÊS
Pedro Paulo Pimenta (org.);
Tradução Alexandre Amaral Rodrigues... [*et al.*]
São Paulo: Alameda, 2011.
308 p.

ISBN 978-85-7939-049-4

1. Filosofia escocesa. 2. Filosofia moderna. 3. Iluminismo - Escócia I. Pimenta, Pedro

10-3344.	CDD: 192	
	CDU: 1(42)	
		020372

ALAMEDA CASA EDITORIAL
Rua Conselheiro Ramalho, 694, Bela Vista
CEP 01325-000 São Paulo – SP
Tel. (11) 3012-2400
www.alamedaeditorial.com.br

Sumário

APRESENTAÇÃO 7
por Pedro Paulo Pimenta

JAMES BEATTIE 15
Do estilo; Da exibição das paixões em olhares e gestos

HUGH BLAIR 33
*Do surgimento e progresso da linguagem e da escrita;
Natureza da poesia*

GEORGE CAMPBELL 61
*Da relação que a a eloquência tem com
a lógica e a gramática; Natureza e poder dos signos*

ADAM FERGUSON 81
Do estado de natureza; Do luxo

ALEXANDER GERARD 101
*Do refinamento no gosto;
A que faculdade da mente pertence o gênio*

DAVID HUME 123
Três perfis; Da autenticidade dos poemas de Ossian

FRANCIS HUTCHESON 145
*Dos poderes de percepção distintos da sensação;
Do sentido moral*

LORDE KAMES 167
Nosso apego a objetos de angústia; Crença

JAMES MILLAR 189
A condição das mulheres e o cultivo das artes e manufaturas;
Consequências políticas da escravidão

LORDE MONBODDO 209
Da invenção da linguagem; Cartas sobre o sânscrito

THOMAS REID 235
Da visão

WILLIAM ROBERTSON 259
Do progresso da ciência e do cultivo da arte literária;
Descrição da América

ADAM SMITH 285
Das origens da filosofia; A eloquência inglesa;
Da afinidade entre as artes da música, da dança e da poesia

SOBRE OS TRADUTORES 307

APRESENTAÇÃO

Por direito, senão de fato, as Luzes são francesas. Em nossos manuais escolares de história, nas cartilhas preparatórias para os exames vestibulares, o Iluminismo aparece como um imenso e inovador movimento intelectual que, ocorrido no Século XVIII, preparou, de algum modo, o advento da revolta das treze colônias na América do Norte e da Revolução Francesa. As fundações políticas e ideológicas do mundo moderno, da hegemonia do capitalismo e da dominação burguesa, teriam sido estabelecidas pelos intelectuais franceses: Montesquieu, Voltaire, Diderot e d'Alembert etc. Houve, por certo, uma inspiração inglesa, vinda de Locke e de Newton. Não menos verdade é que os alemães – Kant e Lessing à frente de uma brigada numerosa – não tardaram a reclamar para si a consciência mais profunda, ou "crítica", como diriam eles, da nova filosofia. E, no entanto, ou por isso mesmo, permanecem francesas essas Luzes que tão bem sintetizaram o que havia de melhor no pensamento europeu e prepararam o mundo para uma consciência da qual permanecemos herdeiros.

Essa narrativa pode ser simplificadora (que narrativa não é, em se tratando da história do pensamento?), mas permanece, em linhas gerais, verdadeira – ao menos no que diz respeito à predominância francesa na constituição e irradiação do Iluminismo. A tal ponto que mesmo um exame mais detalhado, respaldado em informação histórica atestada, chegaria a confirmar o diagnóstico das tais cartilhas e manuais. É em Paris que o rei da Prússia vai buscar os homens que reforçam sua academia de ciências e dão lustro à sua corte; é a Paris que confluem os autores de língua inglesa em busca de reconhecimento; e mesmo a rainha da Rússia, ansiosa por ter sua nação reconhecida como europeia, colhe em Paris os futuros bolsistas que irão instruí-la nos mistérios do uso da razão. É duvidoso que revoltas e revoluções possam ter sido causadas pela leitura de livros elegantes e engenhosos, como quis um dia Burke; mas não deixam de ser felizes as coincidências: os norte-americanos, apoiados pela monarquia francesa, rompem com seus senhores coloniais; e os franceses, logo eles, derrubam a monarquia que por quase dois séculos serviu de modelo a "déspotas esclarecidos" de toda a Europa. Em 1776, o aplauso dos filósofos é geral; em 1789, poucos estão vivos para condenar um evento que desconcerta.

Nesse quadro, o lugar do "Iluminismo escocês" é de fato muito discreto. Se ninguém jamais pensou em incluir esse tópico no elenco de questões cobradas no ensino médio ou no vestibular, é por boas razões. Dos grandes nomes das letras escocesas no século XVIII, apenas dois se tornaram (quase) tão conhecidos quanto seus contemporâneos franceses: Hume, por seu papel de destaque na crítica à metafísica, e Adam Smith, duvidosamente celebrado como pai do "liberalismo econômico". O primeiro é pouco lido fora das faculdades de filosofia; o segundo, de tão falado, mal chegou a ser compreendido.

Que tenha existido algo como um Iluminismo escocês, e de fato ele existiu, é nada menos que um verdadeiro paradoxo, uma dessas (boas) surpresas que a experiência histórica às vezes apronta, com seu gosto por desconcertar os analistas que vão a ela maltratando-a, à caça de grandes modelos ou de um sentido geral. Não é que o fenômeno não tenha suas razões; é que elas se impõem contra tudo o que poderiam sugerir as evidências. Uma nação periférica, sem tradição alguma nas ciências, nas artes ou nas letras, estéril em termos de filosofia, politicamente submetida a outra nação, que na prática a domina; como poderia aspirar a algo mais que a insignificância? Mas a verdade é que, a partir de começos do século XVIII, gradualmente e com cada vez mais força, os intelectuais escoceses, até ontem uma raça quase inexistente, vão se firmando no debate intelectual das Luzes com uma consistência tal que, no ocaso do século, dominarão a cena europeia e superarão os franceses, quando se tratar de fornecer as referências que nortearão o século XIX, alemães à frente, no desbravamento de mundos desconhecidos – os da linguística, da antropologia, da economia política; das ciências do homem, enfim.

O próprio Hume, figura central das Luzes, não só escocesas, estava perfeitamente ciente de que a posição de destaque aos poucos conquistada por seus compatriotas era um fenômeno inusitado, para dizer o mínimo. "É realmente espantosa – confessa ele – a quantidade de homens de gênio que produz no presente o nosso país... Não é estranho que em nosso tempo, quando não temos príncipes, nem parlamento, nem governo independente, quando nossa nobreza é infeliz em seu sotaque e pronunciação, e fala um dialeto extremamente corrompido da língua que usamos, não é estranho, eu digo, que nessas circunstâncias sejamos nós, os escoceses, o povo da Eurpa que mais se destaca na literatura?"[1] Orgulho nacionalista? Nada disso. A ironia dessa situação parece a Hume especialmente saborosa, por confirmar que, em se tratando das coisas humanas, máximas gerais como esta – "apesar de o Estado livre ser único berço próprio para essas plantas nobres, elas podem, no entanto, ser transplantadas para qualquer governo; e se uma república é mais favorável ao desenvolvimento das ciências, uma monarquia civilizada favorece mais as artes polidas" –[2] devem ser adotadas *cum grano salis*. A Escócia de Hume, nem monarquia nem república, não passa de uma província, que, no entanto, contrariamente à cosmopolita Inglaterra, terra dos "bárbaros que vivem às margens do Tâmisa", é capaz de rivalizar com o modelo francês. É isso o que explica o êxito da filosofia escocesa na época das Luzes: o desejo de emular autores estrangeiros, superando-os em seus próprios termos.

Nesse jogo, a Inglaterra é o contramodelo. E não por acaso. Como lembrou certa vez um ilustre professor (argentino) de literatura inglesa, enquanto os franceses se orgulhavam de seu Classicismo, os ingleses respondiam

---

1   Hume a Gilbert Elliot, 02/07/1757. In: *The letters of David Hume*, vol. I, p. 255. Ed. J. T. Y. Greig. 2 vols. Oxford: Clarendon Press, 1932.

2   "Do surgimento e progresso das artes e ciências". In: *Ensaios morais, políticos, e literários*, p. 124. Ed. Miller. Indianápolis: Liberty Fund, 1983.

à vocação que desde Shakespeare fora a sua: o Romantismo, que vige em Londres já desde meados do século XVIII. Luzes inglesas, propriamente ditas, nunca houve. A melancolia de um Hobbes, o gênio rapsódico de um Locke, o entusiasmo de um Shaftesbury, o sublime de um Burke, o grotesco de um Sterne, por mais fascinante que tudo isso possa parecer, não convêm perfeitamente aos (ainda que joviais) herdeiros do *esprit géometrique* na França, e é em diálogo com estes últimos que os escoceses, Hume à frente, descobrem o gênio que lhes é peculiar.

E o gênio escocês é, principalmente, histórico. No século XVIII a palavra "história" é entendida com o significado amplo de "investigação". Encontramos, entre os filósofos escoceses, aqueles que se dedicam à história propriamente dita. Além de Hume, William Robertson e Adam Ferguson promovem a narrativa histórica ao estatuto de disciplina filosófica. Evitando a armadilha da interpretação teleológica das coisas humanas, eles encontram, mesmo assim, na experiência política, um sentido, que se constrói, um pouco aleatoriamente, mas constantemente, no jogo das causas e efeitos. Esses mesmos fenômenos, tomados numa perspectiva mais geral, se tornam objeto de uma história das instituições, praticada por Adam Smith e John Millar, que mostra, para além das circunstâncias da experiência particular, a lógica que rege as relações sociais. Estendido a sociedades outras que não as ditas "civilizadas", esse estudo se aproxima de uma antropologia comparada – como em Adam Ferguson, em Lorde Monboddo, em Hugh Blair. Compreendendo as relações sociais em termos de estrutura, os escoceses recuam até a imaginação e o entendimento, em busca dos princípios que estão na base dos produtos que constituem o mundo da cultura. Reagindo ao ceticismo de Hume e à moral de Francis Hutcheson, autores como Thomas Reid, Lorde Kames, James Beattie, Alexander Gerard e George Campbell formulam uma nova epistemologia, cujos segredos só agora começam a ser deslindados pelos estudiosos.

Um pouco como acontece na França ou na Alemanha, as afinidades temáticas entre os autores escoceses recobrem profundas diferenças, como perceberá facilmente o leitor desta coletânea. Talvez a única marca comum entre eles todos, sem exceção, é a preocupação com a excelência na arte de bem escrever. Livros de autores escoceses eram julgados, pela crítica inglesa, de modo implacável. Ao menor sinal de dialeto regional, de *scotticism*, a obra era denunciada e caía em descrédito. E justamente: como poderia ser respeitado um autor que transpõe, em prosa, os vícios de um dialeto considerado rudimentar, perto do inglês falado na capital? O estilo escocês é, por isso, marcado pela clareza, pelo uso preciso dos signos verbais na concepção, na delimitação, na expressão das operações da imaginação e do entendimento. As traduções ora oferecidas, feitas por leitores atentos e cuidadosos, procuram reproduzir, na medida do possível, esse aspecto "clássico" da prosa do norte, que deliberadamente procura se distanciar do ímpeto e da instabilidade da língua inglesa, que muitos julgam, não sem razão, romântica por natureza, logo pouco adaptada às exigências da ciência e da filosofia (compartilham dessa opinião: Hume e Smith; Burke; Diderot, entre outros).

O grande pivô do Iluminismo escocês é, sem dúvida, David Hume. A ele se referem, aberta ou veladamente, quase todas as peças aqui reunidas. Um tributo merecido à envergadura incomum desse filósofo. Outras grandes referências vêm da França, como contraponto a Hume: Montesquieu, a *Encyclopédie*, os fisocratas (com destaque para Turgot), Condillac, Rousseau.

Após muitos anos de negligência por parte dos meios acadêmicos, o Iluminismo escocês está na moda. Além de numerosos artigos em revistas especializadas, não faltam volumes introdutórios, coletâneas temáticas, estudos gerais ou particulares. A presente coletânea se inscreve nessa tendência. Seria despropositado oferecer aqui uma bibliografia exaustiva a respeito do tema. Para evitar, por outro lado, o risco da parcialidade, restringimonos a remeter o leitor à coletânea *The Cambridge introduction to the Scottish Enlightenment* (1996), organizado por Alexander Broadie. Sem nada acrescentar em termos de análise conceitual, os artigos ali reunidos oferecem um panorama geral, informações abundantes, e vasta bibliografia.

A maioria dos textos que compõem o presente volume é inédita em língua portuguesa. Foram escolhidos para representar, com bastante variedade, os principais autores desse momento importante da modernidade filosófica, realçando-se, na seleção, os méritos principais de cada um. Que as presentes traduções, realizadas por leitores cuidadosos e atentos, sirvam como um convite para que se descubra o encanto dessas luzes – um pouco distantes, é verdade, de nós, que vivemos uma realidade muito diferente da qual elas emanam, mas que têm muito a contribuir com o que insistimos em chamar, ainda hoje, de "pensamento crítico". Mostrando-nos as origens dos nossos modos de pensar a sociedade, os escoceses nos ensinam a refletir sobre ela com mais rigor e, por que não, com mais prazer.

Pedro Paulo Pimenta
Universidade de São Paulo, Dezembro de 2010

James Beattie (1735-1803)

DE JAMES BEATTIE se pode dizer que foi uma verdadeira celebridade no mundo das letras. Um quadro do grande pintor inglês Sir Joshua Reynolds intitulado "Dr. Beattie, ou o triunfo da verdade" (1774) mostra o filósofo em primeiro plano e, ao fundo, a figura de uma bela e vigorosa mulher subjugando dois homens. Um deles parece ser Voltaire, o outro Hume. A composição da cena dá a Beattie os ares de um herói. Seu feito? Ter imposto ao ceticismo e à libertinagem filosófica uma fragorosa derrota, com a publicação da obra *Essay on the immmutability of truth* (1770). A consagração de Beattie por Reynolds mostra que o autor escocês adquiriu a essa altura de sua carreira um prestígio imenso. Além do famoso pintor, podia se gabar de ter como amigos homens da estirpe de Edmund Burke, James Boswell, David Garrick, Oliver Goldsmith e Samuel Johnson, todos cientes de seu mérito e inimigos professos da filosofia irreligiosa que por então grassava em Paris e Edimburgo e ameaçava tomar Londres. Feito raro para um escocês: ter mantido os ingleses ao abrigo das Luzes! (A história desse triunfo duvidoso é reconstituída por Edgar Wind em *Hume and the heoric portrait*. Oxford University Press: 1986). No juízo de Kant, porém, James Beattie era um homem de bom senso, mas não de gênio, e não estava à altura dos adversários que escolhera combater.

Nascido no interior da Escócia, Beattie é professor de filosofia moral na universidade de Aberdeen desde 1760. Nessa mesma cidade, participa de um círculo de discussões filosóficas que inclui George Campbell, Alexander Gerard e Thomas Reid, dedicada à leitura e refutação dos escritos de David Hume e de seus colegas escoceses e franceses. Sua extensa obra, formada por livros e escritos baseados em anotações de aula, inclui *Ensaios sobre a poesia* (1778), *Dissertações morais e críticas* (1783), *Teoria da linguagem* (1780) e *Elementos de ciência moral* (1790-93). Destes últimos extraímos os textos aqui apresentados, "Do estilo" e "Da exibição das paixões em olhares e gestos", nos quais vemos que, para Beattie, as preocupações de ordem moral estão longe de se restringir à questões de ética.

Suas considerações sobre o estudo da fisionomia humana, que desde a Antiguidade constituíra objeto de uma ciência à parte, prenunciam o que dirão Goethe e Hegel a esse respeito. As expressões faciais são uma espécie de linguagem na qual se podem ler os sentimentos dos homens; mas os traços da face dificilmente poderiam revelar o caráter de cada um. O estudo sobre o estilo é uma peça redigida no melhor espírito de minúcia do século XVIII: se não há regras universais de como escrever bem, todos concordam quanto aos modelos dessa difícil arte. Em prosa límpida e direta, amparado em abundantes exemplos, Beattie examina modalidades diversas da expressão humana de sentimentos, ora na arte de escrever e falar, quando regras são essenciais para a composição, ora no estudo da fisionomia, quando expressões e gestos são de natureza mais difusa. Percebe-se, aliada à firmeza do ponto de vista próprio do filósofo, a moderação do crítico. Encontra-se nesses textos o testemunho de um autor inquisitivo e erudito, mas modesto, e discretamente original.

Do estilo[1]

Assim como cada um tem peculiaridades no modo de pensar, também as possui na maneira de falar e, consequentemente, no estilo. Define-se *estilo* como o modo de expressão particular que alguém adota ou ao qual está habituado, na fala bem como na escrita. E, se é certo que todo estilo deve ser gramatical, uma mesma língua comporta diversos estilos, e nada impede que dois ou mais estilos diferentes sejam igualmente bons. Cícero, César, Salústio e Lívio escreveram todos em excelente estilo, embora muito diferentes entre si. Pode-se dizer o mesmo de Virgílio, Horácio, Ovídio e Lucrécio. Constitui prova inequívoca de gosto correto e destreza no uso da língua que o leitor saiba distinguir os estilos a ponto de, diante de uma citação anônima, ser capaz de dizer, sem o auxílio da memória, se ela é de Virgílio, de Horácio ou de Ovídio, se de Cícero, de César ou de Lívio.

O bom estilo é a um só tempo gramatical e perspícuo. Se a linguagem é incompreensível, é inútil; se é difícil de entender ou se expõe a mal-entendidos, é imperfeita. Não me canso de repetir que em qualquer língua os escritores mais perspícuos são sempre os mais elegantes, e que escritores obscuros, apesar de eventuais méritos, não são elegantes e não devem ser imitados. Na poesia, contudo, em virtude da linguagem ornamentada, da brevidade e da necessidade de empregar a arte de adaptar palavras à métrica, não esperamos a mesma perspicuidade que na prosa. A poesia é imperfeita quando parece obscura aos conhecedores da dicção poética. As imitações poéticas no estilo peculiar às profecias incluem ainda, para serem naturais, algum grau de obscuridade, como na incomparável ode de Gray sobre o massacre dos bardos galeses.[2] A profecia é necessariamente obscura. Se fosse perfeitamente compreensível antes de se concretizar, interromperia o curso ordinário das coisas humanas e imporia uma restrição ao livre arbítrio. Por vezes, o poeta imita a linguagem da paixão; mas, também nesse caso, não esperamos grande perspicuidade, visto que a natureza da paixão violenta é perturbar a mente e

---

1   "Of style". In: *Elements of moral science,* vol. II, parte IV, cap. 1, Seção III. Edimburgo: 1790. Tradução: Alexandre Amaral Rodrigues. (NE)

2   Thomas Gray, "The death of Hoel". In: *The poems of Mr. Gray.* York: 1775. (NT)

fazer com que os homens falem incoerências. Mas a linguagem da paixão deve ser suficientemente perspícua para que possamos entender o que se passa na mente de quem fala e o que ele quer dizer ou fazer.

Para falar e escrever com perspicuidade é preciso: 1. estar perfeitamente ciente da própria intenção – o que não é tão fácil quanto parece; 2. entender integralmente as palavras utilizadas com as sutis variações de sentido que distinguem sinônimos aparentes; 3. revelar os pensamentos em ordem gradual e natural, começando pelo mais trivial e evidente; 4. só admitir palavras incomuns, que não sejam de entendimento geral, se for necessário introduzir ideias novas que ainda não foram expressadas em nossa língua; 5. evitar digressões e parênteses que não se encaixem facilmente na frase; 6. não usar expressões estrangeiras, a não ser que se escreva em língua estrangeira ou que seja necessário citar um autor estrangeiro em suas próprias palavras; 7. por fim, é preferível que o rigor nos torne demasiado perspícuos do que o contrário, visto que não se pode esperar dos outros que penetrem os nossos pensamentos e pontos de vista com a mesma facilidade que nós mesmos.

A beleza da língua não consiste tanto em frases eruditas ou incomuns quanto no uso de palavras tão claras que todos as possam entendê-las sem que se incorra, no entanto, em banalidade. Diz-se que um famoso poeta cômico (Molière, se não me engano) lia cada uma de suas peças, antes de publicá-las, à sua velha governanta, substituindo cada palavra que ela não entendesse. Esse exemplo pode ser útil para os escritores em geral, especialmente aos que escrevem para instrução e diversão do vulgo. *Sir* Thomas Brown, que viveu no século passado e foi o autor de *Religio Medici* e *Inquiry into vulgar errors*, utilizava um número tão grande de palavras incomuns, derivadas do grego e do latim, que não obstante seu grande gênio e erudição, tornou seu inglês árido e obscuro, e somente os versados em línguas clássicas podem entendê-lo perfeitamente. O seu estilo teve, apesar disso, alguns imitadores, especialmente em tempos mais recentes, quando certos modismos vieram a desfigurar e depreciar nossa língua. Tais escritores diriam, em vez de *frágil*, *quebradiço*; em vez de *fertilidade*, *feracidade*; em vez de *umedecer*, *infrutífero*, *desejar*, *desmamar* e *apontar*, *umectar*, *infecundo*, *ter desiderato*, *ablactar* e *indigitar*. Encontram-se em Sir Thomas Brown outras palavras ainda mais extraordinárias, tais como *feriar* para *respeitar o feriado*, *desdentição* para *queda dos dentes*, *decrescer* para *diminuir*, *comensalidade* para *convívio à mesa, diafaneidade* para *transparência, dissentido* para *inconsistente*, e muitas outras. Desnecessário acrescentar que palavras afetadas nunca podem ser boas, e um escritor ou orador claro e elegante jamais poderia utilizá-las com propriedade.

A expressão excessivamente breve é nociva à perspicuidade, como se vê em Aristóteles, Tácito, Marco Aurélio e em algumas passagens de Horácio, que reconhece abertamente: *Brevis esse laboro, obscurus fio*.[3] O excesso de palavras e ilustrações tem o mesmo efeito, ao confundir o leitor e distrair sua atenção, como se pode notar na leitura do *Ensaio* de Locke *sobre o entendimento humano* e especialmente nos labirintos de Shaftesbury – autor que, na arte de pouco dizer em muitas palavras, supera todos os que conheço, com exceção de Bolingbroke, que em seu *Idea of a patriot king* é *vox et praeterea nihil*.[4] Da perspicuidade sem excesso ou falta, quando praticamente não há palavra a mais ou a menos, os modelos mais admiráveis são Xenofonte e principalmente César. Diríamos o mesmo de Tucídides e Salústio, não fosse o estilo excessivamente artificial desses autores. Cícero, embora nunca seja demais louvar a excelência de sua composição, usa às vezes mais palavras do que o necessário, como é comum entre os oradores mais experientes. Swift, em suas melhores obras, é muito correto, e raramente emprega mais ou menos palavras do que o necessário. De modo geral, pode-se dizer o mesmo de Addison, cujo estilo tem a vantagem de ser muito mais agradável e harmonioso do que o de Swift. Alusões a fatos e costumes pouco conhecidos tornam a linguagem obscura e pedante, falta essa conspícua em Pérsio e Suetônio, que, se estão entre os autores antigos mais difíceis de ler, contam também entre os mais deselegantes.

O bom estilo deve ser harmonioso, isto é, deve agradar aos ouvidos e permitir articulações fáceis. A harmonia em verso discutirei alhures;[5] na prosa, ela depende principalmente de duas coisas: sons *variados* e sons *suaves*. A primeira qualidade podemos alcançar evitando palavras de pronúncia difícil, sempre

---

3 "Esforço-me para ser breve, torno-me obscuro". Horácio, *Ars poetica*, livro I, verso 25. (NT)

4 "Voz, e nada mais". Plutarco, *Ditos Espartanos*, 233. O uso do célebre dito em latim é atribuído a Sêneca. A frase completa de Plutarco é a seguinte: "Um homem apartou as asas de um rouxinol, e quase não encontrando carnes, disse: 'És voz, e nada mais'". (NT)

5 *Elements of moral science*, livro I, parte I, cap. 9, §§ 189 ss., *op. cit.* (NT)

que outras, de som mais fluente e com o mesmo significado, possam ocupar o seu lugar; a segunda, combinando-as de modo que sua união não produza sons ásperos. Em todas as línguas há palavras mais facilmente pronunciáveis do que outras; mas, como as palavras podem começar ou terminar com consoantes, e como o som de algumas consoantes não se coaduna facilmente com o de outras, violaríamos a harmonia do estilo se aproximássemos demasiadamente as consoantes ásperas umas das outras. Um exemplo familiar. *Vast strength* tem um som mais áspero do que *great strength*. A pronúncia da primeira combinação é mais difícil do que a da última. É que ali nós temos que articular cinco consoantes sucessivas, s t s t r, ao passo que aqui só há quatro, t s t r. Esses detalhes, por triviais que pareçam, requerem máxima atenção. Observai que em prosa, mais do que em verso, não se deve sacrificar o sentido ao som.

Obtém-se variedade sonora elaborando-se frases e orações contíguas de diferentes extensões, algumas mais longas, outras mais curtas, e variando-se a sintaxe sempre que se possa fazê-lo com perspicuidade e de forma consistente com o idioma, evitando toda aparência de afetação ou excesso. Uma sucessão de palavras com a mesma terminação tem um efeito ruinoso para a prosa, ao menos nas línguas modernas, e especialmente se o som é marcante. "Reconheço humildemente a esterilidade de minha fantasia e a debilidade de meu juízo" não é um período tão harmonioso ou elegante quanto "Reconheço humildemente que minha fantasia é pobre e meu juízo é fraco". Do mesmo modo, é intolerável uma frase como esta, "Num discurso sobre a situação da nação, foi esta a sua observação..."; melhor seria dizer, "Em solene discurso sobre o estado atual da nação, observou o seguinte...". A harmonia da prosa era mais respeitada pelos gregos e romanos do que o é pela maioria dos modernos. O comando que tinham sobre ela é muito superior ao nosso, pois suas línguas eram mais melodiosas e admitiam maior variação na ordenação das palavras. Os prosadores mais harmoniosos da Antiguidade são Platão, Demóstenes, Isócrates, Cícero e Lívio. O nosso melhor modelo, aqui como em outros aspectos, é Addison.

O bom estilo também deve ser castiço, isto é, conforme a gramática e o caráter do idioma. Ao gramático cabe ensinar o que torna a linguagem gramatical. Mas há palavras que, embora sejam conformes à gramática, não o são ao *caráter do idioma*, ou à sua peculiaridade. *Quid hoc sib vult*, "com que isso se parece?", é latim castiço; *What would this to itself* não é inglês. *A useful member of society*, "um idôneo membro da sociedade", é bom inglês, mas *utile membrum societatis* seria mau latim. É por causa dessa diversidade de caracteres idiomáticos que muito do que há de elegante em algumas línguas não se deixa traduzir para outras de modo a um só tempo literal e *castiço*. É verdade que temos em inglês caracteres idiomáticos hebraicos, gregos e latinos, que, por terem sido utilizados por nossos melhores escritores em seus melhores livros, tornaram-se parte integrante da língua. Mas a língua inglesa é hoje tão perfeita e copiosa que, a não ser que se inventem novas artes, não se admite uma liberdade como essa. Se estivesse ao alcance de qualquer um introduzir novas palavras e frases a bel-prazer, a língua seria desfigurada e em poucos anos teríamos sacrificado o que há de melhor em nossas letras. Na escrita, portanto, assim como na fala, devemos prestar especial atenção à prática dos escritores que nos precederam, especialmente daqueles que mantiveram sua reputação e cujo estilo recebeu aprovação geral ao longo dos tempos. Com preocupação observo que cresce entre nós a lamentável propensão a introduzir no inglês novas palavras e caracteres idiomáticos – franceses, americanos, indiano-ocidentais e escoceses –, além de outras expressões estranhas, de maneira desnecessária e com sérios inconvenientes aos que observam as normas da genuína língua inglesa e que hoje em dia frequentemente deparam, em jornais como em outras publicações, com expressões incompreensíveis. Caso essa propensão venha a predominar e se generalize, em poucos anos o nosso discurso se tornará bárbaro. Mas todo aquele que tem bom gosto, que ama seu país, que entende sua língua e quer o bem de sua literatura há de se empenhar para pôr freios a essa tendência.

Os escoceses mais cultos não têm problemas em evitar o uso de palavras do dialeto de seu país. Que isso nos sirva de exemplo. A introdução de um linguajar bárbaro empobrece o gosto, tinge a mente com uma espécie peculiar de indelicadeza e rebaixa a nossa figura, especialmente se estivermos entre estranhos. Na Escócia, encontram-se alguns caracteres idiomáticos impróprios, denominados *scotticisms*, contra os quais é mais difícil nos resguardarmos, uma vez que muitos tendem a tomá-los por bom inglês. Publicou-se há alguns anos uma lista de trezentos desses vocábulos num opúsculo anônimo; e como essa lista, embora certamente incompleta, foi bem recebida, há boas razões para crer que tenha sido de alguma utilidade.

Por fim, o bom estilo deve ser simples. Não é fácil alcançar ou descrever a simplicidade de estilo, que é efeito de muita prática, de entendimento claro e de profundo conhecimento da língua. O estilo simples é perfeitamente fácil, natural e perspícuo, sem qualquer redundância ou falta; admite ornamentação, mas seus ornamentos se oferecem como que espontaneamente, como se não fora preciso buscá-los. O estilo simples dá a ideia de um autor modesto e cândido. Parece antes obra do acaso do que da arte, embora seja, na realidade, o efeito de muita arte: *ut sibi quivis speret idem, sudet multum – ausus idem.*[6] Apenas o estudo dos melhores autores, que são, em qualquer língua, os de estilo mais simples, dá acesso à compreensão e à prática dessa simplicidade. Entre os antigos que mais se destacam por essa qualidade estão Homero, Xenofonte e Heródoto, quase todos os historiadores gregos, César, Terêncio, Virgílio, as epístolas de Horácio, as descrições de Lucrécio e as narrações de Ovídio. Entre os ingleses, são excelentes nessa qualidade Dryden e Pope, em seus escritos em prosa; Swift, em suas melhores obras, particularmente *Viagens de Gulliver, Carta a um jovem clérigo* e *Carta a uma jovem senhora que está para se casar*; a Sra. Montagu, em seu *Ensaio sobre Shakespeare.*[7] Espero não causar ofensa a ninguém ao afirmar que, quanto à simplicidade, bem como à harmonia, nosso melhor modelo é Addison. O estilo da *Escritura*, especialmente nas passagens históricas e nos Salmos, é majestoso, e inimitavelmente simples.

---

6 A citação usual, mais completa, é a seguinte: *ex noto fictum carmen sequar, ut sibi quivis / speret idem, sudet multum frustraque laboret / ausus idem*: "meu objetivo é um poema de tal forma moldado com materiais comuns que todos possam esperar conseguir o mesmo, e, caso tentem fazer o mesmo, tenham de trabalhar duro para isso e ainda assim trabalharão em vão." Horácio, *Ars poetica*, versos 240-42. (NT)

7 Elizabeth Montagu, *An essay on Shakespeare*. Londres: 1769. (NT)

Da exibição das paixões em olhares e gestos[1]

SENDO AS PAIXÕES uma comoção do corpo bem como da mente, não admira que se exibam no comportamento e na aparência dos homens. Não fosse assim, o convívio entre eles seria ainda mais difícil e arriscado do que é, pois não teriam como descobrir, à primeira vista, as características de cada um nem o que se passa em sua mente. A expressão externa das paixões é como uma linguagem universal, que, embora não seja muito extensa, é suficiente para nos informar de muitas coisas que nos interessam e que permaneceriam, de outra maneira, inauditas. Por mais que alguém se esmere em esconder as próprias emoções, o observador mais perspicaz poderá descobri-las nos olhos e nas feições, na compleição e na voz; quem não faz questão de esconder ou disfarçar os próprios sentimentos dá indícios tão claros deles que dificilmente poderíamos nos enganar a respeito. Uma pessoa que sente raiva pode não dizer uma palavra, mas tem as sobrancelhas contraídas, os olhos faiscantes e os lábios trêmulos, e move-se irrequieta. Salústio diz que nos olhos de Catilina havia um brilho desagradável, que sua compleição era pálida, que seu passo era irregular e que sua aparência geral sugeria uma mente perturbada, à beira da insanidade.[2]

Deve-se observar, no entanto, que nem todos são igualmente perspicazes no discernir as emoções internas por meio das expressões externas. Enquanto alguns têm essa percepção extremamente aguçada, outros são dela desprovidos. Isso se explica, ao menos em parte, pelo hábito de prestar atenção a esses sinais. Pois, se há quem examine todo semblante com que depara, não importa se de seres humanos ou de animais, há quem não se importe com isso, e é razoável supor que o sentido daqueles seja mais aguçado que o destes. O talento ao qual me refiro é por vezes chamado de *habilidade fisiognômica*, ou *fisiognomonia*, para usarmos um termo mais próximo do grego. Aristóteles, a exemplo de outros filósofos antigos, escreveu a respeito;[3] e

---

1 "Of the passions as they display themselves in looks and gesture". In: *Elements of moral science*, vol. I, parte I, cap. II, seção VII. Edimburgo: 1793. Tradução: Marcos Balieiro. (NE)

2 *A conjuração de Catilina*, cap. 15. (NT)

3 Pseudo-Aristóteles, *Problemata*, livros XXXI-XXXVII. (NT)

havia na Antiguidade pessoas cuja profissão era julgar o caráter a partir da aparência externa. Conta-se que uma delas, tendo observado Sócrates sem saber de quem se tratava, declarou que era um homem mau, escravo das piores paixões existentes na natureza humana. Relatou-se o veredicto a Sócrates com o intuito de provar a presunção e tolice do fisiognomista; mas o filósofo admitiu que o referido homem mostrara uma percepção extraordinariamente penetrante, pois ele mesmo se reconhecia submetido, por natureza, a toda espécie de paixão, por mais que as tivesse dominado com o auxílio da razão e da filosofia.[4]

Observai ainda que nem todos os homens sentem da mesma maneira as emoções mais cálidas, e que cada um é diferentemente afetado pelas impressões da mente. Algumas pessoas têm os gestos tão calculados e a face tão inexpressiva que, a menos que sofram uma intensa agitação, sua aparência externa permanece quase invariável. Isso se deve, com toda probabilidade, à constituição bem como ao hábito. A feição impassível cultivada pelos estoicos, que a associavam à dignidade humana, muitas vezes não passa de uma máscara postiça. Vemos uma criança cuja aparência varia continuamente à medida que variam os seus pensamentos; e uma outra, que ao pensar raramente sofre qualquer mudança perceptível: só podemos atribuir a diferença à constituição de cada uma delas, e é absurdo supor que se trate de artifício ou afetação. A inigualável variedade de expressão que se encontra no semblante de Garrick[5] só me parece explicável pela prática e o estudo aos quais esse ator se dedica com rigorosa disciplina; mas outros, que o conheceram na juventude, alegam que ele já possuía essa qualidade desde a mais tenra idade.

Observe-se ainda que em alguns círculos da sociedade coíbe-se a expressão explícita de paixões. Pessoas que participam da vida social e seguem a moda se esmeram em se vigiar umas as outras e em reprimir ou ao menos esconder suas emoções mais violentas. Já entre os que desconhecem as regras do decoro, a exemplo do que ocorre entre os selvagens, dificilmente

---

4 Cícero, *Sobre o destino*, livro V, cap. 10. (NT)

5 David Garrick (1717-1779), ator e dramaturgo inglês, diretor do teatro de Drury Lane em Londres. (NT)

se encontra qualquer contenção. Por essa razão, a convivência entre eles é mais turbulenta: na alegria e na tristeza, na amizade e no fastio, os traços das feições dos homens trazem a marca inequívoca das paixões que neles predominam. Os artífices que se ocupam das partes mais minuciosas de máquinas têm em geral um semblante fixo, condizente à atenção contumaz que são obrigados a ter em sua atividade. Homens que cuidam de seus negócios conversando com outros têm, no mais das vezes, um semblante mais suave e feições menos carregadas.

Mas, embora nem todos tenham sagacidade suficiente no discernimento de caracteres humanos, seja por desatenção ou seja por outras causas, não há quem não tenha algo de fisiognomista. Qualquer um pode distinguir pelo semblante o homem sereno do colérico, o alegre do melancólico, o atencioso do descortês, o perspicaz do estúpido. As crianças logo aprendem a diferença entre o cenho franzido e o sorriso da governanta, compartilham de sua alegria ou tristeza quando veem a expressão externa de tais emoções, e temem mais o tutor atento que o descuidado. As faces dos animais mais sagazes não são desprovidas de expressão. Podemos distinguir o vira-latas do cão de raça e o cavalo de estirpe do pangaré apenas pelo semblante e pelo porte. Percebemos intuitivamente que lobos, raposas, furões e cães são perigosos, e que asnos, ovelhas, cabras e cordeiros são inofensivos. Se admitirmos esses fatos e observarmos as muitas variações de expressão que se encontram na pintura e na estatuária, veremos que a fisiognomia é algo como uma ciência, e tal que sua verdade, para ser apreendida, requer um observador cuidadoso e paciente.

Mas não é apenas a partir do semblante que os fisiognomistas formam sua opinião. Ouvem a voz da pessoa, veem-na movendo-se, agindo e sorrindo, e familiarizam-se com sua postura, antes de emitir algum juízo sobre o seu caráter. Como bem sabem os pintores, a posição da cabeça é especialmente reveladora: humildade e tristeza se exibem quando pende para baixo, arrogância quando se ergue para o alto ou se reclina para trás, afecções mais gentis quando se volta para um dos lados, firmeza quando se mantém ereta entre os ombros. Amor, ódio, alegria, sofrimento, medo, serenidade, admiração, raiva e desprezo são efeitos visíveis nas diferentes posições da cabeça. Também as mãos, tão difíceis de mover com graça – os que não estão

28 Pedro Paulo Pimenta (org.)

acostumados ao convívio social mais elegante raramente as movem, e quando o fazem é com precaução –, expressam em movimentos e gestos diversos estados da mente, tais como admiração, esperança, consentimento, recusa, medo, urgência e outros. Descrever esses movimentos com precisão é, no entanto, algo que dificilmente seria possível. Nesse caso, seguir uma regra imprecisa é pior que não seguir nenhuma, o que redundaria em afetação, e, consequentemente, em falta de graça.

Alguns são mais recatados do que outros na exibição de suas características pessoais. Esta pessoa nos parece familiar à primeira vista; uma outra não nos mostra nada, apesar de nossa insistência; e, se quiser, continuará a se furtar por anos a fio à mais aguçada observação. Cabe assim ao fisiognomista, na formação de seu juízo, não ter pressa e cultivar a paciência. Que se mantenha alerta diante de aparências promissoras; que a caridade o incline à moderação, por mais que tenha detectado uma companhia indesejável ou desagradável. É comum termos uma impressão inicial desfavorável de alguém que depois percebemos digno da mais alta estima. Em suma, como a fisiognomia é, no mais das vezes, uma ciência conjectural, e como há objeções a quase todos os seus princípios, dificilmente poderíamos nos fiar cegamente nela. O marechal Turenne, que foi o maior comandante de seu tempo e era também um grande homem, tinha uma aparência tão pouco auspiciosa que quando se vestia com desleixo, como aliás era comum, os que não o conheciam tomavam-no por um simplório. Diz-se o mesmo de Filopemeno, outro comandante ilustre, e de nosso Carlos II, homem agradável e de boa natureza, mas cujo semblante era ameaçador e severo.[6]

De minha parte, embora seja um estudioso de longa data da fisiognomia, por mais que me vanglorie de minha destreza nessa arte, não ousaria considerá-la senão superficialmente. Estou ciente de que existem muitas teorias disparatadas que servem mais para confundir do que para informar. As opiniões de Aristóteles e de outros autores antigos foram reunidas por Johannes Porta num livro que chegou a desfrutar de certa admiração, mas que pouco

---

6 Marechal de Turenne (1611-75), comandante das tropas francesas na Guerra dos Trinta Anos; Filopoemeno (253-183 a.C.), comandante da liga dos Aqueus contra Filipe da Macedônia (ver Plutarco, *Vidas*); Carlos II, rei da Inglaterra (1660-85). (NT)

tem a dizer ao observador mais diligente e imparcial.[7] Esse autor, a exemplo de outros, encontra semelhanças imaginárias entre as faces de homens e de animais, atribuindo àqueles o caráter do animal ao qual mais se assemelham; das proporções entre as partes do corpo humano, extrai conclusões acerca das virtudes ou vícios da alma que supostamente o animam. Outros foram mais longe, e quiseram estimar os poderes do entendimento pelo formato do crânio, o traçado das sobrancelhas e os contornos do nariz de um homem. Falta-me tempo e inclinação para adentrar investigações como essas; mas não me custa dizer que são inteiramente desprovidas de fundamento.

De todos os fisiognomistas antigos ou modernos que tenho notícia, o mais ilustre é John Gaspard Lavater,[8] um pastor oriundo de Zurique, autor de dois volumes magnificamente adornados por muitos desenhos curiosos. A obra traz nobres rompantes de eloquência e prova que o autor é um homem piedoso e de bom coração. Além disso, muitas das observações que oferece ao leitor sobre a figura humana são tais que não me parece que alguém dotado de uma boa capacidade de observação poderia discordar delas. Mas é caprichoso, e deposita uma confiança excessiva nas próprias afirmações. Seu estilo, ainda que belo em algumas passagens, é em geral prolixo, incoerente e bombástico, e parece-me que seria difícil depurar suas noções a ponto de transformá-las num sistema. Certa vez, os vizinhos de Lavater foram envenenados ao beber o vinho da eucaristia; desconfiando que o ato era intencional, o autor compôs um sermão de extraordinária veemência em que se encontra um dito memorável, que menciono para ilustrar a confiança que deposita em sua própria arte: "Eu aconselharia o perpetrador desse crime bárbaro a não cruzar meu caminho; pois, se pusesse os olhos nele, certamente o reconheceria por sua aparência". Lavater é um homem de gênio e penetração, e seu livro é muito instrutivo. Mas receio que ele não possa ensinar sagacidade àqueles que a natureza não dotou desse talento ou habituar os desatentos a ter mais atenção. Há boas razões para crer que seu livro seja mais nocivo do que benigno, se homens

---

7   Johannnes Baptista della Porta, *De humana physiognomia*. Colônia: 1586. (NT)

8   Jean-Garpard Lavater, *L'art de connaître lês hommes par la physionomie*. 3 vols. Paris: 1775-78. (NT)

inaptos encontrarem ali o encorajamento para formar juízos grosseiros. Abstenho-me de oferecer uma explicação mais detalhada de sua obra, o que nos afastaria de nosso presente propósito.

É sabido que afecções virtuosas e inocentes dão uma expressão agradável ao semblante, assim como paixões viciosas têm o efeito contrário. Insatisfação, desespero e raiva desfiguram as feições, contorcem os membros e desafinam a voz; bom humor, satisfação, esperança, benevolência e alegria têm um efeito agradável e predispõem a coisas boas. Emoções inocentes mas dolorosas, como pena e tristeza, desfiguram as feições. Essa espécie de descompostura, porém, longe de ser inapropriada, pode ser cativante: considera-se irresistível a beleza do pranto. Quando uma paixão se torna habitual, é razoável supor que os músculos da face nos quais ela exerce influência venham a produzir marcas no semblante por reiterados movimentos, fixando ali um caráter legível. Um garoto rabugento ou bem-humorado, alegre ou melancólico, adquire uma aparência correspondente ao seu estado de espírito. Mas, caso essas disposições continuem a predominar, as linhas produzidas nas diferentes partes do rosto se tornarão tão permanentes quanto as das palmas das mãos. Eu não saberia dizer o que conecta certas emoções da alma a flexões dos músculos da face e a posições da cabeça e dos membros. Descartes e outros investigaram esse tópico, mas sem êxito; e, até que se explique a união da alma ao corpo, provavelmente continuaremos a ter um mistério impenetrável.[9]

Para que possamos formar uma ideia a respeito da expressão de um semblante, devemos supor quatro linhas paralelas a cruzá-lo: a primeira na altura das sobrancelhas, a segunda na dos olhos, a terceira logo abaixo do nariz, a quarta logo abaixo da boca. Não se trata de linhas retas ou paralelas no sentido geométrico. É suficiente supor que tenham aproximadamente a mesma extensão e cruzem o rosto de um lado ao outro. Caso sejam paralelas, com pouca ou nenhuma oscilação para cima ou para baixo, o semblante indica tranquilidade e uma mente calma e serena; se forem deprimidas no meio da face e elevadas nas extremidades, a expressão é de alegria; se estiverem elevadas no meio da face e deprimidas nas extremidades, tem-se a ideia de melancolia, ou ao

---

9 Descartes, *Tratado das paixões da alma*, parte I. Paris: 1649. (NT)

menos de quietude. Não digo que é sempre assim; apenas sugiro que no mais das vezes é assim – uma restrição válida, de resto, para tudo que diz respeito a este tópico.

A linha erguida nas duas extremidades da boca é uma expressão de alegria que os pintores buscam em seus retratos, retorcendo para cima os cantos da boca, por mais que o semblante mostre comedimento, como é o caso nas feições de muitos dos modelos que posam para eles. Esse recurso expõe os dentes e produz um sorriso forçado, que não é natural, e o resto da face não se conforma a ele. Se as linhas às quais nos referimos forem retorcidas ou dobradas, especialmente as das sobrancelhas, que são as mais expressivas de todas, isso indica uma descompostura da mente, e das mais graves, caso estejam muito retorcidas. Igualmente expressivo é o brilho da face. O olhar radiante, o rubor das bochechas e dos lábios acompanha emoções de entusiasmo; olhos lânguidos e lábios pálidos sugerem o estado oposto.

A admiração, como já dissemos, eleva as sobrancelhas, abre a boca e fixa os olhos no objeto, ergue as mãos e afasta os dedos entre si. O espanto abre a boca e os olhos e eleva as sobrancelhas. Se ao espanto se acrescenta o medo, os dentes aparecem enfileirados e as extremidades das sobrancelhas mais próximas ao nariz ficam enrugadas e se voltam para baixo, escondendo as pálpebras superiores. A estima tranquiliza o semblante, eleva as pupilas dos olhos, volta as sobrancelhas para baixo em direção ao nariz, contrai as narinas, abre levemente a boca e deprime gentilmente os seus cantos. A veneração pode ter a mesma aparência, ligeiramente intensificada, elevando as pupilas dos olhos até que desapareçam sob a pálpebra ou fechando a boca e os olhos, reclinando a face na direção do chão e espalmando a mão sobre o peito.

O desprezo eleva a cabeça e a reclina para trás, enruga as sobrancelhas e as empurra para baixo, distende e ergue as narinas, fecha a boca e deprime seus cantos, projeta o lábio inferior, desvia o rosto para longe do objeto, os olhos obliquamente voltados para ele. O pesar ergue as sobrancelhas em direção ao centro da testa, deprime-as nas têmporas, dá à linha da boca uma direção similar, deixa os olhos semicerrados, recobre as pupilas com as pálpebras e muitas vezes provoca lágrimas. A alegria relaxa a testa, abre e ilumina os olhos, ergue as sobrancelhas e os cantos da boca, distende gentilmente as narinas e revigora a compleição. O riso ergue ainda mais os cantos da boca, dá a mesma direção à linha das sobrancelhas, descobre ambas as fileiras de dentes, umedece e cerra os olhos, enruga várias partes das sobrancelhas e da testa e dá à voz uma modulação peculiar.

Não é preciso mais. O que foi dito é suficiente para dar uma amostra desse tópico. Dificilmente se compreendem descrições fisionômicas sem a ajuda de desenhos, e estes, se forem exaustivos, tornam redundante a descrição. As *Paixões* de Lebrun[10] se encontram em todas as bibliotecas; e deve-se reconhecer seu mérito considerável, ainda que os desenhos das feições que expressam emoções mais violentas sejam um pouco exagerados e se aproximem do que os italianos chamam de *caricatura*. Chodowiecki[11] fez valiosos acréscimos ao trabalho de Lebrun, a partir de Lavater. Concluirei observando que a variada energia do *entendimento*, na forma de crença, dúvida, perplexidade, negação etc. também se mostra visivelmente na aparência e nos gestos, como se vê no admirável desenho de Rafael que representa *Paulo pregando em Atenas*.[12]

---

10 Charles Lebrun, *L'expréssion des passions de l'âme*. Paris: 1698. (NT)

11 Daniel Chodowiecki (1726-1801), pintor polonês, diretor da academia de artes de Berlim. (NT)

12 Referência ao cartão de posse da coroa inglesa, atualmente em exibição no museu Victoria & Albert, em Londres. (NT)

Hugh Blair (1718-1800)

Uma das passagens da era do Iluminismo para a do Romantismo se abre na Escócia em 1762, com a publicação dos poemas "Têmora" e "Fingal", atribuídos a Ossian, o bardo ancestral que teria dado ao idioma celta o seu primeiro poema épico. O impacto dessa "descoberta", que se revelaria fruto de uma falsificação, se fez sentir pelo continente europeu e chegou ao Brasil. O mais curioso é que, mesmo depois de ficar estabelecido que o verdadeiro autor dos poemas era James MacPherson (suposto tradutor, que não oferece ao público, porém, os originais), o que se disse a respeito deles e os sentimentos que eles despertaram contribuíram em muito para alterar o panorama das letras europeias. Nessa história, o filósofo Hugh Blair tem um papel central. Pois, além de ser autor de uma *Dissertação crítica sobre os poemas de Ossian* (1763), na qual defende a autenticidade da obra, Blair é também responsável pela composição de um verdadeiro compêndio das letras inglesas do século XVIII, as *Lições de retórica e belles-lettres*, onde mostra, com precisão filológica, que o inglês, língua para a qual os poemas de Ossian teriam sido tão bem traduzidos, é perfeitamente adequado à prática dos gêneros literários herdados da Antiguidade; e mais, que a língua de Shakespeare (cujas obras Blair edita em 1753) é das mais bem dispostas à expressão das paixões mais sublimes que agitam a alma humana e não encontram vazão nas tradicionais artes da imitação. Essas teses heterodoxas são respaldadas por uma crítica literária que é também um exercício filosófico do mais alto refinamento: longe de restringir suas considerações a questões de estilo, Blair se esmera em reconstituir, muitas vezes hipoteticamente, o tecido social no qual a literatura se insere como parte integrante, desde as unidades mais rudimentares do discurso – os sons, a voz, a fala, as imagens – até suas formas mais elaboradas – o poema épico, a filosofia, a história. É fato que as línguas, e com elas as artes, se refinam com o passar do tempo; mas suas qualidades, que as tornam sistemas de comunicação ou de expressão, se encontram esboçadas desde os seus primórdios.

Blair não é, entretanto, nem um filósofo nem um crítico, ou não no sentido tradicional dessas palavras. Em 1741, ingressa na ordem sacerdotal da Igreja Anglicana; em 1753, diploma-se como teólogo e ocupa a cadeira de retórica na universidade de Edimburgo, pela qual se aposenta em 1783. Homem imensamente erudito, consultado em questões literárias pelos maiores de seu tempo, como Smith, Robertson e Hume, Blair é muito respeitado no mundo das letras e trata com candura seus críticos e adversários. Leitor infatigável, incorpora em seus escritos contribuições filosóficas de autores tão díspares como Hume, Burke e Rousseau. Imensamente populares nos Estados Unidos, traduzidas para o francês no século XIX, suas *Lições*, das quais extraímos os textos a seguir, são lidas e utilizadas, na tradução francesa, por autores brasileiros do Romantismo, em especial por José de Alencar – como mostram Antonio Candido (*Formação da literatura brasileira*, 2 vols., 1951) e Eduardo Vieira Martins (*A fonte subterrânea*, 2005). Nova passagem do clássico ao romântico: a negação da retórica e a supressão da hierarquia dos gêneros não dispensa os românticos de uma absorção das técnicas tradicionais de composição de textos. Nessa acomodação, puderam contar com as preciosas instruções do Dr. Blair.

Do surgimento e progresso da linguagem e da escrita[1]

Observamos a notável diferença que separa as línguas modernas das antigas quando constatamos a ordem em que elas arranjam as palavras em proposições ou sentenças significantes. Uma tal consideração pode contribuir para elucidar o gênio da linguagem e mostrar as causas das alterações pelas quais ela passa ao longo do progresso da sociedade.

A fim de entender precisamente qual a natureza dessa mudança retrocedamos à primeira infância da linguagem. Imaginemos um selvagem que pede a outro que lhe dê um objeto qualquer que desperta seu desejo, como uma fruta, por exemplo. Supondo que nosso selvagem não conheça as palavras, ele tentará se fazer compreender apontando incisivamente para o objeto desejado e emitindo, ao mesmo tempo, um grito passional. Supondo agora que palavras lhes sejam dadas, é claro que a primeira a ser emitida se tornará o nome do objeto em questão. Nesse caso, a sua expressão não obedeceria à ordem de composição inglesa, "dê-me fruta", *give me fruit*, mas ele escolheria a ordem latina, "a fruta, dê-me", *fructum da mihi*. E isso por uma razão óbvia. Como sua atenção está inteiramente voltada para o objeto desejado, que é a ideia que o excita e o impele a falar, é evidente que esse objeto há de ser a primeira coisa nomeada na composição. Um arranjo como esse, que põe em palavras o gesto que a natureza ensina ao selvagem antes que ele venha a conhecê-las, é inteiramente justo, e pode-se ter como certo que ele utilizaria esse arranjo e não um outro qualquer.

A esse arranjo damos o nome de inversão; pois, como estamos acostumados a um método diferente de ordenar as palavras, essa ordem discursiva parece-nos inatural e forçada.[2] Mas, embora não seja muito lógica, a inversão é de certa maneira a ordem mais natural, pois privilegia a meta sugerida pela imaginação e pelo desejo, que constantemente nos impelem a pôr seus objetos em primeiro lugar. Pode-se afirmar *a priori* que foi essa a ordem mais comum do arranjo das palavras no início da linguagem; e verificamos que tal

---

1 "Of the rise and progress of language, and of writing". In: *Lectures on rhetoric and belles lettres*, cap. 7. 2ª edição. Londres: 1785. Tradução: Luís F. S. Nascimento. (NE)

2 Cf. para esta seção Diderot, *Carta sobre os surdos-mudos*. Paris: 1751. (NT)

é seu arranjo, não somente na maioria das línguas antigas, como o grego e o latim, mas também no russo, no esloveno, no gaélico e em diversas línguas oriundas da América.

O arranjo mais comum do latim põe em primeiro lugar na sentença o principal objeto do discurso juntamente com aquilo a que o objeto se refere, cabendo às demais palavras expressar a pessoa ou coisa que atua sobre o objeto. Assim, ao comparar a mente e o corpo, Salústio diz: *Amini imperio, corporis servitio, magis utimur*. Essa ordem certamente torna a sentença mais viva e tocante do que se fosse arranjada conforme a construção inglesa, *we make most use of the direction of the soul and of the service of the body*, "A alma é que nos dirige, o corpo a obedece".[3] A ordem latina acompanha a velocidade da imaginação, que naturalmente chega antes ao objeto principal, este que, uma vez nomeado, é referido no resto da sentença. Da mesma maneira na poesia: *Justum & tenacem propositi virum,/Non civium ardor prava jubentium,/Non vultus instantis tyranni,/Mente quatit solida*.[4] Qualquer um que tenha algum gosto percebe que aqui as palavras são arranjadas tendo em vista muito mais a figura que os diversos objetos produzem na fantasia do que a construção inglesa jamais poderia admitir, pois esta exigiria que se jogasse o *Justum & tenacem propositi virum*, porém, sem dúvida, colocaria o objeto principal por último, mesmo reconhecendo-o, sem dúvida, como seu principal objeto.

Mencionei que nas línguas grega e romana o mais comum é arranjar as palavras de modo que o que mais toca a imaginação venha em primeiro lugar. Mas não digo que não haja exceções. A consideração pela harmonia do período pode exigir uma ordem diferente, e em línguas suscetíveis a grande beleza musical e pronunciadas em modulações e tons, tais como as dessas nações, a harmonia dos períodos é objeto de cuidadoso estudo. Por vezes, a atenção à perspicuidade e à força ou a hábil suspensão do sentido do discurso podem alterar a sua ordem e produzir arranjos tão variados que não é fácil reduzi-los a um mesmo princípio. Mas o caráter e o gênio das línguas

---

3   *A conjuração de Catilina*, cap. 1: "A alma foi feita mais para mandar, o corpo para servir". Tradução: Antônio da Silveira Mendonça. Petrópolis: Vozes, 1990. (NT)

4   Horácio, *Ode*, livro III, parte III, 01. ("Ao varão, justo e firme em seus propósitos, não abala a decisão sólida nem a paixão dos cidadãos a exigir coisas injustas, nem as insistentes ameaças de tirano"). Esse trecho é o lema do Estado do Piauí. (NT)

antigas é tal que elas permitem ampla liberdade na colocação das palavras, a fim de que se obtenha a ordem mais consoante à imaginação de quem fala. O hebraico é a exceção, pois embora as inversões não lhe sejam de todo estranhas, são empregadas com menos frequência, o que aproxima essa língua, por sua construção, mais do inglês que do grego ou do latim.

A partir das línguas antigas, cada uma das línguas europeias adota um arranjo peculiar. Nas composições em prosa não admitem mais que umas poucas variações na colocação de palavras, e atêm-se, no mais das vezes, a uma ordem que pode ser chamada de *ordem do entendimento*. Primeiro vem o sujeito, a pessoa ou aquilo que fala ou age; a seguir, a ação; finalmente, o objeto da ação. Ideias assim produzidas se sucedem umas às outras não de acordo com o grau de importância que os objetos têm para a imaginação, mas sim com a ordem da natureza ou do tempo.

Um autor inglês que quisesse elogiar um homem importante poderia dizer, por exemplo: "É-me impossível permanecer em silêncio diante de tão notável brandura, de tão inaudita e singular clemência, de tão extraordinária moderação no exercício do poder supremo". Apresenta-se a nós, em primeiro lugar, a pessoa que fala: "*é-me* impossível"; em seguida, o que ela faz: "*permanecer em silêncio* diante de"; finalmente, o objeto que a leva a agir dessa maneira: "*a* brandura, clemência e moderação *de meu patrono*". Cícero, de quem traduzo essas palavras, inverte a ordem, começa pelo objeto, põe antes a ideia mais excitante para quem fala e depois introduz o falante e a ação: *Tantam mansuetudinem, tam inusitatam inauditamque clementiam, tantumque in summa postetare rerum omnium modum, tacitus nullo modo praeterire possum.*[5]

A ordem latina é mais vigorosa; a inglesa, mais clara e distinta. Os romanos geralmente arranjavam suas palavras de acordo com a ordem em que as ideias surgem na imaginação daquele que está falando. Preferimos arranjá-las de acordo com a ordem de exibição de ideias, recomendada pelo entendimento, ou seja, sucedendo-se umas às outras. Parece, assim, que nosso arranjo é consequência de maior refinamento na arte do discurso, desde que se entenda, é claro, que a clareza da comunicação é sua finalidade principal.

---

5   Cf. capítulo 08, "Structure of language". (NT)

Na poesia, arte na qual devemos nos elevar acima do estilo ordinário e pronunciarmo-nos na linguagem de fantasia e paixão, o arranjo de nossas línguas não é tão limitado, e concede-se mais liberdade de transposição e inversão. Mas, em comparação a línguas antigas, essa liberdade permanece confinada a limites estreitos. A esse respeito, as diferentes línguas modernas variam de uma para a outra. O francês é, de todas, a mais rigorosa quanto à ordem das palavras, e só admite um mínimo de inversão, seja na prosa ou na poesia. O inglês admite mais inversões que o francês. Mas é no italiano que se encontra o elemento de transposição das línguas antigas, o que contribui para o estilo obscuro dos autores mais afeitos a esse recurso.

Observa-se ainda na estrutura das línguas modernas uma circunstância inevitável que contribui para limitar as variações de arranjo a uma série mais rígida e fixa. Não utilizamos as diferentes terminações que distinguem no grego e no latim os diversos casos de substantivos e os tempos verbais e põem em relevo a reciprocidade entre as diversas palavras de uma mesma sentença, por mais separadas que estejam umas das outras. Voltaremos a essa alteração da estrutura da linguagem na próxima preleção. Entrementes, afirmo que um de seus efeitos mais óbvios é o de nos privar de recursos para indicar a proximidade de sentido entre duas palavras, a não ser colocando-as próximas uma da outra num mesmo período. Os romanos se expressam com propriedade nos seguintes termos: *Extinctum nymphae crudeli funere Daphnim/Flebant.*[6] – *extinctum & Daphnim* estão no acusativo, o que é suficiente para mostrar que há uma relação entre o adjetivo e o substantivo, pois, embora ocupem as extremidades da linha, ambos são regidos pelo verbo ativo *flebant*, do qual *nymphae* é o nominativo. Cada uma das diferentes terminações se reduz a uma mesma ordem, e a conexão entre as várias palavras é perfeitamente clara. Ora, se as traduzirmos literalmente para o inglês, de acordo com o arranjo latino, *Dead the nymphs by a cruel fate Daphnis lamented, A morte das ninfas por uma cruel fatalidade Dafne lamentou*, ela se transforma em um enigma, no qual é impossível encontrar qualquer sentido.

---

6 Virgílio, *Bucólicas*, livro V, cap. 20. "Por Dafnis, extinto por uma morte cruel, as ninfas choram". (NT)

É em virtude desse recurso, pelo qual quase todas as línguas antigas variam a terminação de nomes e verbos, e destacam a concordância e regência das palavras numa mesma sentença, que essas línguas aplicam livremente a transposição, arranjando e dispondo as palavras de modo a satisfazer a imaginação e agradar aos ouvidos. As nações do norte que invadiram o império e se apropriaram de sua língua simplesmente suprimiram os casos de nomes e as terminações verbais, sem ponderar as vantagens decorrentes de uma estrutura linguística como essa. Interessava-lhes exclusivamente a expressão copiosa e clara; desprezavam a sonoridade harmoniosa e a satisfação da imaginação no posicionamento de palavras; e, se estudavam a língua, era para obter uma expressão que permitisse a cada um exibir ideias a outrem na ordem mais inteligível e distinta possível. Assim, se o arranjo das palavras da nossa língua a torna menos harmoniosa, bela e vigorosa que o grego e o latim, ela é, no entanto, mais óbvia e clara quanto ao sentido.

Acompanhamos até aqui, com base em variadas circunstâncias materiais, o progresso da linguagem, e oferecemos, a partir da explicação de seu progresso e gênio, outras observações tão curiosas quanto úteis. Recapitulando o conteúdo desta preleção e da precedente, parece que a linguagem foi de início escassa em palavras, sendo composta de sons vocais meramente descritivos pronunciados com o auxílio de entonações e gestos significantes expressivos: o estilo era figurativo e poético, o arranjo, fantasioso e vivaz. Parece ainda que nas sucessivas mudanças impostas à linguagem, à medida que o mundo avança, o entendimento conquista o terreno da imaginação e fantasia. O progresso da linguagem é semelhante ao do homem: a imaginação é mais vigorosa, e predomina na juventude; com o passar dos anos, esfria e dá lugar à maturidade do entendimento. A linguagem, do mesmo modo, passou de estéril a copiosa, do entusiasmo e do fogo à precisão e à frieza. Os caracteres da infância da linguagem – sons descritivos, entonações e gestos veementes, estilo figurativo e inversões de arranjo –, uma vez reunidos, têm recíproca influência uns sobre os outros, o que dá lugar a sons arbitrários, pronúncia serena, estilo simples e arranjo claro. Em tempos modernos, a linguagem se tornou mais correta e acurada, menos vigorosa e tocante: outrora propícia à oratória e poesia, favorece hoje filosofia e razão.

Encerrada a explicação do progresso do discurso, passo agora ao da escrita, que não requer, no entanto, uma discussão tão profunda quanto o tópico precedente.

A escrita é, sem dúvida, ao lado do discurso, a arte mais útil que os homens possuem. É certamente um aprimoramento do discurso, posterior a este na ordem do tempo.[7] Os homens se restringem de início a comunicar seus pensamentos uns aos outros por meio de palavras, de sons pronunciados na presença de um interlocutor. Somente depois é que vêm a descobrir o método que lhes permite comunicação com um interlocutor ausente por meio desses caracteres ou marcas visíveis aos quais damos o nome de escrita.

Caracteres escritos são de duas espécies: signos de coisas e signos de palavras. Signos de coisas são as pinturas, os hieróglifos e os símbolos empregados pelas nações antigas; signos de palavras são os caracteres alfabéticos ora empregados pelos europeus em geral. Essas duas espécies de escrita diferem genérica e essencialmente uma da outra.

A pintura foi sem dúvida um primeiro ensaio rumo à arte da escrita. A imitação é tão natural ao homem que em todas as épocas e nações se encontram métodos de copiar e traçar símiles de objetos sensíveis. Tais métodos são empregados para transmitir informações à distância, ainda que imperfeitamente, ou para preservar a memória de fatos importantes. Assim, para expressar que alguém foi assassinado, desenha-se a figura de um homem estendido no chão e de um outro que olha para ele e tem uma arma nas mãos. Quando da descoberta da América, constatou-se que era essa a única espécie de escrita praticada no reino do México. Os mexicanos registraram em quadros históricos a memória das transações mais importantes de seu império. Esses quadros são, no entanto, extremamente imperfeitos, e não poderiam deixar de sê-lo, pois que as nações onde essa é a única espécie de registro são muito rudimentares e grosseiras. Essa espécie de pintura não vai além do desenho de eventos isolados, sem exibir conexões entre os diferentes acontecimentos, sem descre-

---

7 Cf. para esta seção, Condillac, *Essai sur l'origine des connaissances humaines*, livro II. Paris: 1746. (NT)

ver qualidades que não são visíveis e sem transmitir uma ideia das palavras e disposições dos homens.

Para suprir de alguma maneira esse defeito, inventaram-se, com o passar do tempo, os chamados caracteres hieroglíficos, que podem ser considerados como o segundo estágio da arte da escrita. Hieróglifos consistem em símbolos que representam objetos invisíveis por uma suposta semelhança ou analogia com eles: o olho é o símbolo hieroglífico do conhecimento; um círculo sem início ou fim simboliza a eternidade. Hieróglifos são uma espécie de pintura mais abrangente e refinada. Esta última traça símiles de objetos exteriores e visíveis: aqueles pintam objetos invisíveis a partir de analogias com o mundo exterior.

Foram encontrados junto aos mexicanos vestígios de caracteres hieroglíficos misturados a pinturas históricas. Mas o Egito é o país em que essa espécie de escrita foi mais estudada e chegou a uma ordem regular. Em hieróglifos preservaram os egípcios toda a presumida sabedoria de seus sacerdotes. De acordo com as propriedades que atribuíam aos animais ou com as qualidades que supunham em objetos naturais, fixavam-nos em hieróglifos ou emblemas de objetos morais e assim os empregavam em sua escrita. A ingratidão é denotada por uma víbora, a imprudência por uma mosca, a sabedoria por uma formiga, a vitória por um falcão, a criança obediente por uma cegonha, o homem exilado por uma enguia, animal que só se encontra sozinho. A união de dois ou mais caracteres hieroglíficos denota a natureza com Deus acima dela, presidindo-a: uma serpente com cabeça de falcão. Mas, como as muitas propriedades que adotaram como fundamento de seus hieróglifos eram meramente imaginárias, e como as alusões que delas extraíam eram forçadas e ambíguas, tornando-se ainda mais obscuras pela conjunção de caracteres que apenas indistintamente expressam conexões e relações entre as coisas, essa espécie de escrita só pode ser altamente enigmática e confusa, constituindo um veículo imperfeito a toda e qualquer espécie de conhecimento.

Dizem alguns que os hieróglifos foram inventados pelos sacerdotes egípcios para manter sua sabedoria ao abrigo da curiosidade do vulgo, o que explicaria porque foi esse, não a escrita alfabética, o método escolhido. Mas essa explicação é equivocada. A utilização de hieróglifos foi ditada não por refinamento ou capricho, mas sim por necessidade, e não há como considerá-la uma alternativa a caracteres alfabéticos. A natureza da invenção dos hieróglifos mostra claramente que são um tatear grosseiro e rudimentar rumo à escrita, e que foram adotados na infância do mundo a fim de ampliar o método que emprega a mera representação ou pintura de objetos visíveis. Sabe-se ainda que, posteriormente, quando a escrita alfabética foi introduzida no Egito e a hieroglífica inevitavelmente caiu em desuso, os sacerdotes continuaram a utilizar caracteres hieroglíficos como uma espécie de escrita sagrada e secreta, o que contribuiu para dar um ar de mistério à sua religião e sabedoria. Nesse estado encontraram os gregos a escrita hieroglífica, quando estabeleceram intercurso com o Egito, o que explica o erro dos autores que tomaram esse uso pela causa que ocasionou a invenção de hieróglifos.

Assim como a escrita progrediu da pintura de objetos visíveis para hieróglifos ou símbolos de objetos invisíveis, em algumas nações ela foi além e chegou a marcas arbitrárias simples que representam e significam objetos sem qualquer semelhança ou analogia com eles. É dessa natureza o método de escrita praticado pelos peruanos. Valendo-se de pequenos cordões de diversas cores e de nós de variada extensão, e dispondo-os em diferentes ordens, inventaram signos que permitiam comunicar e informar aos outros os próprios pensamentos.

Dessa mesma natureza são os caracteres escritos até hoje utilizados no vasto império da China. Os chineses não têm um alfabeto de letras ou sons simples que compõem palavras; cada caractere que empregam na escrita significa uma ideia, é uma marca representante de alguma coisa ou objeto. Consequentemente, o número de caracteres dessa língua só pode ser imenso, e deve corresponder ao número total de objetos ou ideias que queiram expressar, ou seja, ao número total de palavras que podem ser empregadas no discurso; e talvez o seu número seja ainda maior, pois dependendo da entonação com que se pronuncia uma palavra ela pode significar coisas muito diferentes. Diz-se que os chineses têm setenta mil caracteres escritos. Para escrevê-los ou lê-los com perfeição requer-se o estudo de uma vida inteira, o que representa considerável desvantagem para as letras e contribui para retardar o progresso da ciência.

Quanto à origem dos caracteres chineses, as opiniões diferem e a controvérsia é grande. De acordo com a explicação mais plausível, a escrita chinesa, a exemplo da egípcia, teria se originado em pinturas e em figuras hieroglíficas.

Estas últimas, com o passar do tempo, teriam adquirido uma forma mais diminuta, que facilita sua escrita, e teriam se multiplicado em número, configurando aos poucos os caracteres ou marcas ora vigentes em tantas nações do Oriente. É sabido que os japoneses, os vietnamitas e os coreanos, embora tenham sua própria língua, utilizam na escrita os caracteres chineses, que lhes permitem se comunicarem entre si de modo inteligível; o que prova claramente que esses caracteres são, a exemplo de hieróglifos, independentes das línguas, ou que são signos de coisas, não de palavras.

Encontra-se na Europa um exemplo similar. Nossas cifras ou figuras aritméticas (1, 2, 3, 4 etc.), que herdamos dos árabes, são marcas significantes da mesma natureza que os caracteres chineses. Não dependem de palavras, e cada figura denota um objeto ou representa um número. Os olhos as leem indiferentemente em todas as nações que as adotam – italianos, espanhóis, franceses ou ingleses, – não obstante as línguas de cada uma delas e os nomes que dão às cifras numéricas.

Até aqui, no entanto, por mais que tenhamos avançado, não surgiu ainda algo semelhante às letras tais como as conhecemos ou que possa ser chamado de *escrita* no sentido artístico que damos ao termo. Tudo o que vimos são signos diretos de coisas, sem que se utilize a mediação de sons ou palavras, de signos de representação, como as pinturas mexicanas, de analogia, como os hieróglifos egípcios, ou de convenção, como os nós peruanos, os caracteres chineses e as cifras arábicas.

Homens de diferentes nações aos poucos se tornam sensíveis a defeitos como a imperfeição, a ambiguidade e a morosidade inerente a esses métodos de comunicação. Consideraram então as vantagens advindas do emprego de signos como as palavras, que não representam as coisas diretamente mas as nomeiam no discurso. Ponderaram ainda que embora o número de palavras seja de fato muito grande em todas as línguas, o número de sons articulados que as compõem é relativamente pequeno: para formar a completa gama das palavras que pronunciamos, evocamos, repetimos e combinamos de maneiras diversas os mesmos sons simples. Concluíram assim que não seria preciso inventar um signo para cada palavra, apenas para cada um dos sons simples empregados na formação delas, pois a reunião de alguns desses signos é o que basta para permitir na escrita as combinações de sons requeridas pelas palavras.

O primeiro passo desse novo progresso foi a invenção de um alfabeto de sílabas semelhante aos de certas partes da Etiópia e da Índia, que teria precedido, em algumas nações antigas, a invenção do alfabeto propriamente dito. Com a atribuição de um caractere ou marca particular a cada sílaba da língua, o número de caracteres necessários à escrita se torna muito menor que o número de palavras, que permanece, no entanto, muito grande, e continua a obliterar tanto a leitura quanto a escrita, até que surjam os afortunados gênios que remeteram às suas unidades mais elementares os sons produzidos pela voz humana, reduzindo-os a umas poucas consoantes e vogais, e que, atribuindo a cada uma delas o que ora chamamos de *letras alfabéticas*, ensinam os homens a combiná-las de modo a introduzir na escrita as diferentes palavras ou combinações de sons utilizados na fala. Uma vez reduzida a essa simplicidade, a arte da escrita chega à mais alta perfeição, tal como a encontramos em todos os países da Europa.

Não se sabe ao certo a quem devemos agradecer por uma descoberta tão refinada e sublime. Envolto nas trevas da mais remota Antiguidade, o admirável inventor da linguagem escrita foi privado das honrarias que teriam sido prestadas à sua memória por todos os amantes do conhecimento e das letras. É evidente, no entanto, a partir dos livros de Moisés,[8] que entre os judeus e provavelmente entre os egípcios, a invenção das letras alfabéticas era um fato consumado. Reza a tradição mais difundida entre os antigos que elas teriam sido trazidas à Grécia pelo fenício Cadmo que, de acordo com a cronologia tradicional, teria sido contemporâneo de Josué ou, de acordo com a estimativa de Sir Isaac Newton, do rei Davi.[9] Mas os fenícios não são conhecidos como inventores de qualquer arte ou ciência, apenas como propagadores, por meio de seu extensivo comércio, de descobertas feitas por outras nações. A explicação mais provável e natural da origem dos caracteres alfabéticos é que tenham surgido no Egito, primeiro reino civilizado do qual possuímos relatos autênticos e principal fonte das artes e da política antiga. A predileção dos egípcios pelo estudo dos caracteres hieroglíficos poderia ter voltado a atenção para a arte da escrita.

---

8 A Lei Mosaica, *Torá*, ou *Pentateuco*, cinco primeiros livros do *Antigo Testamento*. (NT)

9 Cronologia correspondente aos livros VI e IX-X do *Antigo Testamento*: "Josué", "Samuel I" e "Samuel II". (NT)

Sabe-se que seus hieróglifos eram pontuados por símbolos de abreviação e marcas arbitrárias, o que lhes pode ter inspirado a ideia de criar marcas de coisas e de sons. É assim que Platão, no *Fedro*,[10] atribui a invenção das letras a Teute, que está para os egípcios como Hermes está para os gregos ou Mercúrio para os romanos. Quanto a Cadmo, embora tenha viajado da Fenícia para a Grécia, vários autores antigos afirmam que ele teria nascido em Tebas, no Egito. O mais provável é que Moisés tenha trazido as letras do Egito à terra de Canaã e que, uma vez adotadas pelos fenícios que habitavam aquela parte do país, tenham sido transmitidas à Grécia.

Seja como for, o alfabeto introduzido por Cadmo na Grécia era imperfeito, não tinha mais que dezesseis letras. As restantes foram acrescentadas posteriormente, à medida que se tornou necessário encontrar signos para expressar determinados sons. É curioso como as letras que utilizamos em nossos alfabetos podem ser remetidas ao alfabeto de Cadmo. Pois é evidente que o alfabeto romano, que prevalece na maioria das nações europeias, se formou, com algumas poucas variações, a partir do grego. Os homens de letras concordam em observar uma notável conformidade, especialmente no que diz respeito à grafia das inscrições mais antigas, entre os caracteres gregos e os hebraicos ou samaritanos, os quais são, por sua vez, tais como os caracteres fenícios. Inverta os caracteres gregos e escreva-os da direita para a esquerda, à moda dos hebreus, e parecerão praticamente iguais a estes. Além de figuras coincidentes, as denominações ou nomes das letras (alfa, beta, gama etc.) e a ordem em que são arranjadas coincidem tanto que comprovam a origem desses alfabetos numa fonte comum. Uma invenção tão útil e simples como essa só poderia ter sido bem-vinda pelos homens, propagando-se com rapidez e sem obstáculos pelas muitas diferentes nações da terra.

As letras do alfabeto eram de início redigidas da direita para a esquerda, em ordem contrária à nossa. Essa maneira prevaleceu entre os assírios, os hebreus, os fenícios e os árabes; e, a julgarmos por inscrições mais antigas, também entre os gregos. Posteriormente, os gregos adotaram outro método, redigindo as linhas alternadamente da direita para a esquerda e da esquerda para a direita. A esse método se dá o nome de *bustrofédon*,

---

10 Platão, *Fedro*, 275c. (NT)

por analogia ao movimento dos bois que aram a terra. Espécimes dele se encontram, por exemplo, na inscrição do famoso monumento de Sigaen. O *bustrofédon*, estabelecido na época de Sólon, legislador de Atenas, se tornou depois o método de escrita mais difundido. Mas o movimento da esquerda para a direita, por ser mais natural e cômodo, acabou se impondo em todos os países da Europa.

A escrita foi durante muito tempo uma espécie de gravura. Empregavam-se pilares e placas de pedra, e, mais tarde, metais maleáveis como o chumbo. À medida que se difundiu, seus materiais se tornaram mais leves e manejáveis. Folhas e cascas de árvores eram preferidas em alguns países; em outros, placas de madeira recobertas por uma leve e fina camada de cera, na qual impressões eram feitas com uma ponta metálica. Mais recentemente, o couro, devidamente preparado e transformado em pergaminho, tornou-se o material mais comum. O atual método de escrita em papel não é anterior ao século XIV.

E assim encerramos nossa explicação das nobres artes do discurso e da escrita, que permitem aos homens comunicar seus pensamentos e estabelecer as fundações do conhecimento e de seu progresso. Concluiremos este tópico com uma rápida comparação entre a linguagem falada e a escrita, entre palavras pronunciadas aos ouvidos e palavras representadas aos olhos, apontando para suas respectivas vantagens e desvantagens.

A vantagem da escrita em relação ao discurso é que ela é um método de comunicação tão mais extensivo quanto mais duradouro. Mais extensivo, pois não está confinado ao estreito círculo daqueles que ouvem as nossas palavras, e permite, com seus caracteres, a transmissão de nossos pensamentos a lugares distantes e sua propagação pelos quatro cantos do mundo, ampliando nossa voz e comunicando-a às mais remotas regiões do planeta. Mais permanente, pois prolonga nossa voz até as épocas mais longínquas e nos permite registrar nossos sentimentos para o futuro e perpetuar a instrutiva memória das transações do passado. A superioridade da escrita em relação à fala é também patente quanto a isto: que os caracteres que temos diante dos olhos nos permitem apreender o sentido daquele que os escreveu, pois podemos a bel-prazer parar e reler, comparar esta passagem com aquela; mas a voz é passageira e fugidia, capta as palavras no momento em que são proferidas ou perde-as para sempre.

Apesar das imensas vantagens da linguagem escrita, sem as quais o discurso seria inadequado à instrução do homem, não podemos deixar de observar que a linguagem falada é muito superior à escrita no que tange à energia e força. A voz do orador causa uma forte impressão na mente, como jamais poderia a leitura compenetrada da escrita. A entonação da voz, as feições e gestos que secundam o discurso e que não podem ser transmitidos pela escrita, facultam, se devidamente aplicados, uma expressividade e clareza infinitamente superiores às da mais acurada escrita. Entonações, feições e gestos são intérpretes naturais dos sentimentos da mente: afastam a ambiguidade, confirmam as impressões e operam em nós por simpatia, que é um dos mais poderosos instrumentos de persuasão. Nossa simpatia é sempre mais estimulada quando ouvimos alguém falando do que quando lemos suas obras em nosso gabinete. Assim, se a escrita responde aos propósitos da mera instrução, somente na linguagem falada é que podem ocorrer os sublimes e nobres rompantes da eloquência.

Natureza da poesia[1]

TENDO ENCERRADO MINHAS OBSERVAÇÕES sobre os diferentes gêneros de prosa, resta-me tratar da composição poética. Sem considerar qualquer um de seus gêneros em particular, pretendo que esta preleção seja uma introdução ao tema da poesia em geral, onde trataremos de sua natureza, falaremos de sua origem e ofereceremos algumas observações acerca da versificação ou dos metros da poesia.

A primeira coisa a investigar é em que consiste a poesia e no que ela difere da prosa. A resposta a essa questão não é tão fácil quanto se imagina. Os críticos discordam e disputam acerca da definição apropriada da poesia. Alguns fizeram da ficção a sua essência, opinião que respaldam na autoridade de Platão e Aristóteles. Mas essa definição é necessariamente limitada, pois embora a ficção responda por uma boa parte da composição poética, nem todo tema de poesia é fictício, quando, por exemplo, o poeta descreve objetos realmente existentes ou dá vazão aos sentimentos de seu próprio coração. Outros fizeram da imitação a característica da poesia. Mas essa definição é muito vaga, pois há outras artes tão imitativas quanto ela. A imitação de caracteres e maneiras dos homens pode ocorrer tanto na prosa mais modesta quanto no mais nobre rompante poético.

Para mim, não há definição mais abrangente e justa de poesia do que esta: "a poesia é a linguagem da paixão ou da imaginação vivificada, no mais das vezes conforme a um metro". O historiador, o orador e o filósofo se dirigem primordialmente ao entendimento: sua meta mais imediata é informar, persuadir ou instruir. A meta principal do poeta é comover e agradar; é à imaginação e às paixões que ele fala. Ele pode e deve ter em vista a instrução e a formação; mas é indiretamente, comovendo e agradando, que atinge tal fim. Pressupõe-se que sua mente seja animada por algum objeto interessante que inflama a imaginação ou cativa as paixões, e que incorpora a peculiar elevação conveniente às suas ideias, diferentemente do modo de expressão natural da mente em seu estado calmo e sereno. E, se minha definição diz

---

1 "Nature of poetry". In: *Lectures on rhetoric and belles lettres*, cap. 38 (1ª parte). 2ª edição. Londres: 1785. Tradução: Luís F. S. Nascimento. (NE)

que a linguagem da paixão ou da imaginação se forma *no mais das vezes* num metro, é porque embora a versificação geralmente distinga a poesia quanto ao aspecto externo, há algumas formas de poesia cujo metro é tão coloquial e livre que mal se distinguem da prosa (como as comédias de Terêncio), bem como certas espécies de prosa, cuja cadência é tão regular e o tom é tão elevado que se aproximam do metro poético (como o *Telêmaco* de Fénelon e a tradução de Ossian para o inglês).[2] A verdade é que o verso transborda em prosa e vice-versa, tal como a luz e a sombra. É praticamente impossível determinar o limite exato em que termina a eloquência e começa a poesia; tampouco é necessário respeitar estritamente as fronteiras que as separam, desde que se compreenda a natureza de cada uma delas. Autores frívolos estão sempre dispostos a discutir essa minúcia crítica, que não merece a nossa atenção. A verdade e justeza da definição de poesia aqui oferecida é confirmada pela explicação de sua origem, que por sua vez esclarece questões atinentes aos vários gêneros da poesia.

Os gregos, que se arrogavam a invenção de todas as artes e ciências, atribuíam a origem da poesia a Orfeu, Lino e Museu.[3] É possível que homens com esses nomes tenham realmente existido e tenham sido os primeiros bardos daquela nação. Mas a poesia já existia muito antes de os seus nomes se tornarem notórios, e em nações onde eram inteiramente desconhecidos. É um grande erro imaginar que poesia e música são artes exclusivas de nações polidas. Sua fundação está na natureza humana, e pertencem a todas as nações de todas as épocas, embora, a exemplo de outras artes fundadas na natureza, tenham sido cultivadas em alguns países mais que em outros, nos quais, devido à concorrência de diversas circunstâncias favoráveis, foram levadas a uma maior perfeição. Mas, se quisermos explorar o despertar da poesia, é preciso voltar aos desertos e florestas, à idade dos caçadores e pastores, à antiguidade mais remota, quando as maneiras dos homens eram mais simples.[4]

---

2 François de la Mote Fénelon, *Les aventures de Télémaque*. Paris: 1715; James MacPherson, *Fingal*. Edimburgo: 1762. (NT)

3 Píndaro, *Odes Píticas*, livro IV. (NT)

4 Estrabo, *Geographia*, livro X. (NA)

É comum que se afirme, com os antigos, que a poesia é mais velha do que a prosa. Mas nem sempre se compreende em que sentido esse aparente a estranho paradoxo é verdadeiro. É certo que jamais houve um período da sociedade no qual os homens tenham se comunicado pelo metro poético. O mais provável é que os membros das primeiras tribos discutissem em prosa modesta e escassa as necessidades e carências relativas à sua sobrevivência. Mas desde o início da vida em sociedade há muitas ocasiões em que os homens se reúnem, como festivais, rituais e assembleias públicas, nas quais, como se sabe, a música, o canto e a dança oferecem o principal entretenimento. A América nos oferece a oportunidade única de entrar em contato com homens em estado selvagem. Os relatos de diferentes viajantes concordam em afirmar que, nas reuniões das tribos desse vasto continente, especialmente as do norte, com as quais temos mais contato, a música e o canto são praticados com inacreditável entusiasmo. Em tais ocasiões, os chefes de tribo são os que mais se destacam: cantando, celebram seus ritos religiosos; em canções, lamentam calamidades privadas e públicas, a morte de amigos e a perda de guerreiros; pelo canto, expressam o júbilo da vitória, glorificam os feitos de sua nação e de seus heróis, e preparam-se para realizar as proezas e valentias na guerra ou para enfrentar a dor e a morte com inabalável firmeza.

Nessas rudimentares efusões sugeridas pelo entusiasmo da fantasia ou da paixão a homens letrados, exaltados por eventos importantes e pela reunião em público, encontramos os primórdios da composição poética. Dois pontos distinguem a princípio a linguagem cantada daquela na qual se debatem coisas do cotidiano: o arranjo inusitado das palavras e o emprego de figuras de linguagem mais ousadas. A canção inverte as palavras ou altera a ordem em que comumente se dispõem, e adota outra, mais condizente à sequência em que se sucedem na imaginação de quem está falando ou mais adaptada ao ritmo da paixão que o comove. Sob a influência de uma emoção mais forte, os objetos não nos aparecem tais como são, mas sim como os mostram as paixões. Magnificamos e exageramos, chamamos a atenção para o que nos emociona, comparamos as coisas mais ínfimas às maiores, evocamos as ausentes e as presentes, dirigimo-nos a objetos inanimados. Assim, em consonância com as variadas comoções de nossa mente, surgem os diferentes modos de expressão que hoje distinguimos por denominações eruditas, tais como hipérbole, prosopopeia, símile etc., mas que não são outra coisa do que a linguagem nativa e original da poesia, presente nas nações mais bárbaras.

Por natureza, o homem é tão poeta quanto músico. O mesmo impulso que incita o entusiasmo do estilo poético também incita uma certa melodia ou modulação de sons convenientes à alegria e tristeza, admiração e desprezo, amor e raiva. O som tem uma força, parte natural, parte por associação e hábito, que impressiona a fantasia de maneira tão patética que até os mais selvagens bárbaros se deleitam. Música e poesia nascem juntas, são incitadas pelas mesmas ocasiões, estavam unidas na canção, e enquanto permaneceram unidas, tenderam a reforçar e a exaltar o poder uma da outra. Os primeiros poetas cantavam seus próprios versos, o que deu origem ao que chamamos versificação, arranjo de palavras numa ordem mais artística que a da prosa, em conveniência a uma melodia ou ária. A liberdade de transposição e de inversão, que, como observado, o estilo poético naturalmente adota, facilita o ajuste de palavras ao metro conveniente à harmonia da canção. O mais provável é que a princípio tais metros tenham sido deselegantes e irregulares. Mas o prazer foi sentido e estudado, e, aos poucos, a versificação tornou-se uma arte.

Parece claro, assim, que as primeiras composições transmitidas pela tradição ou registradas pela escrita só podem ter sido poéticas, as únicas capazes de atrair a atenção dos homens num estado incivilizado e rude. Na verdade, não conheciam nenhuma outra. O raciocínio frio e o discurso claro não tinham qualquer poder de sedução sobre tribos selvagens habituadas à caça e à guerra. A única coisa que inspira a torrente do orador e atrai a multidão para ouvi-lo é o imenso poder passional da música e da canção. É esse, com efeito, o único meio à disposição dos legisladores e chefes quando querem instruir ou animar suas tribos. Uma razão adicional para que somente tais composições fossem transmitidas à posteridade é que a canção, antes da invenção da escrita, era o único meio de memorizar palavras. Em épocas primitivas, os ouvidos auxiliavam a memória com ajuda do metro: pais os repetiam e cantavam aos filhos, e, por essa tradição oral de baladas nacionais, eram transmitidos o conhecimento histórico e a instrução.

Todos os relatos mais antigos que a história nos oferece sobre todas as nações atestam esses fatos. Nos primórdios da Grécia, sacerdotes, filósofos e estadistas se pronunciavam poeticamente. Apolo, Orfeu e Anfião, seus mais antigos bardos, são representados como os primeiros a domesticar os homens e como os responsáveis por instituir a lei e a civilização. Mino e Tales cantavam à lira as leis que compunham; e, até a época imediatamente anterior à de Heródoto, a história não tinha outra forma que a dos contos poéticos.

Em outras nações, da mesma maneira, poesia e canção surgiram primeiro. Muitos reis e chefes, góticos e citas, foram poetas. Foi principalmente nas canções rúnicas que os primeiros historiadores dessas nações encontraram material a seu respeito, como mostra Saxo Gramático.[5] Como sabemos, nas tribos celtas os bardos eram altamente estimados, e sua influência sobre o povo era imensa. A exemplo de outros países, seus primeiros poetas também foram músicos. O poeta estava sempre próximo do chefe ou soberano, registrava suas expedições, era seu embaixador junto às tribos inimigas e fazia as vezes de sacerdote.

Dessa dedução, segue-se que as mesmas razões que nos autorizam a procurar por canções e poemas em meio às relíquias de um país qualquer nos permitem supor que deve haver uma notável semelhança entre as primeiras épocas de diferentes países. As ocasiões de sua composição são quase as mesmas em toda parte. Louvações a heróis e deuses, a celebração de ancestrais notórios, récitas de feitos marciais, canções que comemoram a vitória, lamentam a derrota ou a morte de compatriotas, ocorrem em todas as nações. O fogo do entusiasmo, a composição desregrada e irregular, mas cheia de ânimo, o estilo fulgurante e conciso, figuras extravagantes e robustas, tais são os caracteres gerais que distinguem a poesia originária. E, se nos acostumamos a chamar de *poética oriental* a maneira hiperbólica e incisiva, pois algumas das *produções* mais antigas de que dispomos vieram do Oriente, ela é, a bem da verdade, tão oriental quanto ocidental, mais característica de uma época que de um país, e ocorre, em alguma medida, em todos os países, quando neles surgem a música e canção. Os homens nunca se aproximam tanto da igualdade como no início da vida em sociedade. Revoluções subsequentes dão à luz as principais diferenças de caráter entre as nações e

---

5   Autor dinamarquês do século XII ao qual se atribui a *Gestum Danorum* (16 vols.). (NT)

dividem em afluentes separados a torrente do gênio e das maneiras humanas oriunda de uma mesma nascente.

A diversidade de clima e de modo de vida introduz alguma variedade no jorro da primeira poesia de cada uma das diferentes nações, dependendo principalmente de terem um espírito mais ou menos gentil e da velocidade com que avançam rumo às artes da civilização. Assim, os fragmentos da antiga poesia gótica nos parecem especialmente ferozes, transpirando carnificina e sangue; já as canções do Peru ou da China se voltam desde o início para temas mais amenos. A poesia celta da época de Ossian, embora majoritariamente de gênero marcial, inclui uma boa dose de refinamento e ternura, consequência do cultivo da poesia entre os celtas por uma longa sucessão de bardos. Ou, como diz Lucano, *vos quoque qui fortes animos, belloque peremptos/Laudibus in longum vates diffunditis aevum/Plurimus securi fudistis carmina bardi.*[6]

A poesia mais primitiva das nações gregas mostra desde o início uma tendência mais filosófica, como vemos nos tópicos de Orfeu, de Lino e das Musas, que tratam da criação e do caos, da geração do mundo e do surgimento das coisas. Compreende-se porque os gregos avançaram mais rapidamente rumo à filosofia e prosseguiram num passo mais constante em todas as artes refinadas do que a maioria das outras nações.

Os árabes e os persas sempre foram os principais poetas do Oriente. Entre eles, a exemplo de outras nações, a poesia foi o primeiro veículo de toda erudição e instrução. Sabemos que os árabes antigos se orgulhavam muito de suas composições métricas. Estas eram de duas espécies: uma delas, eles comparavam a pérolas soltas, a outra, a pérolas de um colar. Na primeira, as sentenças ou versos são desconexos, e a beleza provém da expressão elegante e do sentimento requintado. Postas em verso, as doutrinas morais dos persas eram geralmente difundidas em apotegmas proverbiais independentes. Quanto a isso, são similares aos provérbios de Salomão:[7] a maior parte deste livro consiste em poesia desconexa, tal como as pérolas

---

6 Lucano, *De bellum civile*, livro I, 447 ss.: "Vede, poetas, as valentes almas que tombam na guerra,/ e perpetuai-as em versos e louvas raras". (NT)

7 Ver o "Livro de Salomão" no *Antigo Testamento*. (NA)

soltas dos árabes. A mesma forma de composição aparece no livro de Jó. Foram os gregos, ao que parece, os primeiros a dar a escritos poéticos uma estrutura mais regular e uma conexão mais íntima entre as partes.

Na infância da poesia, os diferentes gêneros se encontravam misturados, combinados numa mesma composição de acordo com a inclinação, o entusiasmo ou os incidentes casuais que dirigem os rompantes do poeta. Com o progresso da sociedade e das artes, os gêneros poéticos assumiram formas mais regulares, distinguidas pelos diferentes nomes pelos quais hoje as conhecemos. Pode-se discernir facilmente, no estado primitivo e rudimentar da efusão poética, as sementes e gérmens dos gêneros da poesia regrada. Odes e hinos estão naturalmente entre as primeiras composições, pois o que move o bardo a se exprimir em canção é o sentimento religioso, a exultação ou a raiva, o amor ou algum outro sentimento acalorado. A poesia de lamentação, ou elegia, surge naturalmente do pranto pela morte de um ente querido. A narração das façanhas de heróis e ancestrais deu à luz ao que hoje chamamos *poesia épica*. Mas, não contentes em narrar seus feitos, os homens representaram as ações dos heróis em encenações coletivas em praça pública, nas quais a cada bardo cabia um papel. Encontram-se aqui os primeiros esboços da tragédia, ou arte de escrever dramas.

Ao contrário do que hoje ocorre, nos primeiros tempos da sociedade não havia distinção ou separação alguma entre esses gêneros de poesia: encontravam-se misturados. O que chamamos de *letras*, que compreende todos os gêneros de composição, se confundia numa mesma massa. História, eloquência e poesia eram todas, de início, uma mesma forma. Quem quisesse comover ou persuadir, informar ou entreter seus compatriotas ou vizinhos, independentemente do assunto, recorria à melodia de uma canção para expressar sentimentos e compor relatos. Tal era o estado de coisas nesse estágio da sociedade, em que se confundiam, em uma única e mesma pessoa, as funções e papéis do agricultor e do construtor, do guerreiro e do estadista. Quando o progresso subsequente trouxe a separação desses papéis em diferentes ocupações e artes da vida civil, ocorreu uma gradual distinção das diferentes províncias literárias.

Com o passar do tempo, a arte de escrever foi inventada. Registros de transações começam a ser preservados; os que se dedicam à política e às artes úteis não se contentam mais com a comoção, querem ser instruídos e informados. Os homens raciocinam e refletem sobre as ocorrências da vida e se interessam, nas transações do passado, mais pelo real que pelo fictício. Os historiadores se despem dos coturnos da poesia e escrevem em prosa com o intuito de oferecer um relato judicioso e fiel dos acontecimentos passados. O filósofo se endereça principalmente ao entendimento. O orador estuda a persuasão pelo raciocínio, e só preserva laivos da antiga paixão e do estilo brilhante quando servem aos seus propósitos. A poesia se torna uma arte independente, calculada para agradar e geralmente restrita a temas que só dizem respeito à imaginação e às paixões. Até mesmo sua companheira mais antiga, a música, separou-se dela.

Essas distinções deram às artes literárias uma forma mais regular e contribuíram para seu cultivo preciso e acurado. Mas a poesia talvez seja mais vigorosa em seu estado antigo e original do que em sua condição moderna, quando incluía todas as irrupções da mente humana e esforços da imaginação, e falava a linguagem das paixões das quais nasceu. O bardo antigo, estimulado e inspirado por objetos grandiosos e acontecimentos decisivos à sorte de seu país e de seus semelhantes, erguia a voz e cantava. É verdade que o fazia em rompantes desordenados e selvagens; mas suas efusões nasciam do coração, e as concepções que exprimia eram cheias de admiração e furos, de amizade e tristeza. Não admira encontrar, no arroubo simples e puro da poesia primitiva de todas as nações, algo que transporta e cativa a mente. Em épocas ulteriores, quando a poesia se torna uma arte regrada, estudada com vistas à reputação e lucro, os autores se afeiçoam ao que não sentem. Compondo friamente em seus gabinetes, empenham-se em imitar as paixões e não em expressá-las: simulam um êxtase imaginário, ou suprem a falta de ardor natural com ornamentos artificiais que dão à composição ares de esplendor.

A separação entre poesia e música teve algumas consequências nocivas para a poesia e muitas para a música.[8] Enquanto estiveram unidas, a música vivificou e animou a poesia, que deu expressividade e força ao som

---

8   A esse respeito, vide a obra do Dr. Brown, *Dissertação sobre o surgimento, a união e a separação da poesia e da música*. (NA) [John Brown (1715-1766), dramaturgo e ensaísta inglês] (NT)

musical. Sem dúvida, a música era então extremamente simples, consistindo principalmente em notas comoventes que tornam a voz apta a cantar as palavras. Instrumentos musicais como a flauta, o pífaro ou a lira parecem ter sido os primeiros a serem inventados em algumas nações. Simplesmente acompanhavam a voz e intensificavam a melodia da canção. O rompante do poeta soava mais alto, e parece que na Grécia antiga, bem como em outras nações, o bardo cantava os versos ao mesmo tempo em que tocava a lira ou harpa. Em tal estado se encontrava a arte da música quando produziu os grandiosos efeitos a respeito dos quais tanto lemos na literatura antiga. Mas é certo que nessa música simples, por si mesma ou acompanhada de versos e canção, encontra-se uma expressão forte que exerce poderosa influência na mente humana. Quando a música instrumental veio a ser estudada como arte independente, despida da canção do poeta e posta em combinações harmônicas artificiais e complexas, ela perdeu todo o poder que outrora tinha de inflamar os ouvintes com emoções fortes, e degenerou no entretenimento de nações luxuosas e refinadas.

Encontram-se na poesia de todas as nações vestígios da conexão originária e primordial dessa arte com a música. Por ser entoada em canção, adquiriu um metro, um arranjo artificial de palavras e sílabas que variam de um país a outro, e que pareceu o mais agradável e melodioso para os seus respectivos habitantes. Daí o *verso*, característica principal da poesia, tema de que trataremos a seguir...

George Campbell (1719-1796)

Em 3 julho de 1776, de passagem por Edimburgo, James Boswell chega atrasado para a missa dominical. Impedido de entrar na igreja, decide visitar David Hume, que padecia do mal que logo o levaria à morte. Boswell encontra Hume acamado, lendo a *Filosofia da retórica*, de George Campbell. Estranha escolha: não deveria estar lendo a Bíblia, preparando-se para se arrepender de uma vida de opiniões ímpias? Chocado com a recusa de Hume em aceitar o sacramento cristão, à beira da hora final, Boswell registra o incidente em seus diários, e, retornando a Londres, submete essa história ao juízo do Dr. Johnson, com resultados previsíveis. O constrangimento de Boswell provavelmente o levou a esquecer que, se Hume recusa a extrema-unção, a obra que tinha em mãos não era tão impiedosa quanto poderia parecer. Pois embora a retórica fosse então vista por muitos como uma disciplina humanista, depositária do legado literário de Demóstenes e Cícero, anterior à religião cristã e independente dela, nada impede que um prelado como o Dr. Campbell pudesse recuperá-la, por conta própria, num registro filosófico. Autor de uma *Dissertação sobre os milagres* (1763) redigida *contra* Hume, Campbell se torna célebre por uma tradução comentada das Escrituras Sagradas, publicada em 1778. E, se não podemos saber o que Hume pensa de sua *Retórica*, na qual é criticado com sutileza e perspicácia, é bom sinal que ele não tenha posto o livro de lado, como costumava fazer com obras que considerava ridículas ou indignas de atenção.

Nascido em Aberdeen, George Campbell se gradua na universidade local e em 1746 se torna presbítero. Em 1758 ingressa na "Sociedade dos Sábios", formada por James Beattie, Alexander Gerard e Thomas Reid. A aparente disparidade entre a dedicação a assuntos religiosos e a redação de um extenso compêndio que fundamenta e justifica a retórica recobre uma coerência mais profunda. A erudição de Campbell se mostra na facilidade com que ele trata de questões linguísticas aparentemente triviais e extrai dessas considerações consequências de impacto para doutrinas filosóficas correntes na época. Dotado de uma inteligência penetrante, ataca temas caros à tradição retórica dando-lhes um viés inovador. É o que se vê no primeiro texto que escolhemos para representá-lo nesta coletânea, em que se discute a intricada questão da justa proporção entre as artes que formam o *trivium* – retórica, lógica e gramática –, questão da qual se ocupam muitos autores da época. A retórica pode ser bela e útil, como disciplina subsidiária da lógica (que fornece as leis do pensamento) e da gramática (que cuida da simbolização destas na linguagem). Desde o início, portanto, as considerações de Campbell são tributárias não somente da crítica francesa (como às vezes se assinalou: cf. Barbara Warnick, *The sixth canon*. South Carolina, 1993), como também, e principalmente, da filosofia de George Berkeley (autor dos *Principles of human knowledge*. Londres: 2ª edição, 1736). Confirma essa impressão a leitura do outro texto aqui incluído, "Da natureza dos signos", extraído da mesma *Filosofia da retórica*, que aborda um ponto capcioso, levantado por muitos autores da filosofia moderna que se ocupam do problema da natureza da linguagem e da relação desta com o pensamento. Criticando Locke, Campbell mostra qual a verdadeira vinculação que há na mente entre estas duas ordens de signos: ideias e palavras.

Da relação que a eloquência tem com a lógica e a gramática[1]

Se o objeto que nos interessa é o homem, mais natural é dividi-lo, como de praxe, em alma e corpo. Aquela é o princípio vital de percepção e ação, este é o sistema de órgãos que recebem informações vindas do exterior e que o habilitam a exercer seus poderes, em benefício próprio e de sua espécie. Analogamente, duas coisas chamam-nos a atenção em toda sorte de discurso: o sentido e a expressão, ou seja, o pensamento e o símbolo que o comunica no discurso. Esses dois elementos podem ser considerados como as partes constituintes da alma e do corpo de uma oração, ou de tudo o que é dito pela linguagem. Se no homem cada uma das partes tem seus respectivos atributos, sendo que a perfeição do corpo é servir aos propósitos da alma, ocorre precisamente o mesmo com o sentido e a expressão, que são as partes essenciais do discurso. Pelo sentido, a retórica está vinculada à lógica; pela expressão, à gramática.

O fim único e exclusivo da lógica é a evidenciação da verdade. O convencimento, embora seja um fim importante da eloquência, está longe de ser seu propósito exclusivo e único. A lógica pura examina um tópico qualquer para obter informação a seu respeito: a verdade enquanto tal é a meta própria do exame. A eloquência considera, além do tópico, o orador e sua plateia, tendo em vista o efeito que ele quer produzir nesta. Mas convencer a plateia pode ser o pressuposto para a realização de um outro fim. Das quatro espécies de discurso acima mencionadas,[2] em duas a convicção é o propósito

---

1 "Of the relation which eloquence bears to logic and to grammar". In: *The philosophy of rhetoric*, livro I, cap. 4. Londres: 1775. Tradução: Daniel Lago Monteiro. (NE)

2 "A fala tem sempre um fim em vista, um efeito que o falante deseja produzir no ouvinte. A palavra *eloquência*, em sua latitude mais ampla, denota 'a arte ou talento pelo qual o discurso é adaptado a um fim' ("*Dicere secundum virtutem orationis. Scientia bene dicendi*" – Quintiliano, *Instituto oratoria*, livro II, cap. XV, seção 36). Os fins da fala se reduzem a quatro: o discurso pode querer ilustrar o entendimento, agradar a imaginação, comover as paixões ou influenciar o arbítrio. (…) Todo discurso só admite como fim principal um desses fins. E pode-se afirmar em geral que cada uma das espécies precedentes, na ordem acima exibida, é uma preparação para a subsequente,

declarado. A primeira se endereça ao entendimento, quando o orador quer provar à plateia uma posição desacreditada ou duvidosa. A segunda é calculada para influenciar o arbítrio e persuadir a uma decisão: o convencimento do juízo quer comover as paixões e determiná-lo a uma resolução. Em relação às demais espécies de discurso – que se endereçam, respectivamente, à imaginação e às paixões –, embora a convicção não seja o seu fim próprio, ela é indispensável à realização deste. A convicção só é posta como fim quando há equívocos ou dúvidas prévias a serem desfeitas. Mas, não importa qual a espécie de discurso, caso a convicção não receba a devida atenção, surgirão dúvidas, incredulidade e equívoco, onde antes não havia nada disso, obstruindo a realização do fim que o orador tem em mente. Em discursos expositivos, que são os mais simples, a precisão deve permear o todo, pois, embora estranha ao argumento, ela é indispensável para que este seja dotado de evidência interna. Em arengas patéticas e em panegíricos, é excelente, para comover ou agradar a plateia, dar a impressão de que o tópico é verdadeiro. E, mesmo que a veracidade dos fatos particulares mencionados não seja o mais importante ou não esteja em jogo, como ocorre em algumas espécies de poesia e em romances, nem por isso a verdade deixa de ser objeto da mente, embora se trate de verdades gerais, relativas a personagens, incidentes e maneiras. Preservando-se esses elementos, a obra poderá com justiça ser dita verdadeira e será tomada como um retrato da vida, por mais que seja falsa quanto aos pormenores. Acontecimentos falsos, para que possam simular a verdade, devem ser semelhantes a ela. Uma coisa é um fim passível de descrença, outra é incredulidade. Para que a mente se dê por satisfeita, é preciso, no mais das vezes, um elemento de verdade ou algo similar a ela. Isso vale sempre, independentemente da meta expressa do orador. Em toda espécie de discurso, vez por outra é necessário provar um ponto particular, um fim subordinado que secunda a promoção do principal. Ora, se a ocupação da

---

que cada espécie subsequente é dada na precedente, e que, dessa maneira, elas ascendem numa progressão regular. O conhecimento, que é o objeto do intelecto, fornece materiais para a fantasia; a fantasia seleciona e compõe, e, por intermédio das artes miméticas, dispõe esses materiais de modo a afetar as paixões; as paixões são os aguilhões naturais para a volição ou ação, e só precisam ser direcionadas corretamente." *Filosofia da retórica*, livro I, cap. 1, *op. cit.* (NT)

lógica é demonstrar a verdade, a jurisdição da eloquência, que é convencer um auditório, não é mais que uma aplicação particular da arte da lógica. A lógica forja as armas que a eloquência nos ensina a empunhar. É a ela, portanto, que devemos recorrer antes. Apenas quando estivermos familiarizados com os materiais de que são feitas suas armas poderemos testá-las, sentir sua firmeza e têmpera, e aprender a utilizá-las nas ocasiões mais oportunas.

Se o sentido ou alma do discurso vincula a retórica à lógica, ou arte de pensar, sua expressão ou corpo a vincula à gramática, ou arte de transmitir pensamentos em palavras, numa língua. Retomemos a analogia entre o corpo e a alma. Assim como a origem da alma é celeste e a do corpo é terrestre, a fonte do sentido do discurso se encontra na natureza invariável do que é verdadeiro e correto. Ora, a energia da expressão depende de convenções humanas e arbitrárias, e a diferença que a separa do sentido é tão grande quanto a que separa o sopro divino da poeira da terra. É possível observar, em todas as regiões do globo, que os povos argumentam e sentem de maneira muito semelhante, embora a língua falada numa nação frequentemente seja ininteligível para outras. Por conseguinte, se a arte da lógica é como que universal, a da gramática é particular e local. As regras de argumentação estabelecidas por Aristóteles nos *Primeiros analíticos* são tão úteis para descobrir a verdade na Grã-Bretanha e na China de hoje quanto o foram outrora na Grécia. Mas as regras de inflexão e construção de Prisciano[3] não podem nos ensinar outra língua que não o latim. Uma *gramática universal* só seria possível se houvesse uma linguagem universal. É verdade que esse termo, *gramática universal*, é por vezes aplicado a coletâneas que reúnem semelhanças e analogias comuns a línguas antigas ou modernas. Mas, se menciono esse uso impreciso do termo, não é para censurá-lo. O escritor tem menos liberdade na aplicação de palavras técnicas ou eruditas do que nas de uso mais frequente, quando a imprecisão só é censurável se ocasiona mal-entendidos. Como essas coletâneas não transmitem o conhecimento de qualquer língua que seja, o nome *gramática*, aplicado a elas, tem um sentido diferente da acepção comum, como se fora aplicado a um sistema de geografia, embora se refira à linguagem.

---

3   *Instituitiones Grammaticae.* (NT)

A arte da gramática se resume à sintaxe; a da oratória, ao estilo. A sintaxe só diz respeito à combinação de diferentes palavras numa sentença. O estilo, se também serve a esse fim, diz respeito sobretudo à combinação de diferentes sentenças num discurso. Essa não é, entretanto, a única diferença entre essas artes. Em relação à estrutura das sentenças, que é o ponto comum entre elas, o gramático só requer pureza, ou que as palavras empregadas pertençam à língua e sejam construídas da maneira indicada pelo costume para que sua significação possa transmitir um sentido. O orador requer mais: beleza e força. O alvo daquele é o que menos importa a este último: onde a gramática termina, começa a eloquência.

A relação entre as jurisdições do gramático e do orador é semelhante àquela que há entre a arte do mestre-de-obras e a do arquiteto. Mas uma diferença chama a atenção. Visto que na arquitetura não é necessário que quem desenha os projetos os execute, pode-se ter excelência nessa arte e, no entanto, manejar desastradamente o martelo e a pá. Para o orador, entretanto, desenhar e executar são a mesma incumbência. Ele deve escrever e falar magistralmente a própria língua, sendo capaz de adicionar, à pureza da gramática, as qualidades superiores da elocução, que conferem energia e graça ao seu discurso.

Natureza e poder dos signos[1]

Parece-nos um fenômeno curioso e digno de atenção que autores dotados do mais fino discernimento possam escrever coisas inteiramente desprovidas de sentido sem se dar conta de que o fazem, e que pessoas judiciosas leiam o que eles escreveram e não descubram o defeito. Trata-se de algo surpreendente. Pois, se o leitor mais atento não está imune a eventuais lapsos, espera-se do autor de discernimento que ele esteja perfeitamente ciente de tudo aquilo que escreveu. Conta-se que o bispo de Beller, em visita à Espanha, teria pedido ao poeta Lope de Vega que lhe explicasse o sentido de um de seus sonetos, que ele jamais conseguira entender. O próprio Lope de Vega, após ler e reler o poema em questão, confessou, não sem espanto, que ele próprio era incapaz de entendê-lo.[2]

Embora tenha sido muitas vezes notado, esse fato permanece, ao que eu saiba, sem explicação. O Dr. Berkeley, que em seus *Princípios do conhecimento humano* não tem em vista esse fenômeno, esboça uma teoria da linguagem que, se devidamente fundamentada, poderia contribuir para explicá-lo. "É opinião corrente", diz o autor, "que o fim único da linguagem é a comunicação de nossas ideias, e que cada nome significante representa uma ideia. Assim, como é certo que os nomes, embora sempre tenham algum significado, nem sempre assinalam uma ideia particular, conclui-se sem mais que eles podem representar noções abstratas. Ora, é inegável que muitos nomes utilizados por pensadores especulativos nem sempre sugerem à mente do leitor ideias particulares determinadas. Mas um mínimo de atenção nos mostra que não é necessário (nem mesmo nos raciocínios mais estritos) que os nomes significantes que representam ideias excitem no entendimento, a cada vez que são mencionados, as ideias que eles representam. Na leitura bem como na fala, os nomes são utilizados, no mais das vezes, como as letras na álgebra: cada letra assinala uma quantidade particular, mas não se requer,

---

1 "The nature and power of signs, both in speaking and in thinking". In: *The philosophy of rhetoric*, livro II, seção 1, cap. VII. Londres: 1775. Tradução: Luís F. S. Nascimento. (NE)

2 Lope Félix de Vega Carpio, *Romancero general* (1600); a fonte da anedota não foi identificada. (NT)

para proceder corretamente, que cada letra sugira ao pensamento, a cada passo da demonstração, a quantidade precisa que lhe cabe representar."[3] Os mesmos princípios são adotados pelo autor do *Tratado da natureza humana*, que, ao discutir a questão das ideias abstratas, oferece a seguinte consideração: "creio que todo aquele que examine o que ocorre em sua própria mente durante o raciocínio não poderá deixar de concordar comigo quando afirmo que não anexamos ideias distintas e completas a cada um dos termos que utilizamos, e que, ao falarmos em governo, igreja, negociação e conquista, por exemplo, dificilmente poderíamos exibir em nossa mente todas as ideias simples que compõem cada uma dessas ideias complexas. Observa-se ainda que apesar dessa imperfeição podemos evitar o contrassenso quando falamos a respeito de tais coisas, e percebemos uma eventual repugnância entre essas diferentes ideias tão bem como se elas fossem inteiramente compreensíveis. Assim, se em vez de dizer que na guerra o mais fraco recorre sempre à negociação, disséssemos que ele está sempre na ofensiva, perceberíamos imediatamente o absurdo dessa proposição, pois o costume que adquirimos de atribuir certas relações a certas ideias se estende às palavras".[4] Outras excelentes observações acerca desse ponto se encontram na elegante *Investigação da origem de nossas ideias do sublime e do belo*.[5]

Por inusitadas que nos pareçam, as noções sustentadas por esses autores são, no entanto, bem fundamentadas. De acordo com a hipótese mais comum, só podemos compreender o que alguém diz comparando as ideias significadas pelas suas palavras com as ideias que temos em nossa mente. Mas assim o contrassenso não poderia passar despercebido, e não nos iludiríamos pensando que compreendemos algo que é ininteligível. A introdução no discurso de uma frase desprovida de significado teria o mesmo efeito que a citação de uma frase escrita numa língua que ignoramos, e não poderíamos imaginar que apreendemos o seu significado.

---

3 George Berkeley, *Princípios do conhecimento humano*, introdução, seção 19. 2ª edição. Londres: 1736. (NA)

4 David Hume, *Tratado da natureza humana*, livro I, parte I, seção 07. 3 vols. Londres: 1739-40. (NA)

5 Edmund Burke, *Investigação sobre a origem do sublime e o belo*, parte V. 2ª edição. Londres: 1759. (NA)

Mas, embora esses excelentes filósofos tenham notado um fato curioso, parece-me que o fenômeno que aqui nos interessa merece uma explicação mais detalhada. Que meros sons utilizados como signos possam transmitir à mente um conhecimento, embora não excitem ali qualquer ideia das coisas que significam, é nada menos que um mistério. A fim de examinar essa questão mais detidamente, estudaremos três espécies de conexão: entre uma coisa e outra, entre palavras e coisas, e entre uma palavra e outra, ou entre os diferentes termos utilizados numa língua.

Quanto à primeira dessas conexões, entre uma coisa e outra, é evidente que ela é original e natural. Há, entre as coisas, uma variedade de relações a conectá-las, tais como de semelhança, identidade,[6] igualdade, contrariedade, causa e efeito, concomitância, proximidade de tempo e de espaço. A experiência nos introduz a essas relações; por associação, elas se tornam a fonte de variadas combinações de ideias e abstrações, bem como dos modos mistos e das distinções de gênero e espécie às quais me refiro alhures.[7]

Quanto à segunda conexão, entre palavras e coisas, é óbvio que ela não é natural ou necessária, mas artificial e arbitrária. E, no entanto, embora não esteja fundada na natureza das coisas, mas sim na invenção do homem, seu efeito na mente é tal como o de uma conexão natural. Tendo observado que certas palavras são frequentemente utilizadas como signos de certas coisas, contraímos o hábito de associar o signo à coisa significada, a ponto de a introdução destes na mente dar ocasião à apreensão daquelas. O costume opera, nessa instância, precisamente da mesma maneira que na associação entre as coisas subjacente à formação da experiência. Assim, determinados sons e ideias de coisas que não têm entre si uma relação natural se tornam tão fortemente ligados em nossa concepção quanto as ideias de diferentes coisas naturalmente relacionadas entre si.

---

6 Poder-se-ia objetar que é impróprio incluir *identidade* entre as relações que conectam coisas *diferentes*. Mas por *diferente* entendo apenas o que constitui para a mente um objeto distinto de outro. Assim, considerando-se uma mesma pessoa quando criança e quando adulta nós temos dois objetos diferentes, entre os quais subsiste uma relação de identidade. (NA)

7 *The philosophy of rhetoric*, livro I, capítulo V, seção II, parte 02, *op. cit.* (NA)

Quanto à terceira conexão, entre uma palavra e outra, não me refiro aqui às conexões entre palavras consideradas como sons, tais como pronúncia, número de sílabas, metro ou compasso, mas tão somente à conexão ou relação que gradualmente se estabelece entre as diferentes palavras de uma mesma língua na mente daquele que a fala, conexão essa que decorre de as palavras serem empregadas como signos de coisas conectadas ou relacionadas entre si. Um axioma da geometria diz que duas coisas iguais a uma terceira são iguais entre si. Do mesmo modo, pode-se admitir em psicologia o axioma de que duas ideias associadas por uma terceira estão associadas entre si. Portanto, se da experiência de conexão entre duas coisas diferentes resulta, como não pode deixar de ser, uma conexão entre as ideias ou noções a elas anexadas, segue-se que uma ideia se associa a outra sobretudo por seu signo, e que seus respectivos signos se associam entre si como ideias. Portanto, sons considerados como signos têm uma conexão análoga àquela entre as coisas que eles significam. E, se falo em *sons considerados como signos*, é porque assim os consideramos na fala, na escrita, na audição e na leitura. Basta abstraí-los dessas funções e tomá-los como meros sons para nos darmos conta de que não subsiste entre eles qualquer conexão e que a única relação que os liga entre si é uma mesma pronúncia e acento tonal. Mas essa consideração responde a uma intenção deliberada, e requer um esforço que não faz parte do uso comum do discurso, em que os sons são considerados exclusivamente como signos, ou antes se confundem com as coisas que eles significam. É por isso que imperceptivelmente concebemos entre eles uma conexão de espécie inteiramente diferente daquela que naturalmente lhes pertence.

A concepção, hábito ou tendência da mente é reforçada pelo uso frequente da linguagem, mas também por sua estrutura. A linguagem é a única via pela qual os homens podem comunicar uns aos outros seus respectivos conhecimentos e descobertas. O recurso constante a esse meio de comunicação mostra que quando as coisas têm relação umas com as outras é comum que as palavras que as significam se agrupem no discurso. Assim, pelo costume da proximidade, as próprias palavras e nomes ganham na fantasia uma relação adicional àquela que derivam de serem símbolos de coisas relacionadas entre si. Essa tendência é ainda reforçada pela estrutura da linguagem. Todas as línguas, mesmo as mais bárbaras, têm um feitio regular e analógico. Em consequência, relações similares entre as coisas são expressadas de maneira similar, ou seja, pelas mesmas inflexões, derivações, composições, arranjos de palavras e justaposições de partículas, de acordo com o *genus* ou a forma gramatical particular de uma língua. E, assim como no uso habitual de uma língua, por mais irregular que ela seja, os signos inadvertidamente adquirem uma conexão na imaginação, se as coisas que eles significam estão naturalmente conectadas, então a conexão entre os signos é concebida, em virtude da estrutura da língua, como análoga à que subsiste entre seus respectivos arquétipos.

Esse princípios nos permitem agora entender o justo significado daquilo que diz o autor do *Tratado da natureza humana* na citação acima referida: "o costume que adquirimos de atribuir certas relações a certas ideias se estende às palavras, e assim nós percebemos *imediatamente* o absurdo da proposição". *Imediatamente*, quer dizer, antes de examinarmos os signos com a atenção necessária para formar uma concepção mais justa das coisas que eles significam. Confirma essa doutrina a observação de que não só falamos como também pensamos por signos.

Até aqui, utilizei os termos *signo* e *ideia* de acordo com o costume geral, como correlatos, evitando assim explicações que seriam tediosas. Mas estou ciente de que isso não é muito apropriado. Que todas as palavras são signos, mas nem toda significação pode ser representada por uma ideia, é o que deixa claro o seguinte raciocínio. Todas as verdades que constituem ciência, que dão exercício à razão e podem ser descobertas pela filosofia, são verdades gerais; todas as nossas ideias, no sentido estrito da palavra, são particulares. Todas as verdades particulares que nos dizem respeito são propriamente *históricas* e respondem pelo aparato de nossa memória. Sob o termo *históricas* não incluo as verdades da *história natural*, pois mesmo estas são demasiado gerais. Ora, o nosso pensamento, bem como o nosso discurso, jamais poderia dar sequer um passo para além de verdades particulares, ou de fatos individuais que primeiro percebemos e depois lembramos, não fosse pela utilização de signos.

Dificilmente poderia haver afirmação mais inteligível ou pacífica do que esta: *o todo é igual à soma de suas partes*. Se, para compreendê-la, eu quiser recorrer a ideias, tudo o que tenho a fazer é formar a noção de um todo individual divisível num certo número de partes que o constituem – o ano e suas quatro estações, por exemplo. Mas tudo o que posso assim discernir é a relação de igualdade entre um todo determinado e as partes que o compõem. Se recorrer a um outro exemplo, perceberei apenas mais uma verdade particular. E, mesmo que recorra a mil outros exemplos, continuarei tão longe da descoberta de uma verdade universal, que não fora o poder da mente de considerar coisas como signos ou de tomar uma ideia particular como representante de uma infinidade de outras ideias semelhantes a ela, numa circunstância, mas totalmente dissimilares, em outras, eu jamais poderia conceber o significado de uma verdade universal. Por isso, como diz o Sr. Hume, "algumas ideias são particulares em sua natureza, mas gerais em sua representação."

Parece difícil, no entanto, explicar o poder da mente de considerar as ideias não apenas como *entes privados*, por assim dizer, mas também como *entes representativos*; dificuldade que se torna incontornável no sistema do *Tratado da natureza humana*, que divide todos os objetos do pensamento em impressões e ideias. Antecipando-se a ela, certos filósofos recorreram a uma doutrina problemática, para não dizer inteiramente absurda, de ideias abstratas. Eu me refiro a essa doutrina tal como ela é geralmente exposta por esses autores. Mas, se alguém quiser dar o nome de *abstração* à faculdade de considerar uma ideia particular como representante de toda uma ordem, eu nada terei a objetar-lhe. Pois parece-me que é esse o sentido correto de *abstração*: a mente despreza certas qualidades do indivíduo, faz *abstração* delas e só considera as qualidades comuns a ele e a outros indivíduos. Mas não é isso o que dizem os autores que falam em ideias abstratas.

Os advogados dessa teoria sustentam ou ao menos dão a entender que a mente encontra e tem o poder de formar em seu interior ideias ou imagens de qualidades não apenas incongruentes como também inconsistentes entre si – como por exemplo, a de um triângulo com todas as dimensões e proporções possíveis de lados e ângulos, a um só tempo retângulo, acutângulo e obtusângulo, equilátero, isósceles e escaleno. Uma hipótese como essa não precisa ser refutada; em sua enunciação, ela se refuta a si mesma.

E, no entanto, é nesses termos que se expressa repetidas vezes o Sr. Locke, figura das mais respeitadas no mundo filosófico.[8] Parece-me que a diferença entre ele e os autores antes mencionados é mais aparente do que real, de palavras e não de sentimentos. Dificilmente poderiam homens dotados de discernimento discordar em relação a esse ponto, tantas vezes submetido à sua consciência e experiência. O que levou o Sr. Locke a uma expressão tão impensada e imprópria é a maneira original mas indevida como ele utiliza a palavra *ideia*. Querendo tornar mais simples o seu sistema filosófico, ele a emprega para significar não somente os traços que a memória retém das coisas e as imagens formadas pela fantasia, como também as percepções de sentido e as concepções do intelecto, "sendo esse o termo", em sua opinião, "mais adequado para representar tudo o que é objeto do entendimento humano no ato do pensar".[9] Ao contrário dos lógicos, em parte alguma ele define ideia como "o parâmetro ou cópia de uma coisa na mente". Mas, no decorrer de sua exposição, não se atém à acepção que dá a essa palavra, e, adotando a definição mais comum de *ideia*, certamente mais restritiva que a sua, e aplicando-a ao termo na acepção mais ampla que dá a ele, incorre nas muitas incongruências linguísticas que lhe são imputadas por seus leitores. O exemplo desse grande homem mostra como é difícil, mesmo para os mais sábios, evitar as inconveniências decorrentes da ambiguidade das palavras.

Não queremos com isso, porém, desmerecer o Sr. Locke, que nos oferece a confirmação de que as diferenças que o separam de outros autores não são tão substanciais quanto parecem; diz ele: "retornando a palavras gerais, resta claro, pelo que foi dito, que geral e universal não pertencem à existência real das coisas, mas são invenção e criação do entendimento para uso próprio, e só dizem respeito a signos, sejam palavras ou ideias. Palavras são gerais quando utilizadas como signos de ideias gerais indiferentemente aplicáveis a diversos particulares; ideias são gerais quando promovidas a representantes de uma multidão de particulares. Mas a universalidade não pertence às coisas mesmas, que são todas, incluindo

---

8   John Locke, *Ensaio sobre o entendimento humano*, livro II, cap. XI, seções 10-11; livro IV, cap. VII, § 09. 4ª edição. Londres: 1704. (NA)

9   Locke, *Ensaio*, livro I, cap. I, § 08, *op. cit.* (NA)

palavras e ideias de significação geral, particulares em sua existência. Se, portanto, deixarmos de lado os particulares, os gerais que restam são de nossa própria criação, e sua natureza geral não é mais que a capacidade que lhes confia o entendimento de significar ou representar muitos particulares. Sua significação não é mais que uma relação que a mente do homem lhes acrescenta".[10] Não poderia ser mais perfeita a coincidência entre essa doutrina da abstração e aquela sustentada pelo Dr. Berkeley. Não somente as palavras, mas também as ideias se tornam signos, e uma ideia particular se torna geral não devido a uma alteração nela produzida (pois então seria uma outra ideia) mas ao ser "promovida a representante de muitas coisas particulares". A universalidade, como observa o Sr. Locke, não pertence nem às coisas nem "às palavras e ideias, que são todas particulares em sua existência, mas gerais em sua significação". A natureza geral das ideias "não é mais que a capacidade que lhes confia o entendimento de significar ou representar muitos particulares", ou, mais explicitamente, "a significação que elas têm é uma relação que a mente lhes acrescenta", não uma alteração de sua essência.

Alguns admiradores desse eminente filósofo parecem não ter dado a devida atenção a essa passagem, mas, tomados de uma estranha paixão pelo paradoxo (ou pelo impossível e ininteligível), defendem com zelo a coerência da descuidada expressão do autor nas outras passagens às quais nos referimos. Não tem a mente do homem, dizem eles, poder ilimitado para moldar e combinar ideias? De fato, o poder da mente para moldar e combinar ideias é irrestrito. E muitas vezes, produz maravilhosas formas de autoria própria, a partir de materiais fornecidos pelos sentidos, das quais não se encontra exemplar na natureza, como centauros e grifos, "górgons, hidras e quimeras". Mas a mente não tenta o impossível – dar a suas criações propriedades contraditórias. Por mais que quisesse, não poderia conceber algo a um só tempo preto e branco, com menos de três polegadas e mais de três milhas de extensão, duas linhas iguais e desiguais, um ângulo agudo, obtuso e reto. Os que defendem uma doutrina como essa reconhecem que o progresso da mente na aquisição de tão maravilhoso talento só pode ser muito vagaroso.

---

10 Locke, *Ensaio*, livro III, cap. III, § 09, *op. cit.* (NA)

Quanto ao poder de abstração, tal como o explicamos, é evidente que ele é, como não poderia de deixar de ser, tão primitivo quanto o uso da fala, e se mostra desde a infância.

Mas se houvesse uma faculdade tão extraordinária como essa, qual seria a sua utilidade? Os lógicos definem ideia como a forma ou símile de alguma coisa na mente; e todo o poder da mente no pensamento depende da exata conformidade a esse arquétipo. De que nos serviria uma ideia da qual não há nem poderia haver um arquétipo na natureza, que não passa de uma criatura do cérebro, de uma aberração sem qualquer coisa de semelhante no universo?

O Sr. Locke, que alguns consideram o mais ardoroso defensor dessa doutrina, dá um significado à palavra ideia que inclui ainda sob esse termo as percepções de sentido. Mas, nesse caso, é inegável que ideias particulares muitas vezes servem como signo de toda uma classe. Nos teoremas de Euclides, uma figura geométrica qualquer, como um triângulo, um paralelogramo ou um círculo, é utilizada como signo que denota todas as figuras de uma classe. Quando um geômetra traça na lousa um diagrama e demonstra a partir dele as propriedades de uma figura, ninguém imagina que sua demonstração só vale para aquela figura individual de determinadas dimensões, mas todos consentem que se aplica a todas as figuras de variada dimensão pertencentes àquela ordem, a figura individual sendo um exemplo ou signo delas – o que pressupõe que concordem numa mesma propriedade, em meio a diferentes características. A partir disso, a mente é capaz de estender ou contrair o poder representativo do signo sem a menor dificuldade e conforme as circunstâncias. Assim, um triângulo equilátero é igualmente adequado a que se demonstre uma propriedade qualquer não somente de todos os triângulos equiláteros como também de todos os isósceles, e quiçá de todo e qualquer triângulo. E, se a demonstração recorre indevidamente a uma propriedade particular da figura construída que não é essencial à espécie mencionada na proposição – a extensão de um lado, por exemplo –, a falácia não escapa à atenção dos observadores mais inteligentes. Isso mostra como é útil aos propósitos da ciência que se represente uma espécie ou *genus* por meio de um indivíduo. Mas, por que um indivíduo visível, ou, para falarmos com o Sr. Locke, uma ideia particular da visão, haveria de servir, em nosso raciocínio, sem a menor inconveniência, como signo de um número infinito, enquanto uma ideia particular da imaginação não se adapta ao mesmo fim, eis uma questão que me parece impossível de se responder.

Há, no entanto, uma considerável diferença de espécie entre signos geométricos e as palavras de uma língua. Os diferentes indivíduos de uma mesma espécie, ou mesmo de um *genus* mais extenso, têm entre si uma conexão natural, na medida em que concordem quanto ao caráter específico ou genérico. A conexão que subsiste entre palavras e coisas, por sua vez, é sempre arbitrária. Mas os efeitos dessas respectivas conexões não são tão diferentes quanto poderíamos pensar. Em ambos os casos, o que a mente considera é não a matéria, e sim o poder do signo. Constatamos que mesmo os raciocínios demonstrativos admitem a utilização de signos desta última espécie, como símbolos que proporcionam uma clareza tal como a dos signos naturais. As operações do matemático são de natureza estritamente demonstrativa, na álgebra bem como na aritmética. Na primeira, empregam-se como signos as letras do alfabeto; na segunda, caracteres numéricos. Em nenhuma delas é preciso ter ideias das quantidades ou somas significadas, o que por vezes é impossível; mas nem por isso são menos acurados e convincentes os cálculos e equações resultantes.

Para voltarmos agora ao estranho fenômeno em resposta ao qual introduzimos essa doutrina, gostaríamos de lembrar a já citada passagem do *Tratado da natureza humana*, na qual o autor diz que "apesar de não anexarmos ideias distintas e completas a cada um dos termos que utilizamos, podemos evitar o contrassenso e perceber uma eventual repugnância entre diferentes ideias, tão bem quanto se elas nos fossem inteiramente compreensíveis." Essa observação é geralmente válida. Assim, em se tratando de matéria de conhecimento geral, ao alcance de uma capacidade mediana, como em narrações ou em observações morais acerca das ocorrências da vida, um homem de entendimento comum pode se deixar enganar em pontos mais capciosos, mas dificilmente se enreda no contrassenso mais flagrante, pois está acostumado a uma imensa diversidade na aplicação dos termos, a uma variedade de relações entre os signos da linguagem. Diante da aplicação inusitada de um termo qualquer, sente-se em dúvida e refere o signo a uma ideia. Valendo-se de um recurso fácil e natural, a mente recorre ao conhecimento da coisa significada para verificar a validade de um signo que lhe parece estranho. A descoberta do significado ou da falta dele se segue como efeito imediato. Mas o caso é outro se o signo em questão não nos é familiar, se é tratado de maneira incomum, ou ainda se a sua natureza é abstrusa e intricada.

Adam Ferguson (1723-1816)

A posição de Adam Ferguson no quadro da história da filosofia não é fácil de determinar. Sua reputação depende inteiramente de uma única obra, o *Ensaio de história da sociedade civil*, publicado em 1767. O interesse de seus demais escritos é relativo ao conteúdo desse verdadeiro compêndio de sociologia ou antropologia *avant la lettre*. As *Lições* desenvolvem ou abreviam os tópicos ali discutidos; a *História do progresso e término da república romana*, obra surgida em 1783, é de relevância para o estudioso da historiografia filosófica iluminista, mas como peça literária será eclipsada pela monumental empreitada de Gibbon. Desde a sua gestação, o *Ensaio* é como que supervisionado por homens de letras que consideram Ferguson um talento promissor, mas não confiam inteiramente em suas capacidades intelectuais. Blair, Robertson e Smith o aconselham, corrigem-no, aplaudem-no por fim quando a obra adquire a forma final. Mesmo Hume, que discorda das teses ali avançadas e censura o estilo do autor, é forçado a reconhecer seus méritos. Tampouco essa reputação se restringe a seus mentores. Elogiado em Londres, traduzido na França e na Alemanha, Ferguson se torna um autor celebrado. Anos depois, merecerá um raro elogio de Marx, que n'*O Capital* se refere a ele como o autor que primeiro anteviu, com rigor científico, os males da divisão do trabalho. De fato, a inspiração da obra de Ferguson é estranha à corrente otimista do Iluminismo. Leitor de Montesquieu e de Rousseau, ele chega a ser, anos mais tarde, ambivalente em relação à Revolução Francesa, que considera um evento compreensível, embora lamentável. Reação temperada, em forte contraste com o ímpeto reacionário de Burke, que fala como herdeiro de fato de uma boa parte do Iluminismo escocês. Já em nossos dias, o nome de Ferguson foi resgatado de forma inesperada: num pequeno estudo reeditado em *Problemas de linguística geral* (1966), Émile Benveniste chamou a atenção para o fato de que o *Ensaio* inaugura, na língua inglesa, o uso da palavra *civilization*, provavelmente encontrada em Mirabeau, que anos antes cunhara *civilisation*. Filosofia política, sem dúvida, a desse autor, que permanece, no fundo, um *moralista*, no sentido inglês dessa palavra, tal como a entendia Shaftesbury: um estudioso do homem e de suas relações.

Nascido em Raith, no interior da Escócia, Ferguson, educado em *St. Andrews*, é fluente em inglês e em gaélico. Em 1745, torna-se capelão do exército na luta contra os clãs reacionários das Highlands. Em 1757 sucede a Hume, por indicação deste, no posto de bibliotecário na Biblioteca de Direito, em Edimburgo; dois anos depois, torna-se professor de filosofia moral na universidade local. Sua estreia no mundo das letras vem tarde, em 1767, com o *Ensaio de história da sociedade civil*. Valendo-se, como dissemos, de Rousseau e Montesquieu, não os segue fielmente; apresenta-se como um discípulo original, atento às formulações de Hume e de Voltaire, que, é bom lembrar, se dão na contracorrente daqueles. Seu método, tributário de Buffon, é mais um exemplo do valor exemplar que a história natural adquire para os filósofos do século XVIII. Os textos aqui reunidos dão um bom exemplo da técnica argumentativa de Ferguson, mais afeito à indução do que à demonstração, ao ensaio do que ao tratado. Smith e Gibbon estarão atentos a essas teses, quando forem redigir suas obras definitivas.

Do estado de natureza[1]

PRODUTOS NATURAIS GERALMENTE SE FORMAM por graus. Os vegetais brotam de tenras raízes; de embriões crescem os animais. Estes, destinados à ação, diversificam suas atividades conforme aumentam os seus poderes, e exibem progressos em tudo o que realizam, inclusive na aquisição de faculdades. No homem, esse progresso vai muito além de outros animais, e não apenas no indivíduo, que progride da infância à idade adulta, mas também na espécie, que vai da rusticidade à civilização. Supõe-se por isso que a espécie humana teria partido de um *estado de natureza*, e elaboram-se diferentes conjecturas e opiniões de como teria sido o período inicial de sua existência. O poeta, o historiador e o moralista aludem a esses tempos remotos e com os emblemas do ouro ou do ferro representam uma condição e modo de vida que, para o bem ou para o mal, teria sido deixada para trás. Em ambas as suposições, o estado primitivo de nossa natureza não tem qualquer semelhança com o que a espécie humana veio a exibir em períodos subsequentes; monumentos históricos de data mais remota passam por novidade; as instituições mais comuns da vida em sociedade são tidas como intromissões da fraude, da opressão e da desocupada invenção humana, no reino da natureza, responsável pela supressão indistinta de nossos maiores problemas bem como de nossas maiores bênçãos.

Entre os autores que procuram distinguir as qualidades originais do caráter humano apontando para os limites entre natureza e arte, alguns representam os homens em sua condição primeira como dotados de mera sensibilidade animal, sem o exercício das faculdades que os distingue dos animais selvagens, sem união política, incapazes de expressar sentimentos, e privados de todas as apreensões e paixões que a voz e os gestos expressam. Para outros, o estado de natureza consiste na guerra perpétua, incitada pela competição por domínio e posse, onde cada indivíduo luta contra os de sua espécie, e a presença de um semelhante é como um sinal para o combate.

---

1 "Of the question relating to the state of nature". In: *An essay on the history of civil society*, livro I, cap. 1. 2ª edição. Edimburgo: 1773. Tradução: Pedro Paulo Pimenta. (NE)

O desejo de estabelecer as fundações de um sistema de nossa preferência, ou talvez a sincera expectativa de que poderíamos penetrar os segredos da natureza rumo à fonte de nossa existência, levou a muitas investigações infrutíferas, que estão na origem das mais extravagantes suposições acerca desse objeto. Dentre as muitas qualidades da raça humana, escolhemos uma, a partir da qual produzimos uma teoria; e, em nossa explicação do homem no suposto estado de natureza, ignoramos seu aspecto tal como se oferece à nossa observação ou se encontra nos anais da história.

O historiador da natureza reconhece que sua obrigação é coletar fatos, não oferecer conjecturas. Quando considera uma espécie animal em particular, supõe que as disposições e instintos que encontra são tais como os originais, e que o modo de vida atual é desdobramento de uma destinação inicial. Está ciente de que seu conhecimento do sistema do mundo consiste numa coleção de fatos, ou quando muito em preceitos gerais derivados de observações e experimentos particulares. É apenas no que lhe diz respeito, em questões a um só tempo mais importantes e mais fáceis de decidir, que substitui a realidade por hipóteses, e confunde as províncias da imaginação e da razão, da poesia e da ciência.

Sem entrar na discussão da origem ou maneira de nosso conhecimento de objetos, morais ou físicos, e sem desmerecer a perspicácia daqueles que analisam cada sentimento e remetem cada modo de existência a sua respectiva fonte, podemos afirmar com segurança que nossos principais objetos de estudo são o caráter do homem tal como o encontramos e as leis do sistema animal e intelectual, das quais depende sua felicidade; e que os princípios gerais relativos a esses e aos objetos em geral só são úteis quando se fundam na observação isenta e nos conduzem ao conhecimento de consequências importantes ou nos habilitam a controlar os poderes da natureza, físicos ou intelectuais, com vistas aos propósitos centrais da vida humana.

Relatos de todas as épocas e de todas as partes da terra concordam em representar o homem seja coletivamente, em bandos ou em companhia, seja individualmente, em grupos aos quais cada um se une por afeição, em todo caso dedicado ao exercício da memória e da antevisão, inclinado a comunicar os próprios sentimentos e a perscrutar os dos outros; e parece-nos que encontramos aqui terra firme para fundar nossos raciocínios sobre a espécie humana. A disposição mista à amizade e à inimizade, o uso da razão, da linguagem e de sons articulados, a figura e a postura de seu corpo ereto, tudo isso deve ser considerado como atributos de sua natureza que devem entrar em sua descrição, assim como têm lugar na história natural dos diferentes animais a descrição de asas, membros e patas, além de qualidades como ferocidade, agilidade e vigilância.

Se quisermos saber do que a mente do homem é por si mesma capaz, sem a direção de outrem, devemos procurar pela resposta na história da sua espécie. Experimentos particulares, reconhecidamente úteis no estabelecimento dos princípios de outras ciências, não têm aqui nada de novo ou de importante a acrescentar. A história de um ser ativo se infere de sua conduta nas condições para as quais ele é formado, não de situações extraordinárias ou incomuns. Um homem selvagem, que vive na floresta, isolado de seus semelhantes, é um caso singular, de modo algum o exemplar de um caráter mais geral. A dissecação de um olho que nunca foi afetado pela luz ou de um ouvido que nunca recebeu impulsos sonoros provavelmente revelará defeitos na estrutura de um órgão que nunca foi utilizado de maneira apropriada. Do mesmo modo, o estudo do selvagem apenas revela o estado em que se encontram poderes de sentimento e apreensão que nunca foram empregados, a insensibilidade e deficiência de um coração que nunca sentiu as emoções atinentes à vida em sociedade.

Os homens devem ser considerados em grupo, tal como sempre existiram. A história dos indivíduos é insignificante, comparada aos sentimentos e pensamentos que cada um nutre pela espécie. Por isso, experimentos relativos a esse objeto devem ser realizados com sociedades inteiras, não com homens individuais. Temos boas razões para crer que se um experimento como esse fosse realizado, por exemplo, numa colônia de crianças expulsas de um orfanato que formaram uma sociedade independente, por conta própria e sem qualquer instrução ou disciplina, veríamos a repetição das mesmas transações que ora deparamos em diferentes partes do globo terrestre. Os membros dessa pequena sociedade se alimentariam e dormiriam; conviveriam e conversariam entre si numa língua comum; entrariam em disputas e divisões; e, no ardor de sua amizade ou animosidade, deixariam de lado os riscos pessoais e a integridade física, em nome da segurança de seus semelhantes. Não seria esse o caso da raça humana? Quem teria dirigido o seu curso? Qual instrução receberam, ou quais exemplos seguiram?

Presume-se que se a natureza atribui a cada espécie animal um modo de existência, um modo de vida e disposições ativas, não teria porque desprezar a raça humana. O historiador natural de nossa espécie que quiser coletar as suas propriedades, pode fazê-lo tão bem hoje como em qualquer outra época. Muitas vezes, no entanto, uma das principais propriedades que distinguem o homem não é considerada na explicação de sua natureza, ou se é, desvia a nossa atenção do principal. Em outras classes de animais, o indivíduo passa rapidamente da infância à idade adulta, e realiza, no ciclo de uma vida, todas as perfeições de que é suscetível a sua natureza. No caso do homem, não é só o indivíduo que progride, mas também a espécie como um todo. Cada período acrescenta algo às fundações legadas do passado; e, com o passar do tempo, a espécie tende à perfeição na aplicação de suas faculdades. Para tanto, requer-se uma longa experiência e o esforço combinado de sucessivas gerações.[2] Observamos o progresso que cada uma delas realiza; remontamos cada um de seus passos, até a mais longínqua antiguidade, da qual não se tem registro; e, embora nos faltem documentos que permitam reconstituir a cena inicial desse admirável espetáculo, não nos atemos aos traços de caráter da nossa espécie que se encontram certificados por boa autoridade, mas tentamos encontrá-los em épocas desconhecidas, e, em vez de tomarmos o início de nossa história como o prenúncio do que se seguiu, julgamo-nos autorizados a rejeitar cada circunstância de nossa atual condição e estrutura, como se fossem adventícias e extrínsecas à nossa natureza. E,

---

2 A 2ª edição (1773) traz o seguinte texto em lugar dessa passagem: "Os feitos dos pais não se transmitem aos filhos por sangue, e não se deve considerar o progresso do homem como uma mutação física da espécie. Em todas as épocas o indivíduo percorre a trajetória que vai da infância à idade adulta; o ignorante que ora vemos nos mostra o que era o homem em seu estado original. O indivíduo tem as vantagens peculiares de sua época; mas o talento natural é praticamente invariável. O uso e aplicação desse talento muda sempre, e os homens continuam, progressiva e coletivamente, a realizar suas obras através dos tempos; acrescentam às fundações estabelecidas por seus antepassados, e, com o tempo, tendem a aperfeiçoar a aplicação de suas faculdades. Para tanto, requer-se uma longa experiência e os esforços combinados de muitas gerações sucessivas". (NT)

assim, o progresso da espécie humana, desde uma suposta animalidade até o uso da razão e da linguagem e ao hábito da vida em sociedade, é pintado por uma imaginação tão vivaz, e reconstituído, em cada um de seus passos, por uma inventiva tão robusta, que somos tentados a adotar sugestões fantasiosas como matéria histórica, e a aceitar como modelo do estado original de nossa natureza animais que só se assemelham a nós quanto ao aspecto.[3]

Seria ridículo e disparatado oferecer ao mundo a suposta descoberta de que os cavalos nunca pertenceram à mesma espécie que os leões. E, no entanto, vemo-nos obrigados a reiterar, a despeito de alguns autores eminentes, que o homem sempre se destacou em relação aos outros animais como uma raça distinta e superior, e que circunstâncias tais como órgãos similares, aspecto semelhante, o uso das mãos e o contínuo intercurso com esse artista inigualável não facultaram a outras espécies a aquisição de traços da natureza humana.[4] Em seu estado mais rudimentar, o homem é superior ao animal; por mais degenerado que seja, não se rebaixa ao nível deles, e permanece humano não importa qual a sua condição. A analogia com os animais não nos instrui em nada. Se quisermos conhecer o homem, deveremos nos restringir a ele, ao curso de sua vida e ao tenor de sua conduta. Tudo indica que a sociedade é tão antiga quanto o próprio indivíduo, e que o uso da linguagem é tão universal quanto o das mãos ou pés.[5] Se houve um tempo em que o indivíduo teve que se familiarizar com seus semelhantes ou adquirir suas faculdades, não temos

---

3 Jean-Jacques Rousseau, *Discurso sobre a origem da desigualdade entre os homens*, parte I. Paris: 1755. (NA)

4 Claude-Adrien Helvétius, *Do espírito*, cap. 1. Paris: 1758. (NA)

5 "O principal e mais admirável produto do gênio humano é a linguagem. Aqui, a mente criada se torna ela mesma criadora. *Mundos inteiros*, para utilizarmos o idioma de Platão, surgem das ideias da *mente eterna*: a linguagem é a emanação das ideias que se encontram na mente humana. O meio de expressão, o gesto ou som, é fornecido pela natureza; o seu poder de significação é criado pela mente, inteligente e sociável. Onde quer que se encontre uma mente como essa, o efeito será proporcional à causa. Na medida em que a mente é dotada de conhecimento, compreensão e engenho, a linguagem é copiosa e regular, composta de expressões gerais que servem a cada uma das províncias do pensamento, aplicando-se aos particulares por meio de variações específicas ou individuais, em formas claras e límpidas de construção e inflexão". *Principles of moral and political science*, vol. I, cap. III, seção 12. Edimburgo: 1792. (NT)

dessa época qualquer registro, e nossas opiniões a respeito são desprovidas de fundamento, não estão respaldadas em evidências.

Frequentemente somos tentados a divagar nas regiões ilimitadas da ignorância e da conjectura, por uma fantasia que prefere criar formas, que não se contenta com as que se oferecem a ela. Deixamo-nos ludibriar por um ardil que promete suprir cada falta de nosso conhecimento, e que, ao preencher algumas lacunas na história da natureza, pretende que nossas apreensões se aproximem da fonte de toda existência. Fiando-nos numas poucas observações, somos levados a presumir que o segredo se desvendaria sem mais e que a *sabedoria* da natureza se resumiria a poderes físicos. Mas assim nos esquecemos que essas mesmas forças de movimento, cuja contínua atuação conspira para um propósito benéfico, constituem prova cabal do desígnio a partir do qual inferimos a natureza de Deus. Uma vez admitida essa verdade, não temos mais de buscar pela fonte da existência, e tudo o que nos resta é reunir as leis estabelecidas pelo autor da natureza e perceber, em nossas velhas e novas descobertas, um modo de criação ou providência o qual antes desconhecíamos.

É comum referirmo-nos à arte por contraposição à natureza; mas a arte pertence à natureza humana. O homem é, em certa medida, o artífice de seu molde, bem como de sua fortuna, e está destinado, desde a mais tenra idade, a inventar e criar.[6] Aplica os mesmos talentos a uma variedade de propósitos, e desempenha o mesmo papel nos mais diferentes enredos. Seu interesse permanente é aprimorar-se a si mesmo, e, por onde quer que caminhe, seja pelas ruas da cidade ou pelos bosques na floresta, mantém firme a sua intenção. Adapta-se às mais diversas situações, sendo por isso incapaz de se contentar com uma única e mesma. Obstinado e inconstante, quer inovar, mas não se satisfaz com uma só inovação. Aprimora-se constantemente, sem no entanto superar suas imperfeições. Se habita uma caverna, constrói uma casa; se habita uma casa, quer equipá-la. As transições que realiza não são abruptas ou impensadas, seus passos progridem len-

---

6 "A forma do homem é ser artista; e, apesar de seus equívocos quanto ao propósito de suas obras, deve-se permitir que ele pratique livremente a sua vocação, para que possa descobrir, por si mesmo, a nobreza da tarefa que lhe cabe executar". *Principles of moral and political science*, vol. I, cap. III, seção 12, *op. cit.* (NT)

tamente, e sua força se impõe, tal como uma ferramenta, a todo modo de resistência. Por vezes, produz efeitos sem se dar conta das causas; dotado de extraordinária capacidade de projeção, sua obra se realiza independentemente de um plano. Deter o seu passo pode ser tão difícil quanto apressá-lo; o projetista se queixa do vagar, o moralista da inconstância; mas, não importa se rápido ou lento, o cenário das coisas humanas muda perpetuamente: seu emblema é o rio que passa, não a lagoa que fica. Gostaríamos de dirigir esse gosto pela perfeição a um objeto mais digno: gostaríamos que sua conduta fosse mais constante: mas não entendemos a natureza do homem, se pedirmos que ele encerre os trabalhos ou se ponha em repouso, é porque não entendemos a natureza humana.

A ocupação de homens de todas as condições proclama a livre escolha, as variadas opiniões e as múltiplas carências que os urgem. Gozam ou sofrem com a mesma intensidade ou fleuma, qualquer que seja a sua situação. Com diferente tenor, mas igual facilidade, instalam-se no litoral do Cáspio ou no do Atlântico: ali, fixam-se ao solo, e parecem formados para a vida em vilarejos e cidades, dão o mesmo nome à nação e ao território; aqui, são animais nômades, formados para vagar em hordas, buscando novas pastagens e climas favoráveis, de acordo com os ciclos naturais do sol.

O homem se acomoda tão bem às cavernas quanto ao casebre ou ao palácio. Obtém subsistência nas florestas, no pasto ou na lavoura; adota distinções de título, equipagem e roupas; cria um sistema regular de governo, e um complexo corpo de leis; ou vive nu, nas florestas, sem outra marca de superioridade que a força de seus membros e a sagacidade de seu intelecto, sem regra de conduta que não a escolha própria, sem laços com seus semelhantes além da afeição, do gosto pela companhia e do anseio por segurança. Capaz de uma variedade de artes, não depende de nenhuma delas em particular para a preservação de sua existência, e o seu artifício, por menor que seja, parece suficiente para o desfrute das comodidades adequadas à sua natureza e à condição que lhe parece ter sido destinada. A grande árvore às margens do Oroonoko dá abrigo ao nativo americano,[7] é uma habitação

---

7 Lafitan, *Mueurs des Savvages.*

que lhe convém tão perfeitamente e lhe protege tão bem quanto aqueles que vivem sob o domo e a colunata.

Assim, se nos for posta a questão, *Onde se encontra o estado de natureza?*, podemos responder: aqui, e não importa se na ilha da Grã-Bretanha, no cabo da Boa Esperança ou no estreito de Magalhães. Enquanto o homem continuar a empregar seus talentos e a interferir nos objetos à sua volta, todas as situações serão igualmente naturais. E, se nos disserem que o vício é contrário à natureza, poderemos retorquir que, pior, ele é loucura e vilania. A natureza não se opõe à arte; em qual condição da raça humana não encontramos as marcas desta? Nas selvas ou nas cidades não faltam provas da irrequieta invenção humana, que abre novos e inesperados horizontes no caminho desse ser itinerante.

Se admitimos que o homem é passível de aprimoramento, e que nele se encontra um princípio de progressão e um desejo de perfeição, por que deveríamos afirmar que ele abandonou o estado de natureza logo que começou a progredir, ou que atingiu um estágio ao qual não estava destinado, se, a exemplo das outras criaturas, apenas obedece a uma predisposição natural e emprega poderes que recebeu da natureza?

Mesmo os esforços mais recentes da invenção humana são prolongamentos de dispositivos que a espécie utiliza desde o seu estado mais rude, nas épocas primitivas do mundo. As observações e projetos do silvícola são os primeiros passos no mesmo caminho que será trilhado pelas nações mais avançadas, da construção de casebres à edificação de palácios, das percepções particulares dos sentidos até as conclusões gerais de ciência.

Grandes carências são um desgosto para os homens, não importa qual a sua condição: ignorância e estupidez são objeto de desprezo; sagacidade e liderança os distinguem e atraem a estima alheia. Mas a que levam os seus sentimentos e apreensões a esse respeito? A um progresso, sem dúvida, no caso do selvagem, bem como do filósofo, que avançam de maneira desigual mas têm em vista o mesmo fim. A admiração de Cícero pela arte literária, pela eloquência e pela civilidade é tão sincera quanto a que um sita mostra por esses mesmos dotes, na medida em que pode concebê-los em sua limitada apreensão. "Se há algo de que posso me orgulhar", disse um príncipe tártaro, "é da sabedoria que recebi de Deus. Pois, se na guerra comando legiões de soldados e regimentos de cavaleiros, não deixo de ter algum talento literário, talvez apenas inferior ao dos cidadãos das grandes cidades da Pérsia ou da Índia. Outras nações eu desconheço; sobre elas, eu me calo".[8]

Um homem pode se equivocar quanto ao que quer, pode desperdiçar sua indústria e dedicar-se ao que é indigno de si; mas, se estiver ciente de que pode errar, se buscar um padrão que lhe permita decidir como proceder para chegar ao melhor estado possível de sua natureza, é mais provável que o encontre não na prática deste ou daquele indivíduo, desta ou daquela nação, ou na opinião que prevalece entre a maioria dos membros de sua espécie, mas sim nas elevadas concepções do seu entendimento, e no nobre bater de seu coração, onde encontrará toda a perfeição e felicidade de que é suscetível. O escrutínio mostra que o estado próprio de sua natureza moral não é uma condição da qual a espécie humana estaria para sempre apartada; pode, ao contrário, ser alcançada no presente, não antecede o exercício de suas faculdades, procede da justa aplicação delas.

Dos termos que empregamos quando consideramos os assuntos humanos, *natural* e *inatural* são aqueles cujo significado é mais indeterminado. *Natural* é um epíteto de louvor, por oposição à afetação, precipitação ou qualquer outro defeito de têmpera ou caráter; mas, empregado para designar uma conduta decorrente da natureza humana, não distingue o que seja, pois as ações do homem resultam todas, sem distinção, de sua natureza. Quando muito, essa maneira de falar pode referir-se vagamente a um sentido ou prática predominante entre os homens. É possível dar conta da investigação desse objeto recorrendo a uma linguagem igualmente simples, e, no entanto, mais precisa. O que são o justo e o injusto? O que é adequado ou vil nas maneiras? O que seria, em diversas situações, favorável ou adverso às qualidades afáveis? Parece-nos possível responder a essas questões de modo satisfatório; e, qualquer que tenha sido o estado original de nossa espécie, importa-nos mais conhecer a condição a qual devemos aspirar do que uma outra, que nossos antepassados teriam deixado para trás.

---

8   Abulgazi Bayadur-Chan, *History of Tartars*. [*Histoire généalogique des tartars*. Leyden: 1726] (NA)

Do luxo[1]

Estamos longe de concordar na aplicação do termo *luxo* ou de saber em que medida o seu sentido é consistente com a prosperidade de uma nação e a retidão moral da natureza humana.[2] Às vezes, a palavra *luxo* é empregada para significar o modo de vida que nos parece necessário à civilização e mesmo à felicidade. Em nosso panegírico de épocas polidas, o *luxo* é o mecenas das artes, o patrono do comércio, o propulsor da grandeza e da opulência nacional. Em nossa censura de maneiras degeneradas, ele é a fonte da corrupção e o presságio do declínio e ruína da nação. É admirado ou desprezado; deve-se louvá-lo como ornamental e útil, ou proscrevê-lo como um vício.

Em meio à diversidade de nossos juízos, geralmente empregamos o termo de maneira uniforme para significar o complexo aparato que os homens concebem com vistas a uma vida confortável e tranquila. Suas casas, móveis, equipagens, vestimentas, serviçais domésticos e requintes à mesa servem antes ao prazer da fantasia do que à supressão de necessidades reais, são mais ornamentais do que propriamente úteis.

Portanto, se somos propensos a classificar como vício, sob o nome *luxo*, o desfrute de tais coisas, ou bem referimo-nos implicitamente a hábitos como libertinagem, devassidão, prodigalidade, vaidade e arrogância, que por vezes acompanham a posse de uma fortuna muito grande; ou pressupomos uma medida do que é necessário à vida humana, e para além do qual todo desfrute nos parece excessivo ou vicioso. Mas se, ao contrário, o luxo é reconhecido como um dos elementos que contribui para a prosperidade e o lustro de uma nação, consideramo-lo como uma consequência inofensiva da distribuição desigual de riqueza, método pelo qual as diferentes classes da sociedade se tornam mutuamente dependentes e úteis. Os pobres aprendem a praticar as artes; os ricos os recompensam por isso; e, com o aparente desperdício de recursos, ganha o poder público, que se torna cada vez mais rico

---

1   "Of luxury". In: *An essay on the history of civil society*, livro VI, cap. 2. 2ª edição. Edimburgo: 1773. Tradução: Pedro Paulo Pimenta. (NE)

2   Compare-se Hume, "Do refinamento nas artes". In: *Political essays*. Londres: 1754; e Rousseau, *Discurso sobre a origem da desigualdade* (parte I, nota 1.) Paris: 1755. (NT)

graças à influência desse apetite desmedido por delicadezas, que lhe parece acenar com sua própria decadência e ruína.

É preciso, assim, escolher entre desfrutar do luxo e mesmo recomendá-lo como decorrência natural da arte do comércio, ou fazer como os espartanos, e proibir inteiramente esta arte, por recearmos suas consequências ou por considerarmos que as conveniências que dela decorrem excedem as exigências da natureza.

Mas não importa qual o estágio do progresso das artes, ainda que puséssemos freio ao seu avanço, continuaríamos a ser acusados de luxuriosos por aqueles que não foram tão longe como nós. Em Esparta, o construtor e o carpinteiro estavam restritos ao uso do machado e do serrote; mas um casebre espartano passaria na Trácia por um palácio. E, se a disputa é em torno do saber o que é materialmente necessário à preservação da vida humana como padrão do que é moralmente lícito, então, como as faculdades físicas discordam das morais, e a propósito de um mesmo objeto, cada um teria de encontrar por si mesmo a regra mais conveniente. No mais das vezes, o casuísta toma a prática de sua condição e época como padrão da espécie humana. Se numa dada época ou condição ele condena o uso do coche, em outra ele condenaria o uso de calçados: a mesma pessoa que clama contra aquele provavelmente não teria poupado estes, não fossem um item herdado de épocas anteriores. Um censor do luxo nascido num casebre e acostumado a dormir sobre o feno jamais proporia que os homens retornassem às florestas e às cavernas em busca de abrigo, mas reconhece que é razoável e útil tudo o que já conhece, e só vê excesso e corrupção nos refinamentos mais recentes, de última geração.

O clero da Europa não se cansa de pregar contra novas modas e inovações no uso de roupas. Os modos dos jovens são motivo de censura dos mais velhos; os modos destes, por seu turno, não escapam ao ridículo daqueles. Só podemos concluir que os mais velhos são predispostos à severidade, os mais jovens à leviandade.

O argumento contra as comodidades da vida, extraído da consideração superficial de que elas não são necessárias, cai tão bem ao selvagem, que se recusa a aprender os rudimentos da indústria, quanto ao moralista, que insiste que esta é dispensável. "Nossos ancestrais", ele diria, "abrigavam-se nas cavernas; obtinham alimento nas selvas; saciavam a sede nos riachos; e vestiam-se com as peles dos animais que abatiam. Por que deveríamos, de nossa parte, tolerar uma falsa delicadeza ou exigir da terra frutos que ela não pode dar? O arco e flecha empunhado por nossos pais nos parece pesado, e os animais selvagens se furtam a ele nas florestas".

O moralista encontra nos costumes de outras épocas tópicos de censura que lhe fornecem um repertório de acusações contra as maneiras da sua própria época. E se aqui nos sentimos embaraçados, talvez seja mais um sintoma da perplexidade que nos acomete sempre que tentamos definir caracteres morais por circunstâncias externas que podem ou não ser concomitantes a faltas da mente ou do coração. Um homem considera vício o uso de roupas de linho; outro não, desde que o tecido seja espesso. Ninguém poderia negar a uma pessoa que ela vista uma roupa mais leve ou mais pesada, que durma a céu aberto ou nos aposentos de um palácio, que ande de sapatos sobre carpetes ou de pés nus sobre a terra. A mente pode manter ou perder sua penetração e vigor, o coração pode sentir uma afecção mais forte ou mais fraca, e é vão, em tais circunstâncias, querer buscar por distinções de virtude e vício, ou acusar de indolência o cidadão só porque ele tem esta ou aquela equipagem ou veste a mesma pele que outrora vestia o selvagem. A vaidade não se distingue por um traje em especial: manifesta-se inclusive no índio americano, em suas ricas plumagens e colares, em suas peles tingidas, no tempo que desperdiça com a pintura. Na selva ou nas cidades, o homem quer o mesmo: ali ele busca, com o rosto decorado e os dentes pintados, a mesma admiração que aqui corteja com vistosa equipagem e suntuosos bens.

Seriam por isso desprovidas de fundamento e razão as estimativas dos moralistas mais severos de todas as épocas? Poderíamos nos dispensar do receio de que se cometa um erro, em se tratando do refinamento de artigos de subsistência ou convenientes à vida? O fato é que, se os homens frequentemente erram, não é porque tenham se habituado a um conforto excessivo ou porque tenham uma dieta mais requintada, mas sim porque preferem esses artigos em detrimento de seus amigos, de seu país ou dos homens em geral. E se erram sempre, é porque admiram distinções superficiais ou benefícios frívolos, é porque cedem diante dos menores obstáculos e são incapazes de cumprir com brio o seu dever. A consideração moral desse tópico não se destina a constranger os homens a certas espécies de habitação, de dieta ou de roupa, apenas a evitar que transformem meras conveniências no principal objeto de suas vidas. Se nos perguntassem, *Até que ponto deve ir a busca por comodidades triviais, sem desviar o homem de suas obrigações mais importantes?*, responderíamos, *deve ir até onde foi*. Tal é a regra outrora adotada em Esparta; seu objetivo era preservar a integridade do coração para o bem público e ocupar os homens no cultivo de sua própria natureza, não no acúmulo de riquezas e bens supérfluos. Os espartanos não esperavam do machado e do serrote uma vantagem política superior à que poderia advir do cinzel e da plaina. Quando Catão caminhou descalço e sem toga pelas ruas de Roma, provavelmente o fez por desdenhar aquilo que seus compatriotas mais admiravam, não porque tivesse a ilusão de que a virtude ou o vício se encontram neste ou naquele adereço.[3]

O luxo, como predileção por artigos de vaidade e mercadorias exorbitantes, é ruinoso para o caráter humano; como simples usufruto das comodidades e conveniências que uma época oferece, seu valor depende antes do progresso realizado nas artes mecânicas e do grau de desigualdade na distribuição de fortuna entre os homens do que das predisposições particulares de cada um ao vício ou à virtude.

Diferentes medidas de luxo são convenientes a diferentes constituições de governo. O avanço das artes pressupõe uma distribuição desigual de fortuna, e a distinção que a fortuna confere torna ainda mais visível a separação entre as classes. Por conta disso, o luxo, à parte seus efeitos morais, é adverso à forma democrática de governo, e só é seguro admiti-lo numa sociedade na qual os membros da comunidade se distribuem em classes desiguais e onde a ordem pública se constitui em subordinação regular. Altos graus de luxo parecem salutares e mesmo indispensáveis a governos monárquicos e a governos mistos, nos quais, além de encorajar as artes e o comércio, ressalta os privilégios constitucionais e hereditários tão importantes a esses sistemas.

É frequente encontrarmos juntos os termos *luxo* e *corrupção*, como se fossem sinônimos. Para evitar disputas de palavras, entenderemos o primeiro como acumulação de riquezas e refinamento no desfrute dos artigos produzidos pela dedicação às artes mecânicas, o segundo, como uma

---

3   Cf. Cornélio Nepos, *Latinos históricos*, XXIV. (NT)

verdadeira fraqueza ou depravação do caráter humano que pode acompanhar essas artes em qualquer etapa de seu desenvolvimento e pode ser encontrado em meio a diversas circunstâncias externas. Ora, tudo indica que embora o simples uso dos materiais que constituem o luxo seja distinto do vício de fato, em nações com avançado cultivo das artes do comércio pode haver alguma suscetibilidade à corrupção, quando se admite a riqueza sem o respaldo de qualidades e virtudes pessoais como principal fundação da distinção de classes e quando se considera a ganância como um meio válido para adquirir respeito e honra. Com esse efeito, o luxo pode contribuir para a corrupção de Estados democráticos, introduzindo uma espécie de subordinação monárquica sem qualquer senso de berço ou dos títulos hereditários que tornam as classes fixas e determinadas e ensinam os homens a agir com uma autoridade e propriedade condizentes à sua posição. Em governos monárquicos, o luxo também pode ocasionar corrupção, quando incita a veneração pela riqueza, lança na sombra o lustre das qualidades pessoais e distinções de família, e infecta todas as ordens da sociedade com servidão, venalidade e covardia.[4]

---

4   Parágrafo acrescentado nesta tradução; extraído de *An essay on the history of civil society*, livro VI, cap. 3, *op. cit.* (NT)

Alexander Gerard (1728-1795)

A OBRA FILOSÓFICA DE ALEXANDER GERARD se resume a dois livros. Exceto pelo *Essay on taste* (1759) e pelo *Essay on genius* (1774), os escritos de Gerard são dedicados a questões religiosas ou de ofícios religiosos. Isso se explica pela ocupação principal do autor, que além de professor no Marischal College, na Universidade de Aberdeen, era pastor presbiteriano. Como filósofo, foi membro do círculo dedicado ao estudo e à refutação da filosofia de Hume, do qual faziam parte George Campbell, Thomas Reid e James Beattie. Mas, ao contrário destes, Gerard não se posiciona em antagonismo a Hume. Homem de fino discernimento, ele prefere, à leitura do *Tratado da natureza humana*, a dos *Ensaios*, filosóficos, morais, políticos e literários, nos quais encontra temas que orientam a sua própria investigação e onde descobre aquela que será a noção central de sua filosofia: *a imaginação*. Tomando como ponto de partida a proposição humiana de que a imaginação, instância de associação de ideias, é o poder central da mente humana, Gerard vai além e encontra nela a faculdade da invenção da qual dependem a criação de obras de arte, as descobertas científicas e a própria estrutura da linguagem. Alguns textos de Gerard podem ser lidos como um exercício de exploração de conteúdos latentes das doutrinas de Hume, e tais que ele não pôde ou não soube explicitar. As afinidades entre eles se estendem à arte de escrever: em 1757, Hume se oferece para revisar o texto do *Ensaio sobre o gosto*, obra que, em sua versão definitiva, traz a marca de um estilo precioso e raro. O *Ensaio sobre o gênio*, de uma eloquência mais sóbria, é a obra mais importante.

Como mostra a leitura dos textos de Gerard aqui reunidos, o relevo conferido à imaginação permite explorar tópicos herdados de uma longa tradição crítica (Fontenelle, Boileau, Dubos; Addison, Shaftesbury, Hume), em especial a questão do gosto e de sua regulação. O gosto condensa um paradoxo, pois os juízos dos homens acerca do belo, embora se baseiem em sentimentos privados e sejam, nessa medida, relativos ao estado de espírito de cada um, aspiram a uma universalidade sem a qual nem mesmo poderiam ser emitidos: o ato de julgar inclui, já em sua forma lógica, a ambição da comunicabilidade do sentimento. Assim, de um tópico da "estética" somos remetidos a uma reflexão sobre a natureza da mente como um todo. Gerard aprofunda sua investigação da imaginação a ponto de mostrar, no *Ensaio sobre o gênio*, que, se ela é a faculdade principal da mente, *gênio* é propriamente o poder intelectual em sua configuração mais intensa, quando a mente não se restringe ao aprimoramento da natureza pela imitação e se torna um poder criador, autônomo e expressivo. Os teóricos que sucedem a Gerard, sob sua égide, no estudo do gênio, de Kant aos românticos, souberam bem como explorar essa via (como mostra Márcio Suzuki, *O gênio romântico*. Iluminuras, 1998). Ao lado da reflexão sobre o problema da comunicação e da fundação universal do sentimento de prazer, as considerações de Gerard sobre o gênio constituem, em termos próprios, uma verdadeira "crítica do gosto".

Do refinamento no gosto[1]

REFINAMENTO OU *ELEGÂNCIA* é a outra qualidade, a par de sensibilidade e correção, requerida para formar um gosto perfeito, e inclui-se, assim como a *sensibilidade*, na ideia de *delicadeza*.

As raízes do GOSTO na natureza humana são tão profundas que só pode nos aprazer aquilo que tenha algum grau da *verdadeira* excelência e beleza. Para quem não conhece nada mais *elevado*, um grau *mínimo* de excelência e beleza é perfeitamente *satisfatório*. E, assim como só podemos formar uma *ideia* simples qualquer se percebermos a *sensação* que lhe corresponde, estamos confinados, em muitas de nossas ideias, ao *grau* preciso do qual tivemos uma experiência, e não podemos, de modo algum, alargá-las. Nossos pensamentos dificilmente conseguem se alçar à concepção distinta de um prazer ou dor mais intenso do que aquele que já sentimos. Por isso, a *verdadeira* excelência, por *ínfima* que seja, não apenas *gratifica* como também *sacia*, mesmo o sentido menos requintado.[2] O conhecimento de algo mais perfeito dessa espécie produz *sutileza* e torna elegante o prazer que obtemos, embora dificulte a sua obtenção. Tépsis sem dúvida encantava seus contemporâneos com seu carro;[3] mas suas representações imperfeitas e rudes não entretêm a posteridade mais polida, acostumada ao elaborado drama de Sófocles e Eurípides. As grosseiras pilhérias de Plauto não somente agradavam ao gosto em geral

---

1   "Of refinement of taste". In: *An essay on taste*, parte II, cap. 5. 2ª edição. Edimburgo: 1780. Tradução: Luís F. S. Nascimento. (NE)

2   "Não incluo o vulgo ordinário entre aqueles capazes de se pronunciarem acerca de poemas ou de quadros e de decidir qual o seu grau de excelência. A voz pública se restringe aqui às pessoas ilustradas pela leitura ou pelo convívio mundano. São estas as únicas que podem indicar qual a classe de um poema ou de um quadro, mesmo que tal classe se encontre em obras excelentes, capazes de ser percebidas por pessoas de nível mais baixo. Como não conhecem outras obras, não estão em condições de discernir até que ponto é excelente o poema que os leva às lágrimas ou qual a posição que ele ocupa em relação a outros poemas." Dubos, *Refléxions critiques sur la poësie et sur la peinture*, livro II, cap. 22. Paris: 1719. (NA)

3   Ator e poeta dramático grego do início do século V a.C., considerado precursor da tragédia. Viajava e se apresentava em uma carroça, conhecida como o "o carro de Tépsis". Horácio o menciona no verso 275 de sua *Ars poetica*. (NT)

como ganharam a aprovação de Cícero, e só perderam crédito quando uma *corte* mais polida produziu refinamentos no engenho e no humor.[4] Uma balada lamuriosa, os voos mais extravagantes da fantasia desgovernada, podem ser admirados pelo vulgo, mas nada que seja inferior à invenção regular e à magistral execução de Homero poderá satisfazer plenamente o gosto perfeito. Uma melodia indiferente, executada num instrumento desafinado, pode contentar a alguns, mas a grosseira imperfeição da harmonia é intolerável para o ouvido mais fino.

O hábito, como se pode observar, tende a diminuir a sensibilidade de gosto. Dessa diminuição procede, em alguma medida, o refinamento. À medida que nossas gratificações perdem intensidade com a repetição, tornamo-nos indiferentes aos graus de beleza *imperfeita* que antes nos satisfaziam plenamente. Os encantos mais ordinários não mais nos tocam, e adquirimos uma espécie de avidez pela máxima perfeição e beleza. Na ausência dela, sentimos uma deficiência, ficamos insatisfeitos e desapontados.

Mas o gosto refinado ou elegante se deve sobretudo à aquisição de *conhecimento* e ao *aprimoramento* do juízo.

O uso promove o refinamento do gosto. Entretanto, sem o cultivo de nossas faculdades, apenas abastece a memória com ideias de produções variadas. É preciso ainda *comparar* o objeto presente com outros de mesma espécie. E, embora os homens se deem por satisfeitos com obras de arte *triviais* quando desconhecem as *melhores,* basta introduzi-los a estas para que livremente as reconheçam como preferíveis àquelas. E, como a comparação tem grande influência sobre a mente, muitas coisas que, consideradas em isolado, nos parecem toleráveis, tornam-se desagradáveis ao serem postas ao lado de outras. O que um discrimina como banal e comum, como mera cópia servil, pode trazer o encanto da novidade e ter o mérito da invenção aos olhos de um outro que não seja versado em obras do gênio e da arte. Coisas que têm em si mesmas algo de sublime ou de belo podem parecer disformes e vis, comparadas a formas mais graciosas e augustas. O incauto

---

4 "Pelo que dizes, seus antepassados elogiavam tanto os versos como a destreza de Plauto, tão tolerantes, para não dizer tolos, eram eles em sua admiração por esse poeta – se é que você e eu sabemos distinguir o urbano do rústico, e com o ouvido e os dedos captamos o verdadeiro ritmo." Horácio, *Ars poetica*, 270-71. (NA)

admira como efeito de uma capacidade prodigiosa aquilo que alguém ciente de uma invenção mais hábil e de uma imitação mais engenhosa rejeita como um pobre arremedo. Para o gosto refinado, qualificado pela prática a realizar comparações, uma beleza de espécie ou grau *inferior* é inequivocamente uma verdadeira *mácula*.[5]

O hábito da convivência com os objetos próprios ao gosto não apenas enriquece o nosso repertório de conhecimentos como também é excelente para *aprimorar* o juízo. Em nenhuma outra de nossas faculdades a influência do costume é tão grande. Se de início o juízo só descobre e distingue nas coisas as qualidades mais *óbvias*, com o exercício adquire agudeza suficiente para discernir as qualidades *discretas* e perceber as mais *delicadas*. De início, só admite combinações mais simples de qualidades e sequências mais breves de ideias; utilizado com frequência, alarga-se e se habilita a compreender, a reter distintamente e a comparar com facilidade as mais intrincadas relações e as mais extensas e complexas composições. Graças ao cultivo, descobre nos objetos aquelas qualidades que, predispostas a operar no gosto, escapam à observação do novato, investiga as perfeições mais complexas e sutis, e revela as falhas mais triviais.[6] E, assim, o que antes parecia uma falta ganha ares de beleza para o gosto refinado. Quando a razão é fraca, perde-se em demonstrações longas e intricadas, não consegue reter a conexão do todo, não vê nada além de confusão e não obtém nem convicção, nem deleite. Da mesma maneira, em matéria de gosto, o juízo grosseiro e rude se confunde

---

5 Um crítico francês salienta muito bem a importância de ser capaz de formar comparações a partir do estudo de variadas obras excelentes: "Poderíamos falar em *expressão* com a mesma autoridade de Plínio e de outros autores antigos, quando simplesmente não a conhecemos? Os antigos, graças a estátuas como o Laocoonte e a Vitória da Samotrácia, nas quais se encontra uma expressão tão acertada quanto correta, se tornaram profundos e exigentes conhecedores dessa arte! Os antigos, que a par dessas estátuas, dispunham ainda de uma infinidade de excelentes peças para a comparação, e que não se enganavam ao julgar da expressão na pintura, sem jamais tomar por requintado o trivial!" Dubos, *Réfléxions critiques*, livro I, cap. 38, *op. cit*. O mesmo autor repete e ilustra essa observação em muitas outras passagens. (NA)

6 "Quantas e quão importantes coisas não veem os pintores em sombras e luzes, mas que nós não percebemos!" Cícero, *Acadêmicas*, livro IV. [*Apud* Dubos, *Réfléxions critqiues*, livro I, cap. 27, *op. cit.*] (NA)

em meio à complexidade de seu objeto e se perde em sua obscuridade, e, frustrado, experimenta desgosto. Mas, tão logo o costume permita transpor esse obstáculo e alargar sua visão, tem em alta estima as belezas que antes depreciava. Assim como os raciocínios mais complicados são os mais interessantes, também as excelências mais *sutis* produzem a mais refinada aprovação. Por serem raras, e como que severas, exercitam as nossas faculdades; por exaurirem o vigor da mente, *permanecem* agradáveis mesmo depois que as qualidades *mais aparentes* e mais palpáveis perderam o viço ao sentido. São como aqueles sabores delicados, que de início não agradam mas fornecem um prazer mais duradouro do que os mais luxuriantes ou que mais estimulam o órgão.[7] A profusão de ornamentos distribuídos pelas diferentes *partes* das construções góticas pode ser prazerosa à mente que não se alargou a ponto de conceber, num único olhar, a relação entre as partes e o *todo*. Mas, quando adquire essa concepção, percebe uma elegância superior na proporção e simetria da arquitetura grega, que é mais *simples*. A música italiana não agrada muito, de início; mas, quando o ouvido se abre à complexidade de sua harmonia e às delicadas relações de dissonância, habilmente introduzidas por prelúdios e conclusões, torna-se um deleite maravilhoso. Observa-se

---

7 Cícero, sem atribuir-lhe uma causa, ilustra a verdade dessa observação com variados exemplos, concernentes ao gosto bem como aos sentidos externos: "É difícil dizer porque os objetos mais prazerosos aos nossos sentidos, que mais profundamente os tocam, são precisamente aqueles dos quais mais rápido nos cansamos e nos afastamos saciados. Que beleza e variedade de cores não se encontram em rosas frescas numa tela! Mas, se o olhar é capturado de início, o encanto é passageiro; enquanto que quadros velhos e desgastados nos seduzem pelo tom escurecido. No canto, que doçura e charme não se encontram nas modulações e inflexões contrárias às regras, de preferência às notas regulares e justas! E, no entanto, não só o homem sério como também o vulgo protesta diante do abuso de tais artifícios. Observações análogas valem para os outros sentidos. Perfumes excessivamente doces ou marcantes nos agradam por menos tempo do que aqueles menos fortes, e preferimos o cheiro dos favos ao do açafrão. No tato, agrada-nos menos o que é liso ou mole em demasia. Por fim, quanto ao paladar, que é dos sentidos o mais prazeroso, e é, mais do que qualquer outro, sensível ao doce, quão repugnante não lhe parece o doce em excesso! Uma bebida ou alimento muito doce é-nos insuportável; mas ambos se furtam à saciedade, se o prazer que propiciam é moderado. Assim, em todas as coisas o fastídio extremo beira o desgosto." *Do orador*, livro III, cap. 25. (NA)

o mesmo em refinamentos de eloquência e poesia, de engenho e humor. A declamação variada e copiosa de Cícero impressiona mais imediatamente do que a simplesmente austera de Demóstenes, mas é na última que o gosto fino encontra a mais duradoura e alta satisfação. Os homens polidos que são conhecedores da arte se deixam tocar especialmente pelas delicadezas que escapam à apreciação mais vulgar.

É possível adquirir um refinamento de gosto tão grande, especialmente se houver gênio, que concebemos em *ideia* um padrão de excelência mais elevado do que tudo o que jamais foi de *fato* produzido. E, se medirmos os efeitos da arte por essa forma absoluta e exaltada, constataremos que não deixa de faltar a ela algo da imensidão que concebemos.[8] Diz-se que Leonardo da Vinci teria idealizado um padrão de perfeição tão alto que é impossível de ser alcançado, o que explicaria porque ele deixou inacabadas muitas de suas próprias obras.[9] Quando a imaginação é inflamada e exaltada pela perfeição que lhe é exibida, a fantasia obtém efeitos que excedem tudo o que poderiam produzir os meios à disposição do artista. Em razão de uma resistência da parte dos materiais utilizados, a *execução* há de permanecer aquém da *concepção*. Nenhum artista é excelente em tudo, mas cada um se caracteriza por um talento especial; a excelência própria de um nos permite discernir o que falta a um outro. Combinando numa mesma imagem as virtudes dispersas por diferentes originais, tal como Zêuxis, que produziu uma Helena escolhendo as partes mais belas de muitas belas virgens,[8] formamos na mente um modelo de perfeição cujas partes, embora procedam de diferentes originais, adquirem consistência própria dependendo da destreza com que são articuladas. Um homem de gênio que tem em vista um padrão sublime e possui requintado refinamento de gosto, qualquer que seja a arte por ele praticada, não se contenta em representar os objetos tais como são, mas segue o exemplo de Sófocles e os concebe tais como *deveriam* ser.[9] O gosto verdadeiramente refinado não se limita a *rejeitar* as deficiências que

---

8 Plínio, o Velho, *História Natural*, livro XXXV, cap. 9. (NA)

9 Em todas as artes, os maiores mestres imitam menos uma natureza individual do que um padrão mais sublime, que só existe em concepção. Segundo Aristóteles, isso vale tanto para a poesia quanto para a pintura. Ver as passagens citadas no capítulo 4 da seção I acima, "Do sentido ou gosto da imitação". Esse tema é comentado com rigor e

percebe, *nam neque chorda sonum reddit, quem volt mannus et mens;/Nec sempre feriet, quodcunque minabitur arcus*,[10] mas só se dá por *satisfeito* e *saciado* diante da mais alta perfeição praticável.

Só há refinamento de gosto se a uma imaginação originalmente delicada e a um juízo naturalmente agudo se acrescenta uma longa e íntima convivência com as melhores obras de toda espécie. Somente as obras realmente excelentes merecem ser estudadas, em especial aquelas que renovam sua beleza a cada vez que as contemplamos. As virtudes mais conspícuas são as primeiras a serem percebidas. A aplicação ulterior mostrará belezas mais profundas, que não tocam o olhar superficial, especialmente se pudermos contar com o auxílio de outros, cujas observações, penetração ou agudeza tenham produzido um gosto genuinamente dotado de sutileza. É preciso um tutor hábil ou um crítico genial para indicar ao aprendiz as qualidades das composições de gênio e dos produtos da arte, que sem ele demoraria a percebê-las, se é que chegaria a tanto. Repetidas descobertas dessa espécie, realizadas por sagacidade própria ou pela indicação de outros, terminam por incutir em nós o hábito de refinar o gosto e a capacidade de realizar outras descobertas similares com igual facilidade e rapidez.

Sem refinamento, o gosto é vulgar e rude. Nota apenas as belezas mais grosseiras, desgostam-lhe somente as faltas mais chocantes; pequenos retoques ou um mínimo de profundidade podem ser o suficiente para ludibriar seu escrutínio; é insensível às finas delicadezas da natureza e da arte, cuja impressão é muito tênue para ser notada. Assim como os selvagens, que só se deixam tocar pelo que excita a paixão mais extravagante, o gosto bárbaro e grosseiro só aprecia o que é exagerado e palpável. Belezas discretas escapam à percepção de sua agudeza; as complexas, ele não tem força para compreender; detendo-se na superfície, muitas vezes aprova o que é defeituoso e equivocado, e permanece indiferente ao extremamente elegante. Por consequência, suas decisões não fazem jus ao verdadeiro mérito dos objetos: as obras mais extravagantes e menos artísticas são certamente as preferidas. Observa-se no

---

elegância pelo autor de *A commmentary and notes on Horace's Epistle to Pisoes*, nota ao verso 317. [Referência não identificada] (NA)

10 Horácio, *Epístola aos pisões*. [*Ars poetica*] (NT)

gosto dos ingleses uma grosseria e falta de refinamento, uma robustez, quiçá inevitável, que dá azo, em seus espetáculos teatrais, a uma indelicadeza e uma rispidez que são intoleráveis ao gosto elegante da plateia francesa.

O refinamento excessivo ou falso deve ser igualmente evitado.[11] É como uma compleição fraca, que se abala ao menor acidente, ou como um estômago desregulado, que se recusa a digerir; é um capricho que gera o hábito de investigar as mínimas qualidades, de descobrir delicadezas ou erros imaginários que ninguém mais percebe, permanecendo-se cego, entretanto, ao que é perfeitamente visível – um pouco como aquele filósofo, que de tão concentrado na contemplação dos céus, não viu um buraco em seu caminho;[12] é o apego às minúcias, que leva alguém a buscar e aprovar excelências banais e a evitar e condenar negligências insignificantes, com uma atenção escrupulosa ao que é indigno do verdadeiro gênio; é um juízo meticuloso, que não concede *nenhum* mérito ao que não tenha o *maior*, que não suporta a mediocridade ou a imperfeição e que, não sem malícia, considera indesculpável todo e qualquer defeito.

Essa verdadeira depravação do gosto é o que levou alguns autores mais assíduos no estudo da delicadeza a tomá-la pelo que ela não é, a saber, por sutileza e afetação desnaturada.[13] Plínio, o Jovem, por exemplo, escreve isto: "Os deuses sequestraram Nerva assim que ele adotou Trajano, para que não realizasse outra ação alguma que não fosse indigna desse rebento imortal e divino. A Trajano coube a honra de ter sido o derradeiro feito de Nerva; e este, por sua vez, foi imediatamente endeusado, para que não restasse dúvida, aos olhos da posteridade, de que ele já era divino no instante em que

---

11 O verdadeiro gosto está no meio, entre esses extremos: "Esse discernimento dá a conhecer as coisas tais como elas são em si mesmas, não fica aquém; ao contrário do vulgo, que permanece na superfície, nem além, ao contrário dos espíritos refinados, que em suas sutilezas se perdem em fantasias vãs e quiméricas". *Entret. 4 d'Arist.* [Referência não identificada] (NA)

12 Platão, *Teeteto*, 174a. (NT)

13 "Parece-nos assinalar o verdadeiro gênio, que seja preciso gênio para compreender o sentido do que se diz (...) E julgamo-nos superiores, nós que desprezamos tudo o que dita a natureza e não buscamos pelo verdadeiro ornamento, senão por finezas vulgares". Quintiliano, *Institutio oratoria*, livro VIII, proêmio. (NA)

adotou Trajano".[14] Isso é pura sutileza, não refinamento, e carece de consistência. Sêneca, que tem sempre em vista a elegância, corrompeu a eloquência romana ao introduzir adereços pueris e uma profusão de antíteses e cláusulas.[15] Poesia e eloquência, quando chegam à perfeição, despertam o anseio da geração seguinte, que quer superar seus predecessores; mas, quando esta se mostra incapaz de alcançar esse fim pela trilha da natureza e da verdade, deixa-se levar pelos caminhos tortos da afetação e da sutileza. A novidade contamina e infecta o gosto. Os autores mais simples e corretos são esmiuçados de acordo com o novo padrão: sentido obscuro, alegorias descabidas, alusões disparatadas e outras qualidades fantasiosas são aplaudidas e descobertas ali, onde jamais foram intencionadas. Homero compara o feroz Menelau diante de Páris a um leão faminto prestes a abocanhar um cervo ou uma cabra.[16] Esse belo símile expressa com pungência a alacridade e coragem desse guerreiro. Mas há quem não se contente, e queira comparar Páris a uma cabra, por sua incontinência, ou a um cervo, por sua covardia e gosto pela música; na corrente de ouro de Júpiter[17] há quem descubra o emblema da excelência da monarquia absoluta; e, quando Agamenon corta a cabeça e as mãos do filho de Antenor, imagina-se uma alusão ao crime cometido por este, que queria pôr *as mãos* nos embaixadores que pediram a libertação de Helena, e de cuja *cabeça* viera a ideia de detê-la prisioneira.[18] Os critérios de reprovação do falso refinamento são tão quiméricos e inadequados quanto os que ocasionam a aprovação. O delicado Aristarco ficou tão chocado com a terrível Fenice, que tentara matar o próprio pai durante um acesso de raiva, que houve por bem suprimir as linhas em que isso é dito a Aquiles, para que o guerreiro veja o dano fatal que provém da fúria desgovernada do ressentimento.[19] Ao sutil Rymer não agradam a astúcia e vilania de Iago, que ele

---

14 Plínio, *Panegírico*, livro X, cap. 5. (NA) [Nerva: imperador romano (51-96 d.C.)]

15 Essa censura lhe foi legada por um juiz inquestionável: "Em seu estilo ele é degenerado, e tão mais nocivo por abundante em faltas agradáveis." Quintiliano, *Institutio oratoria*, livro X, cap. 1, seção 129. (NA)

16 *Ilíada*, Canto III, verso 21. (NA)

17 *Ilíada*, Canto VIII. (NA) [versos 19-27] (NT)

18 *Ilíada*, Canto XI. (NA) [versos 251-61] (NT)

19 *Ilíada*, Canto IX, verso 460. Essa minúcia foi justamente censurada por Plutarco, como sendo instável e mal aplicada. [*Da tranquilidade da alma*] (NA)

considera desnaturada e absurda, pois mais comum é descrever como honesto e franco o caráter dos soldados.[20] Para críticos dessa lavra, constituem erros intoleráveis os símiles superficiais e maneiras simples de Homero, os versos irregulares e ásperos de Shakespeare.

A falsa delicadeza pode ocorrer nos críticos devido ao gosto excessivamente sensível ou ao juízo demasiadamente sutil, cultivado sem restrição ou reserva. Mais comum é que advenha de ignorância e vaidade. O orgulho nos leva a afetar um refinamento que não temos. Sem saber em que consiste a verdadeira excelência, determinamos um padrão excêntrico e parcial, e julgando por ele, incorremos em caprichosas sutilezas e falsa elegância. O verdadeiro gosto penetra nas qualidades dos objetos e é calorosamente afetado por tudo o que percebe. Sua imagem invertida, o falso refinamento, que receia que algo lhe escape à atenção e imagina qualidades que não existem, é extravagantemente tocado por quimeras de sua própria cria.

---

20 Ver Thomas Rymer, *A short view of tragedy*, cap. 7. Londres: 1693. (NA)

A que faculdade da mente pertence o gênio[1]

GÊNIO É A FACULDADE de *invenção*, por meio da qual um homem se qualifica para realizar novas descobertas em ciência ou para produzir obras de arte originais. Pode-se reconhecer gosto, juízo ou conhecimento num homem desprovido de invenção; mas este jamais poderia ser dito um homem de gênio. Para determinar em que medida merece esse caráter, é preciso saber se ele descobriu algum novo princípio científico, se inventou uma nova arte ou se levou artes já praticadas a um grau mais alto de perfeição. Ou se ao menos, em matéria de ciência, aperfeiçoou descobertas de seus predecessores e reduziu princípios previamente conhecidos a um maior grau de simplicidade e consistência, ou, a partir deles, extraiu uma série de consequências até então desconhecidas, ou ainda, nas artes, criou uma nova obra diferente daquelas de seus predecessores. Tudo o que está aquém é imitação servil, esforço trivial de uma indústria que não implica invenção e não é prova de gênio, por mais que evidencie capacidade, destreza ou diligência. Mas, se um homem dá mostras de invenção, nem mesmo os defeitos intelectuais de sua obra poderiam desmentir o seu gênio. Sua invenção, por mais irregular, desregrada e indisciplinada que seja, é considerada como marca inequívoca de um gênio realmente natural. O grau de sua genialidade é proporcional à estimação que fazemos da novidade, dificuldade e dignidade de suas invenções.[2]

Sendo a invenção o critério infalível do gênio, não há melhor maneira de investigar a natureza deste do que inquirindo: qual é o poder da mente que qualifica um homem à invenção? Invenção é a capacidade de produzir novas belezas em obras de arte e novas verdades em matéria de ciência, o que depende da reunião de ideias em variadas posições e arranjos, e tais que nos ofereçam uma perspectiva incomum a seu respeito. Nossos poderes intelectuais, na medida em que aqui é preciso considerá-los, resumem-se a quatro: sentido, memória, imaginação e juízo. A ponderação

---

1 "To which faculty of the mind, genius properly belongs". In: *An essay on genius*, livro I, cap. 2. Londres: 1774. Tradução: Alexandre Amaral Rodrigues. (NE)

2 Parágrafo extraído da seção anterior. *An essay on genius*, livro I, cap. 1, *op. cit.* (NT)

dos seus respectivos ofícios nos permitirá determinar de qual deles deriva originariamente o gênio.

O SENTIDO só percebe objetos realmente existentes, que se exibem à mente em ato; não pode, portanto, levar-nos a qualquer descoberta para além dos objetos que lhe ocorrem no curso da natureza, e não é capaz de dar sequer um passo além das coisas reais que se lhe apresentam num único momento. Como a sua esfera é demasiado estreita, não pode ser ele o progenitor da invenção.[3]

A MEMÓRIA se restringe a rever objetos que já se apresentaram ao sentido. Confere uma espécie de duração às percepções que o sentido transmitiu, mas não pode criar novas percepções. Como um espelho, reflete imagens fiéis de objetos percebidos anteriormente, mas de forma alguma pode exibir o que não lhe é oferecido dessa maneira. É, por natureza, um mero copista, que preserva escrupulosamente a posição e o arranjo das sensações originais e nos dá com isso a percepção de que essas sensações estiveram presentes à mente em algum momento passado.[4] Trata-se, assim, precisamente do avesso da invenção.

A IMAGINAÇÃO é consideravelmente menos restrita em suas operações. Mesmo quando se exerce da maneira mais simples e parece apresentar as ideias por si mesmas, desacompanhadas de lembrança, ela manifesta, em

---

3   Utilizamos aqui a palavra *sentido* num significado mais amplo, de modo a incluir não somente os sentidos externos mas também o sentido interno ou consciência, pelo qual chegamos às operações de nossa própria mente. (NA)

4   "Recordar o futuro é impossível, pois este é um objeto de opinião ou expectativa – se há uma ciência da divinação, na qual alguns creem, por que não haveria uma ciência da expectativa? Do presente não há memória, apenas sensação. Com esta, não conhecemos o futuro ou o passado, apenas o presente. Mas a memória diz respeito ao passado. Ninguém diria que se lembra do presente quando este é presente, por exemplo, que se lembra de um objeto branco no momento em que o vê ou que se lembra de um objeto de contemplação científica no momento atual em que o contempla e o tem diante de si. Do primeiro, alguém diria que o sente; do segundo, que o conhece. Mas alguém que conhece ou sente a par da atuação de uma faculdade *se lembra*, no primeiro caso, de ter aprendido ou formulado algo, no segundo, de ter ouvido, visto ou sentido algo. E quem exerce a memória sempre diz para si mesmo, 'Eu já tive a sensação disto ou já tive este pensamento'." Aristóteles. *Parva Naturalia*. [*De memoria et reminiscentia*, 449 b] (NA)

alguma medida, um poder de criação. Ao contrário da memória, não pretende copiar ideias de percepções sensíveis precedentes, não as refere a quaisquer arquétipos prévios, mas exibe-as como existências independentes de sua própria produção. E pode-se indagar se em alguns casos muito especiais o seu poder não se estenderia até a formação de uma ideia simples.[5] Seja como for, é certo que mesmo quando se restringe a exibir ideias simples derivadas dos sentidos, a imaginação lhes confere algo de original pela própria maneira como as exibe. Luz e calor, por exemplo, são ideias que a memória retém sempre com precisão, e podemos a bel-prazer recordar que foram outrora percebidas pelos sentidos. Mas a imaginação apresenta essas ideias não como cópias, mas sim originais. Formamos a ideia de calor num dia frio ou de luz numa noite escura sem refletir que outrora as percebemos, considerando-as apenas como objetos que seriam agradáveis no presente ou que podemos vir a experimentar no futuro.

A IMAGINAÇÃO é ainda mais inventiva em suas demais operações. Pode nos conduzir de uma percepção presente à visão de muitas outras e transportar-nos por regiões vastas, distantes e inexploradas do pensamento. É capaz de se lançar, num instante, da terra aos céus, e dos céus de volta à terra; de percorrer, com a maior facilidade e celeridade, a esfera completa da natureza, ultrapassando seus derradeiros limites. Ela transpõe, modifica e compõe nossas percepções numa infinita variedade de formas, produzindo inúmeras combinações, inteiramente novas.[6] Mesmo no sono, quando os sentidos se recolhem e o exercício da memória é inteiramente suspenso, a imaginação exibe eminente sua força inventiva, tão grande que "as palavras de um homem fluem em arengas impensadas ou ele fala sem dificuldade línguas que mal conhece. O homem sério abunda em gracejos, o obtuso em réplicas e tiradas espirituosas. Não há ação mental tão laboriosa quanto a invenção. Mas, nos sonhos, ela opera com uma facilidade e intensidade que

---

5 Ver David Hume, *Tratado da natureza humana*, livro I, parte I, caps. 3-4. 3 vols. Londres: 1739-40. (NA)

6 "Mas o que é tão irreal e inaudito que dele não podemos formar uma figura na mente? Formamos a figura de coisas que jamais vimos, como de lugares de cidades e rostos de homens (…) e não há nada que não possamos pensar". Cícero, *De divinatione*, livro II, cap. 67. (NA)

não sentimos em outras aplicações dessa mesma faculdade. É então que lemos sem parar ou hesitar cartas, livros ou escritos que não passam de instantâneos de nossa própria imaginação".[7]

É à imaginação, com efeito, que os homens geralmente referem a invenção. Se um poeta ou orador se limita a repetir sentimentos alheios ou se é incapaz de ilustrar o seu tópico com imagens, incidentes, personagens ou observações apropriadas, ninguém hesita em imputar o defeito de sua invenção à esterilidade de sua *fantasia*. Toda produção genuinamente artística é fortemente marcada pela rubrica da imaginação brilhante e vivaz; e na ciência, toda obra original, se bem examinada, proclama a força e vigor desse mesmo poder, embora os seus traços não pareçam tão óbvios à primeira vista. A imaginação é, portanto, uma fonte de invenção. Mas será ela a única?

O JUÍZO, no qual se inclui a *razão*, descobre, pela comparação de ideias e de sensações, relações tais que não são objeto do sentido. Há temas que admitem a mais copiosa invenção; e, no entanto, o que se inventa não são relações. Assim, qualquer que seja a influência do juízo em certas espécies de invenção, e por necessária que seja a sua assistência ao aperfeiçoamento das operações do gênio em todas as suas aplicações, não se reconhece nele o poder inventivo propriamente dito, pois muitos são os objetos de invenção com os quais ele não tem uma relação imediata. Além disso, mesmo na ciência, onde a descoberta de relações é de sumo interesse, o juízo não pode encontrar nem oferecer à vista percepções a serem comparadas. Estas devem ser sugeridas por um outro poder, na devida ocasião; e, até que o sejam, o juízo não tem do que se ocupar, permanece inativo, sem realizar qualquer comparação ou dedução. Sua função se restringe a observar as relações entre percepções que lhe são

---

7 [Joseph Addison], *Spectator*, n. 487. Londres: 1710. Ver ainda Cícero: "A força e natureza da alma são tais que a sua atividade, quando estamos acordados, não advém de um impulso externo qualquer, mas do poder motivo que lhe é inerente, uma celeridade que nos parece espantosa. Quando a alma é amparada pelos membros do corpo e pelos cinco sentidos, seus poderes de percepção, pensamento e apreensão são mais confiáveis. Privada desse substrato físico, quando o corpo se encontra inerte, no sono, a alma se move por si mesma. Nesse estado, ela vê formas e age; e parece ouvir e dizer muitas coisas". *De divinatione*, livro II, cap. 67, seções 139-140. (NA)

O Iluminismo escocês 119

fornecidas pelo sentido, pela imaginação ou pela memória, produzindo, ao ser exercido, uma convicção.

De todas as espécies de juízo, a *razão* é a mais semelhante a um poder inventivo, já que não só percebe a conexão das diversas partes de uma prova como também infere uma conclusão a partir de todas as partes juntas. O Sr. Locke divide a razão em dois poderes, sagacidade e ilação, e atribui a ela quatro diferentes exercícios: "O primeiro e mais alto grau de razão consiste em descobrir e encontrar provas; o segundo, em dispô-las regular e metodicamente, colocando-as em ordem clara e adequada para tornar plena e facilmente perceptíveis a sua conexão e força; o terceiro consiste na percepção de sua conexão; o quarto, em extrair uma conclusão correta".[8]

Ele poderia ter apresentado essa enumeração como a dos passos da *mente* na descoberta de novas conclusões; pois nem todos podem ser atribuídos à *razão*. O primeiro passo, a descoberta de ideias ou de experimentos que sirvam como prova, não se encontra na jurisdição da razão, mas sim na da imaginação. Da mesma maneira, é mais correto dizer que a imaginação é que ordena e dispõe as provas. Ela as arranja numa certa disposição e em seguida a razão as inspeciona e examina se a disposição é tal que lhe permite perceber a conexão entre as provas. Não sendo o caso, a razão rejeita a disposição, e a imaginação volta ao trabalho. Arranja as provas de uma maneira diferente e continua a variar a disposição, até encontrar aquela que a razão considera suficiente ao seu propósito. Se não puder consegui-lo, após percorrer todos os arranjos que lhe ocorrem, exaurida por repetidas tentativas frustradas, a imaginação abandona o trabalho, por desalentador e impraticável. Logo, a disposição das provas deve ser atribuída à imaginação, embora a razão acompanhe os seus passos, mantenha-se ao seu lado e a refreie sempre que ela se perca em alguma digressão inútil. Portanto, somente as duas últimas operações que Locke atribui à razão pertencem própria e estritamente a ela. Cabe-lhe perceber a conexão ou força das provas, uma vez tenham sido descobertas e arranjadas, e inferir uma conclusão justa da série como um todo. Essa prática é comum a todos os que são instruídos numa ciência a partir dos

---

8 Locke, *Ensaio sobre o entendimento humano*, livro IV, cap. 17, §§ 2, 3. 4ª edição. Londres: 1704. (NA)

escritos ou ensinamentos de outros, e é indispensável para que se compreenda uma demonstração de Euclides ou a prova de uma tese filosófica. Não implica gênio, apenas capacidade, e é diariamente empregada por multidões que são incapazes de qualquer descoberta original nas ciências. É verdade que sem a razão nenhuma invenção científica estará *completa*; mas, sem uma imaginação capaz de encontrar e ordenar provas, *jamais* poderíamos falar em invenção. A parte mais difícil na invenção de novas verdades é a que cabe à imaginação: a descoberta de ideias intermediárias apropriadas ou de experimentos convenientes, e sua disposição numa ordem tal que conduza a conclusões relevantes e justas. Isso requer gênio, e tal é a sua província. O resto não exige invenção, apenas habilidades necessárias para o aprendizado de descobertas alheias. Uma pessoa pode muito bem ser capaz de perceber com a maior facilidade e certeza a conexão e a força de provas que lhe sejam apresentadas na ordem devida sem que consiga, no entanto, excogitá-las ou arranjá-las, pode ter uma razão perfeita e ser, ao mesmo tempo, inteiramente destituída de invenção, originalidade e gênio.[9]

Dessas observações depreende-se que toda espécie de gênio se origina imediatamente na imaginação. A mera imaginação, é verdade, não constitui gênio. A fantasia, abandonada a si mesma, incorre num capricho indômito e numa extravagância indignas do nome de invenção. De um homem que expele noções mal digeridas, opiniões contraditórias, sentimentos banais e vulgares ou meras tolices, não dizemos que os tenha *inventado*, censuramo-lo por não tê-los *evitado*.[10] Assim como a fantasia depende indiretamente do sentido e da memória, dos quais recebe os elementos primordiais de todas as suas concepções, assim também, quando se exerce no modo do gênio, ela tem conexão imediata com o

---

9 Nessa enumeração não mencionamos o *gosto*, faculdade de reconhecida influência no gênio. As razões para isso são fáceis de compreender. O gosto só influencia alguns tipos de gênio, não todos. Interessa-nos aqui a consideração do gênio em geral. O gosto não é uma faculdade simples, mas derivada. Quanto aos seus princípios, trata-se de um composto de juízo e sentido interno, e seus efeitos sobre o gênio se assemelham ora aos deste, ora aos daquele. [*An essay on taste*, parte II, cap. 2, *op. cit.*] (NA)

10 "De minha parte, não creio que a invenção possa existir separada do juízo; não dizemos que um orador inventou argumentos incoerentes, dúbios ou tolos, apenas que pecou por não evitá-los". Quintiliano, *Institutio oratoria*, livro III, cap. 3. (NA)

juízo, o qual deve acompanhá-la constantemente a fim de corrigir e regular suas sugestões. Essa conexão é tão íntima que dificilmente se pode dizer que um homem tenha inventado algo se ele não tiver exercido o seu juízo. Mas a verdade é que a imaginação inventa, o juízo apenas escrutina suas invenções e se declara a respeito delas. É a imaginação que produz gênio; as demais faculdades intelectuais ajudam a trazer à maturidade o rebento da imaginação. Também é verdade que em matéria de especulação a imaginação põe suas descobertas nas mãos da razão mais cedo do que as artes, deixando mais por fazer à razão. Em todo caso, é a imaginação que supre o objeto no qual a razão irá trabalhar. Sem o juízo, a imaginação seria extravagante; sem a imaginação, o juízo nada poderia. Uma imaginação brilhante e vigorosa, unida a um juízo moderado, produz gênio fértil e abundante, por incorreto que seja; o juízo mais apurado, sem a companhia da imaginação, não pode gerar uma única centelha de gênio. Pode ser que forme bom senso e capacite o homem a perceber cada falta ou erro nas descobertas alheias; mas não o qualifica para suprir essas faltas ou para ser autor de alguma nova invenção. O homem meramente ajuizado é essencialmente diferente do homem de gênio. O primeiro só emprega a razão em objetos proporcionados por outrem; o último os proporciona por si mesmo. Essa habilidade se deve tão-somente à posse de uma imaginação abrangente, da qual o primeiro carece.

Portanto, é a imaginação, em especial, com suas operações e leis, que devemos examinar a fim de explicar a natureza do gênio. As demais faculdades que a assistem, com exceção do juízo, que está mais intimamente ligado a ela, devem ser deixadas em segundo plano.

David Hume (1711-1776)

A trajetória de Hume como filósofo é singular. Sem nunca ter ocupado um posto universitário, abandonando os estudos da faculdade de direito e dedicando-se à filosofia, Hume se torna um homem do mundo. Como secretário de embaixada, percorre a Europa; nascido no interior da Escócia, reside em Edimburgo, cidade que lhe parece provinciana, e em Londres, onde descobre que a aura cosmopolita não é garantia de uma vida intelectual de qualidade. Detestado por sacerdotes, por suas opiniões pouco lisonjeiras acerca da religião e das instituições religiosas, Hume tampouco é bem quisto em círculos políticos, por criticar abertamente a intransigência dos *whigs*, que defendem o Parlamento contra a Coroa, e o reacionarismo dos *tories*, aliados do clero anglicano. É acusado, por seus escritos filosóficos, de materialismo, ateísmo e incredulidade, embora se oponha abertamente às doutrinas de Hobbes e de Locke, de Mandeville e dos chamados *deístas*. Suas obras mais profundas, como os *Philosophical essays concerning human understanding* (1748) e a *Inquiry concerning the principles of morals* (1752) são pouco lidas; as mais acessíveis, como os *Political essays* (1758), são distorcidas por seus adversários. Assim, não admira que Hume se sinta mais à vontade na Europa das cortes e nos salões de Paris, junto a Turgot, Diderot, D'Alembert e D'Holbach, sem mencionar as "damas", que tanto lhe encantam e que ele sabe como agradar e seduzir. Sua turbulenta amizade com Rousseau surge a partir da admiração do estilo e do caráter do maior contestador das Luzes.

Na concepção humiana de filosofia, ocupam lugar de destaque crítica e história, disciplinas irmãs. Os textos que se seguem apresentam essa faceta de Hume, às vezes negligenciada pelos estudiosos do "núcleo duro" de sua filosofia. O resenhista que se posiciona na polêmica dobre a autenticidade dos poemas de Ossian, suposto bardo escocês, o historiador que se esmera na arte do perfil, é o mesmo filósofo que rejeita a metafísica, que abraça um certo ceticismo, que defende o sentimento contra os ataques da razão, que propaga o ideal clássico na romântica Inglaterra. Seus contemporâneos não separavam essas facetas. Lido e traduzido em Paris, saudado por Voltaire, recebe o carinhoso apelido de *Le bon Davi*, em reconhecimento de suas virtudes sociáveis. Falecendo em 1776, Hume se orgulha, em *My own life*, sua breve autobiografia, principalmente de seus feitos literários.

Três perfis[1]

Lorde Bacon

A GRANDE GLÓRIA das letras nesta Ilha, durante o reinado de Jaime, foi Lorde Bacon. A maioria de suas obras foi composta em latim, embora ele não fosse elegante nessa língua, não mais que em sua língua nativa. Se considerarmos a variedade de talentos exibidos por esse homem, como orador, como homem de negócios, como homem de espírito, cortesão, companheiro, autor e filósofo, será, com justiça, objeto de grande admiração. Se o considerarmos simplesmente como autor e filósofo, luz sob a qual o vemos atualmente, embora muito estimável, será inferior a seu contemporâneo Galileu, e talvez mesmo a Kepler. Bacon apontou de longe o caminho para a verdadeira filosofia; Galileu tanto a indicou para outros quanto nela realizou, ele mesmo, consideráveis avanços. O inglês era ignorante em geometria; o florentino reviveu essa ciência, primou-se nela, e foi o primeiro a aplicá-la, juntamente com a experiência, na filosofia da natureza. Aquele rejeitou o sistema de Copérnico com o mais taxativo desdém; este o corroborou com novas provas, derivadas da razão bem como dos sentidos. O estilo de Bacon é empertigado e rígido; seu engenho, embora frequentemente brilhante, é também frequentemente inatural e afetado, e ele parece ter sido o original dos símiles exatos e das alegorias tortuosas pelas quais se destacam os autores ingleses. Galileu é vivaz e agradável, embora seja um escritor algo prolixo. A Itália, por não estar unificada sob um único governo, e talvez por estar enfatuada com a glória literária que possuiu, tanto na Antiguidade quanto em tempos modernos, negligenciou de sobremaneira a glória que lhe caberia por ter trazido à luz um tão grande homem. O espírito nacional que prevalece entre os ingleses e responde por sua prosperidade é a causa pela qual eles se derramam em aclamações e louvores a todos os seus escritores de destaque, Bacon entre eles, elogios que facilmente podem passar por parciais e excessivos. Bacon faleceu em 1626, aos 66 anos de idade.

---

1 Extraídos dos vols. IV e V da *History of England*. Tradução: Fernão de Oliveira Salles.

Thomas Hobbes

Nenhum autor inglês foi tão celebrado em sua época, seja no exterior ou em seu país, quanto *Hobbes*. Em nossa época, ele mal é considerado; um vivo exemplo de quão precárias são todas as reputações fundadas no raciocínio e na filosofia! Uma comédia agradável, que retrata as maneiras da época e expõe uma pintura fiel da natureza, é uma obra duradoura, transmitida à mais longínqua posteridade. Mas um sistema, seja físico ou metafísico, geralmente deve seu sucesso à sua novidade. E, assim que seja exposta a sua fragilidade, ele deixa de ser debatido de modo imparcial. A política de Hobbes só serve para promover a tirania, sua ética para encorajar a licenciosidade. Apesar de ser inimigo da religião, ele nada compartilha do espírito do ceticismo; é assertivo e dogmático, como se a razão humana, e a sua em particular, pudesse alcançar completa convicção em tais assuntos. Clareza e propriedade são as principais qualidades dos escritos de Hobbes. Quanto à sua própria pessoa, ele é representado como tendo sido um homem de virtude, caráter de modo algum surpreendente, a despeito de seu sistema libertino de ética. A pusilanimidade era a principal falta pela qual era censurado. Ele viveu até idade extremamente avançada, mas nunca conseguiu se reconciliar com a perspectiva da morte. A ousadia de suas opiniões e sentimentos forma um notável contraste com essa parte de seu caráter.

Sir Isaac Newton

Com Newton, esta ilha pode se orgulhar de ter produzido o maior e mais raro gênio que jamais surgiu, para ornamento e instrução da espécie. Cauteloso em não admitir senão princípios fundados na experiência, resoluto, porém, em adotar tais princípios, mesmo quando novos ou inusitados, ignorante, por modéstia, de sua superioridade em relação ao restante dos homens e, por isso, desdenhoso de acomodar seus raciocínios às concepções comuns, aspirando antes ao mérito do que à fama, ele permaneceu, por essas razões, por muito tempo, desconhecido do mundo. Mas, no fim, sua reputação despontou com um lustro que dificilmente um autor poderia alcançar em vida. Ao mesmo tempo em que parecia remover o véu que recobria alguns mistérios da natureza, Newton revelava as imperfeições da filosofia mecânica. Desse modo, remeteu os segredos mais profundos desta à obscuridade em que sempre permaneceram e irão permanecer. Morreu em 1727, aos 85 anos.

Da autenticidade dos poemas de Ossian[1]

A RECEPÇÃO DESTES POEMAS me parece um dos fenômenos mais curiosos já produzidos no mundo pelo preconceito e sem a participação da superstição.[2] Uma performance tediosa, insípida, que caso se apresentasse em suas verdadeiras formas, como obra de um contemporâneo, de um obscuro habitante das Terras Altas, não seria lida por ninguém, mas que, fazendo-se passar pela poesia de um nobre bardo que viveu há quinze séculos, foi lida por todos, recebeu aclamação praticamente universal e foi traduzida, em prosa e verso, para diversas línguas da Europa. Até o estilo da suposta tradução inglesa tem seus admiradores, apesar de dissonante e absurdo no mais alto

---

1 "On the authenticity of the poems of Ossian"(1775). Publicado pela primeira vez em *The philosophical works of David Hume* (Londres: Ed. Green & Groose, 1882, vol. 04, p. 415-424). Tradução: Pedro Paulo Pimenta.

2 Esta resenha crítica, redigida por Hume em 1775, permaneceu inédita até o século XIX; é sua intervenção numa polêmica que vinha se arrastando na Europa desde a década de 1760, quando foram publicadas na Grã-Bretanha as supostas traduções de dois poemas celtas do século III a.C., atribuídas, pelo tradutor, o escocês James Macpherson (1736-1796), a "Ossian, filho de Fingal". Denunciadas por muitos como falsificações, nem por isso deixaram essas peças de exercer enorme influência na literatura do período designado "pré-romântico" e no Romantismo propriamente dito. A esse respeito, observa José Paulo Paes: "a crítica mais moderna parece estar concorde em que não existe nada que se pareça aos textos 'traduzidos' por Macpherson na poesia tradicional em gaélico preservada pelos manuscritos chegados até nós. Ou seja: ele não traduziu coisa alguma, mas, partindo de elementos lendários livremente adaptados e mesclados com outros de sua própria inventiva, escreveu uma habilidosa imitação ao nascente gosto romântico, imitação cuja fortuna histórica foi prodigiosa. A um tempo sedento de romance, melancolia e primitividade não muito primitiva, Macpherson forneceu, com um inato talento para o marketing, os ingredientes certos na medida certa. Foi, em suma, um falsário providencial, ou, o que dá na mesma, um falsário verdadeiro". ("O falsário verdadeiro". In: *Armazém literário*. São Paulo: Companhia das Letras, 2008, p. 215-216). De início, incitado por Hugh Blair, Hume estava disposto a crer na autenticidade dos poemas; depois, considerando as dúvidas dos críticos ingleses, viu-se obrigado a contestá-la com firmeza. O fato de a presente resenha ter sido incluída por Norton e Popkin no volume *David Hume: philosophical historian* (Nova York, 1965), chama a atenção para a aliança, no método analítico de Hume, entre o gosto do crítico e a perspicácia do historiador.

grau, saltando perpetuamente do verso à prosa e da prosa ao verso, e fluindo, em sua maior parte, numa cadência e num metro tão leves como o de *Molly Mog*.[3] Tal é o épico ersa, exaltado com um zelo e com um entusiasmo que trouxeram o ridículo para meus compatriotas.[4]

Para desautorizar, de uma vez por todas, as fontes de sua reputação, reuni aqui alguns poucos e óbvios argumentos contra a noção da suposta antiguidade desses poemas, noção esta responsável por anuviar tantas pessoas e sem a qual sequer teriam sido notados.

(1.) A própria maneira com que os poemas foram apresentados ao público gera uma forte desconfiança em relação à sua autenticidade. O suposto tradutor[5] sai em expedição às *Highlands* escocesas, com o intuito de recuperar e reunir uma obra que, segundo ele, estava dispersa, em fragmentos, em meio aos nativos. Ele retorna, e oferece um volume *in quarto*, e depois outro, com a garantia, entretanto infundada, de que se trataria de uma tradução, como se fosse de *Orlando Furioso*, d'*Os Lusíadas*, ou de qualquer outro poema famoso na Europa. Seria de esperar, pelo menos, que ele tivesse dito ao público, aos patrocinadores de sua missão e aos que compraram o seu livro, "esta parte obtive de tal pessoa, outra parte desta outra; pude corrigir a primeira cópia de tal passagem pela récita de uma outra pessoa; uma quarta supriu tal correção à primeira cópia". Com uma tal história de suas graduais descobertas, elas ao menos teriam algum semblante de probabilidade. Qualquer um que tenha um mínimo de senso comum e seja guiado por boas intenções discerniria, numa situação como essa, a necessidade de tomar semelhante precaução; qualquer um que tenha um mínimo de respeito pela própria reputação não hesitaria em adotar esse método óbvio e fácil. Todos os amigos do suposto tradutor o exortaram e o estimularam a que desse ao público essa satisfação. Mas não! Quem colocasse em dúvida sua veracidade era um tolo, indigno de ser atendido. Os fatos mais incríveis deveriam ser

---

3 John Gay, *Molly Mog, or: the fair maid of the inn* (1726). O "poema" de Ossian é escrito em prosa poetizada.

4 Cf. os ataques de Samuel Johnson aos críticos escoceses em James Boswell, *Life of Johnson*, vol. II, p. 165-170 (ECCOS).

5 Trata-se do escocês James MacPherson (1736-1796).

afiançados pela sua palavra, ele que era um desconhecido; e poderia ser feito um jocoso experimento, para ver até que ponto a credulidade do público aceitaria sua presunção e suas taxativas afirmações.

(2.) Para mostrar a total incredibilidade do fato, que se pesem as seguintes considerações, ou antes que simplesmente se reflita sobre elas, pois pesá-las já seria ridículo. Considera o tamanho destes poemas. O que se nos oferece, segundo se afirma, é apenas uma parte de uma coleção muito maior, e só estas peças preenchem dois *quartos*. Foram compostas, você diz, nas *Highlands*, há cerca de quinze séculos, e foram fielmente transmitidas, desde então, pela tradição oral, através de épocas totalmente ignorantes de letras, pela nação talvez a mais rude de toda a Europa, a mais carente, a mais turbulenta, a mais feroz, a mais irrequieta. Haveria algo comparável, em nações do mais afortunado clima e localização, a este prodígio espantoso? Poder-se-ia mostrar uma balada que tenha passado intacta, graças à tradição oral, por três gerações, entre os gregos, os italianos, os fenícios, os egípcios, ou mesmo entre os nativos de países como Otaheite ou Molacca, que por natureza parecem desconhecer tudo o que não seja distração, poesia ou música?

Mas as nações celtas, alega-se, teriam vantagens peculiares para a preservação da sua poesia nacional. Os irlandeses, os galeses, os bretões, são todas nações celtas, muito mais intituladas que os habitantes das Terras Altas, pelo solo, pelo clima, e pela localização, a dispor de tempo para distrações como essa. Nessa condição, oferecem não poemas épicos e históricos completos (não é de supor que pudessem ir tão longe), mas copiosas tradições locais que homens sensatos só podem considerar como invenções extravagantes e ridículas.

(3.) O estilo e o gênio desses pretensos poemas são outra prova suficiente da impostura. As odes lapônicas e rúnicas que nos foram comunicadas, além de alcance restrito, têm uma rude selvageria, e às vezes uma grandeza, que convém à época em que foram compostas. Mas estes poemas ersas têm uma insípida correção, uma regularidade, uma uniformidade, que declaram um homem desprovido de gênio, que foi introduzido às produções de nações civilizadas e teve sua imaginação de tal modo restringida a esses domínios, que lhe seria impossível sequer simular o caráter que ele pretende assumir.

As maneiras desses poemas são uma prova ainda mais contundente de que não são autênticos. Não vemos ali senão afetada gentileza e galanteio cavalheiresco, hábitos inteiramente desconhecidos não somente de todos os povos selvagens como também de toda nação que não tenha sido convertida a esses modos artificiais de pensar. Em Homero, em Vergílio, em Ariosto, os heróis aparecem realizando incursões noturnas em acampamentos inimigos. Homero e Vergílio, que certamente foram educados em épocas muito mais civilizadas que a de Ossian, não têm escrúpulos em mostrar seus heróis cometendo a mais inescrupulosa carnificina de suas vítimas adormecidas. Mas Orlando caminha tranquilamente pelo acampamento dos sarracenos, e não mata sequer um dos infiéis, pois não podem se defender. Gáulio e Oscar são cavaleiros errantes ainda mais românticos: fazem um escarcéu no acampamento do inimigo para que seus homens acordem e tenham o direito de defender-se deles ou mesmo matá-los. Fingal leva além seus ideais de cavalheirismo, muito além do que sonhariam Amadis da Gália ou Lancelot. Quando seu território é invadido, ele não repele um inimigo com inteira força, envia contra ele um destacamento de número equivalente, sob o comando de um capitão subordinado; quando estes são repelidos, envia um segundo destacamento; e somente após uma segunda derrota é que se digna a deixar a colina em que permanecera o tempo todo, como mero espectador, para atacar o inimigo. O furioso combate entre Fingal e Swaran dura o dia inteiro. Quando a escuridão suspende o duelo, comem juntos como grandes amigos, e retomam o combate com o raiar do dia. Seriam estas maneiras de nações bárbaras, ou de povos com senso comum? Observe-se que toda essa narrativa nos é supostamente oferecida por um poeta contemporâneo aos eventos. Deve-se, portanto, supor que os fatos sejam ou quase ou inteiramente conformes à verdade. O galanteio e a extrema delicadeza para com as mulheres, que se encontram nesta produção, são ainda mais contrários, se é que isso é possível, às maneiras dos bárbaros. Em todas as nações rudes, a força e a coragem são as

O Iluminismo escocês   135

virtudes predominates, e a inferioridade das mulheres, nesse particular, as torna objetos de desprezo, não de respeito ou deferência.[6]

(4.) Apresento agora um argumento adicional, extraído do teor geral da narrativa, contra a antiguidade desses poemas. Quando maneiras são neles representadas, a probabilidade, ou mesmo a possibilidade, são inteiramente desconsideradas, mas em todos outros aspectos os eventos estão dentro do curso da natureza; não há gigantes, não há monstros, não há magia, não há feitos incríveis de força ou ação. Cada uma das transações é conforme a experiência familiar, e mal merece ser chamada de espantosa. Haveria algo similar na poesia antiga e bárbara? Por que falta essa característica, tão essencial a épocas rudes e ignorantes? Ossian, você diz, cantava os feitos de seus contemporâneos, e não poderia, portanto, falseá-las, ou não muito. Mas se isso fosse uma restrição, o seu suposto Ossian nunca teria cantado os feitos de seus contemporâneos, teria retrocedido uma geração ou duas, o suficiente para lançar inteira obscuridade sobre os eventos, obtendo com isso o espantoso, que unicamente pode tocar os bárbaros. Gostaria de ressaltar que maneiras são as únicas circunstâncias que um povo rude não pode falsificar, pois não têm delas outra noção que não das suas próprias; mas podem facilmente dar asas à imaginação, e violar o curso da natureza em todo outro particular, e na verdade apenas essa espécie de narrativa os deleita. Em Ossian,

---

6   Num ensaio de juventude (data provável: 1728), Hume explica que o "modo cavalheiresco de pensar" é introduzido na Europa pelos bárbaros, que ao entrarem em contato com "graus de virtude e de polidez que antes desconheciam, estendem o espírito, inevitavelmente, a vastas concepções de coisas, concepções que por não terem sido suficientemente corrigidas pelo juízo e pela experiência, só podem ser vazias e frágeis". Por serem "meio civilizados" (*half-civilized*), os invasores são incapazes de "dar forma" a concepções que encontram vigentes junto aos romanos. "An historical essay on chivalry and modern honour", p. 03 do manuscrito. In: E. C. Mossner, "David Hume's An historical essay on chivalry and modern honour", *Modern Philology*, vol. 45, 1947, p. 54-60. O tópico é retomado no ensaio "Do surgimento e progresso das artes", onde Hume realiza uma comparação entre as maneiras dos antigos e as dos modernos para mostrar que os bons modos, a polidez e o galanteio são conquistas recentes, da Europa civilizada. Os costumes medievais abrandam a têmpera que os europeus herdaram da Antiguidade. Cf. também William Robertson, "A view of the progress of society on Europe". In: *The history of the reign of Charles V*, apêndice, seção X.

136 Pedro Paulo Pimenta (org.)

a natureza é violada unicamente onde deveria ser preservada, é preservada unicamente onde deveria ser violada.

(5.) Mas há uma outra espécie do maravilhoso, ausente em Ossian, inseparável de todas as nações, civilizadas bem como bárbaras, mas especialmente das bárbaras: trata-se da religião. Não há sentimento religioso nesta poesia ersa. Todos os heróis celtas que nela aparecem são ateístas mais completos do que os formados na escola de Epicuro. Para explicar essa singularidade, nos é dito que, algumas gerações antes de Ossian, o povo entrou em conflito com os sacerdotes druidas e, depois de expulsá-los, não adotou nenhuma outra espécie de religião. Não chega a ser inatural, é verdade, que um povo entre em conflito com seus sacerdotes, como fizemos com os nossos na época da Reforma; mas apegamo-nos com zelo a um novo sistema e a seus pregadores, e com uma paixão proporcional a nosso ódio pelo antigo. Mas suponho que a razão para essa estranha anomalia nesta poesia ersa é que o autor, tendo constatado que a época em que situa seus heróis exigiria que eles fossem adeptos da religião druida,[7] mas, desconfiando que seus próprios talentos literários (que são mesmo muito exíguos) não poderiam representá-los de forma consistente com a requerida antiguidade, pensou que seria mais seguro se não lhes desse religião alguma, circunstância tão espantosamente inatural que por si mesma seria suficiente, se os homens não fossem cegos, para detectar a impostura.

(6.) O estado das artes, tal como representado nestes poemas, é totalmente incompatível com a época a que são atribuídos. Sabemos que as casas, mesmo dos habitantes do sul desta ilha, antes de ser conquistada pelos

---

7 De acordo com Hume na *História da Inglaterra* (I, livro I, cap. 1, abertura), a religião constituía "uma das partes mais importantes" da vida política dos primitivos habitantes das ilhas inglesas; e a "a mais terrível espécie de superstição" que jamais houve é a religião dos druidas – lembrando que, para Hume, "superstição" é um adjetivo que designa os sistemas religiosos sustentados por sacerdotes organizados em castas privilegiadas. O "grande evento" da vida política da época é a chegada, com os saxões, do cristianismo, que varre para sempre da história inglesa os vestígios desse sistema bárbaro. Isso explica o desinteresse de Hume, como historiador, por esse objeto, que, ademais, parece-lhe repulsivo.

romanos, não passavam de choupanas erigidas nas florestas; mas uma imponente casa de pedras é mencionada por Ossian, da qual restariam os muros, após ter sido consumida pelo fogo. A lamentável situação de uma raposa é descrita, que olha através de uma janela; uma imagem, se não me engano, tomada das Escrituras.[8] Os caledônios, assim como os irlandeses, não tinham embarcações, apenas caiaques, barcos frágeis com coberturas, e, no entanto, são mostrados navegando, em grandes expedições militares, das Ébridas à Dinamarca, à Noruega e à Suécia, um absurdo dos mais gritantes. Dependem inteiramente da caça, e mesmo assim sustentam exércitos que realizam incursões em terras escocesas bem como em irlandesas, quando é certo, pela experiência do continente americano, que o território inteiro das Highlands mal daria sustento, pela caça, a mil pessoas. Ignoram completamente a pesca, atividade que incita todas as nações rudes a se aventurarem no mar. Ossian alude a um moinho de vento ou d'água, máquina desconhecida pelos gregos e pelos romanos, de acordo com a opinião dos melhores estudiosos da antiguidade. Seus bárbaros, embora não saibam arar, têm bons conhecimentos de metalurgia. A harpa é o instrumento musical de Ossian; mas a gaita-de-fole, desde tempos imemoriais, é o instrumento dos habitantes das Highlands. Tivessem conhecido a harpa, jamais poderiam trocá-la por esta bárbara dissonância – *Stridenti miserum stipula dispedere carmen*.[9]

(7.) Todos os fatos históricos deste poema se opõem a tradições feitas de histórias igualmente desprezíveis que parecem, entretanto, muito mais dignas de crédito. Os escoceses da Irlanda são os indubitáveis ancestrais dos presentes habitantes das Terras Altas, uma pequena colônia desse povo mais antigo. Nas tradições irlandesas, Fingal, Ossian, Oscar, são todos irlandeses, e estão há alguns séculos de distância dos heróis ersas. São gigantes, monstros, feiticeiros, marca certa da considerável antiguidade dessas tradições. Eu pergunto aos partidários da poesia ersa, já que os nomes desses heróis aparecem na Irlanda, e são bem conhecidos dos nativos desse país: como é

---

8 Eclesiastes, 12. 3-4: "In the day when the keepers of the house shall tremble, and the strong men shall bow themselves, and the grinders cease because they are few, and those that look out of the windows be darkened…" Trad. *King James Bible*.

9 Vergílio, *Éclogas*, III, 27: "arruinar um canto miserável com flauta estridente".

138 Pedro Paulo Pimenta (org.)

possível que sequer uma linha dessa poesia, em que eles são celebrados, e que supostamente preservaria sua memória junto aos habitantes das Terras Altas, e que foi composta em língua irlandesa por um desses heróis, não tenha chegado à Irlanda? As canções e tradições dos senaquies, a genuína poesia irlandesa, têm, com sua aspereza e em seu absurdo – inseparáveis companheiros do barbarismo –, um aspecto muito diferente da insípida correção de Ossian, em que os incidentes, perdoem-me pela antítese, são mais inaturais meramente porque são naturais. A mesma observação se estende aos galeses, outra nação celta.

(8.) A ficção desses poemas se torna ainda mais palpável, se é que isso é possível, pelo exame do grande número de outras tradições que, pretende o autor, estariam vivas nas Terras Altas, relativas a seus personagens. Os poemas, compostos na época de Truthil e Cormac, ancestrais de Ossian, estão, diz ele, repletos de queixas contra a patifaria e a tirania dos druidas. Ele fala da poesia desse período com a mesma familiaridade que Luciano ou Longino mostram com a poesia da época socrática. Suponho que teríamos aqui uma rica mina de poesia, pronta para nos ser oferecida pelo autor. Provavelmente não lhe preocupa que possam desmascará-lo, acostumado que está à credulidade do público. Mas eu ouso afirmar, sem nenhuma reserva e sem necessidade de prova, que não há hoje nas Teras Altas homem algum que seja minimamente letrado e tenha ouvido falar da existência de druidas em nossos dias. Cada uma das páginas desta espantosa produção estaria respaldada, pretende o autor, por tradições orais sobre os personagens. Ao poema de Darthula está prefixado um extenso relato da linhagem, dos casamentos e das aventuras dos irmãos Nathos, Althos e Ardan, heróis que viveram há mil e quinhentos anos atrás em Argyleshire e cuja memória, ao que parece, continua a ser celebrada não somente ali como em toda parte nas Terras Altas. Quão ridículo avançar uma pretensão como essa a homens eruditos, eles que sabem muito bem que não há no Oriente tradições relativas a Alexandre o Grande; e que os turcos, que só ouviram falar dele pelos gregos, acreditam que ele teria sido um dos capitães da guarda de Salomão; e que os relatos de Grécia e de Roma, no momento em que abandonam a idade histórica, se tornam um amontoado de ficções absurdas; e que o próprio Ciro, conquistador do Oriente, tornou-se tão desconhecido, menos de meio século após a sua morte, que Heródoto, ele mesmo nascido e criado na Ásia, e nos domínios do império persa, nada sabia a seu respeito além de fábulas das mais ridículas; e que o avô de Hengst e de Horsa, os primeiros conquistadores saxões, era tido como uma divindade.[10] Parece-me suficientemente evidente que sem o auxílio dos livros e da história escrita o nome de Júlio César seria completamente desconhecido na Europa de hoje. Um cavalheiro contou-me que em viagem pela Itália, quando visitou Frescati ou Túsculo, seu guia lhe mostrou as fundações da casa de campo de Cícero; quando perguntou a este tipo quem fora esse homem, ouviu como resposta "un gradissimo gigante".

(9.) Eu pergunto, se a memória de Fingal e de seus ancestrais e descendentes está mesmo tão viva nas Highlands, como é possível que nenhum dos compiladores da fabulosa história escocesa os tenha identificado e localizado na lista de nossos antigos monarcas, obrigando-nos, para realizar suas genealogias, a recorrer a ficções e mentiras? Deve-se observar que se os habitantes das Terras Altas são hoje uma parte menor da nação escocesa, outrora compuseram o todo, de modo que nenhuma de suas tradições poderia ser desconhecida da corte, da nobreza ou do reino em geral. Teriam permanecido secretas, durante tantos séculos, essas espantosas tradições, que só recentemente vieram à luz do dia? Os nomes de nossos antigos reis são desconhecidos, mas pretende-se que uma narrativa muito particular de suas transações teria sido preservada e universalmente difundida junto a uma numerosa tribo, que constituiria o estrato original da nação. O padre Innes, único autor judicioso a se dedicar à nossa história antiga,[11] encontrou em registros de monastérios os nomes, e pouco mais que os nomes, dos reis a partir de Fergus II, que viveu muito depois do suposto Fingal, e iniciou, a partir daí, a verdadeira história da nação escocesa. Tinha bom senso suficiente para não dar ouvidos a pretensas tradições sobre reis e tampouco para

---

10 Cf. Hume, *História da Inglaterra*, I (VI), livro I, cap. 1.

11 Thomas Innes, *Critical essay on the ancient habitants of the Northern part of Scotland*, 2 vols. (1728-29).

140 Pedro Paulo Pimenta (org.)

acreditar que as memórias das aventuras de líderes de *banditti* de vales das Terras Altas poderiam ter sido circunstancialmente preservadas pela tradição oral por mais de quinze séculos.

(10.) Observo que o caráter do autor, pelo que transparece em suas publicações (e nada mais direi a seu respeito),[12] nos dá motivos de sobra para acusá-lo de encenar em público uma farsa como essa, que de tão absurda chega a ser risível. Pois certamente ela não passa disso, de um absurdo, ou então de um teste para o engenho de cada um, como aquele do sofista que nos deu as epístolas de Falaris ou do que forjou uma consolação de Cícero ou do que nos ofereceu os fragmentos de Petrônio. Troças literárias como essas são muito comuns, e, a não ser que sustentadas por asseverações mais violentas, ou então que se persista nelas por muito tempo, nunca trazem para o autor uma designação de opróbrio tal como a de impostor.

O autor escreve uma história antiga da Grã-Bretanha que é plenamente risível. Oferece-nos uma longa e circunstanciada história da emigração dos belgas, dos címbrios, dos sarmatianos, mas de tal modo desamparada por autores antigos que só uma revelação divina poderia legitimá-la, e finge estar tão seguro de si mesmo (pois não é possível que se leve a sério) que a história das guerras púnicas não é relatada com mais seriedade por Lívio. Chega mesmo a inserir palpáveis contradições em sua narrativa, para testar a boa fé do leitor. Ele nos diz, por exemplo, que os presentes habitantes da Alemanha não têm conexão alguma com os germanos mencionados por Tácito, não mais do que com os antigos habitantes do Peloponeso, enquanto que os saxões e os anglos, em particular, eram sarmatianos, uma tribo bem diferente dos germanos, por suas maneiras, leis, língua, e costumes. E, no entanto, poucas páginas depois, quando expõe a pretensa origem da constituição anglo-saxônica, sua explicação é abertamente derivada de Tácito.[13] Tudo

---

12 Por uma questão de educação, pois sabemos por suas cartas que a opinião de Hume sobre MacPherson não era muito alta: "eu aconselharia ao Sr. MacPherson, visto que ele se encontra na Flórida, que passasse algum tempo com os Cherokee ou os Chicksaw, que poderiam torná-lo mais civilizado". Hume a Blair, 06/10/1763. In: *The letters of David Hume*, vol. I, p. 403.

13 Cf. Macpherson, "A dissertation on the antiquity of the poems of Ossian", p. VI.

isso não passa de um experimento para ver como uma afirmação se impõe, à força, à credulidade do público. Mas não foi bem sucedido, pois se encontra aqui em plena luz da erudição greco-romana, não na obscuridade de suas tradições e poesia ersa. Vendo que o estilo de seu Ossian era admirado por alguns, ele arrisca uma tradução de Homero exatamente no mesmo estilo. Começa e termina, em seis semanas, uma obra que para sempre eclipsaria a tradução de Pope, que ele nem mesmo se digna a mencionar em seu prefácio. Mas essa piada foi ainda menos bem sucedida. Mesmo assim, publica uma segunda edição, em que afirma que, apesar da inveja de seus malignos oponentes, a obra ligada a seu nome será preservada para o juízo de uma posteridade mais equânime!

Em suma, que ele tire sua máscara e ria, de maneira franca e aberta, da credulidade do público, que se dispôs a crer que longos épicos ersa permaneceram secretamente preservados nas Highlands da Escócia da época de Severo até os nossos dias. A falsificação é tão grosseira, que ele poderia perguntar: como puderam, sinceramente, acreditar em mim?

É razoável esperar que eu mencione aqui as evidências externas colhidas pelo Dr. Blair[14] para sustentar a autenticidade destes poemas. Reconheço

---

14 Hugh Blair, *A critical dissertation on the poems of Ossian, son of Fingal* (1763). As "evidências externas" a que se refere Hume estão no centro da argumentação de Blair. Trata-se de mostrar que as traduções de MacPherson revelam composições poéticas condizentes com o caráter e as maneiras de povos bárbaros, em que a imaginação é mais ativa que o juízo e que por isso produzem poemas que trazem a marca de um estilo sublime, que Blair compara, temerariamente, ao de Tácito, superado pelo suposto bardo graças às "vivas descrições" deste, realizadas no registro da precisão, por contraponto ao da generalidade, que nunca pode ser tocante (p. 47-48). Ademais, os "sentimentos" dos heróis dos épicos atribuídos a Ossian sugerem fortemente, por sua nobreza, que os primeiros celtas teriam sido mais civilizados que outros povos da Antiguidade. Desde a publicação da *Dissertação* de Blair que Hume exprime ao autor reticências em relação à autenticidade dos poemas: "a opinião de que os épicos de Ossian são uma falsificação tornou-se de fato prevalecente nos meios literários de Londres, e posso prever que em poucos anos estes poemas, caso não se altere a situação em que eles se encontram, serão postos de lado e relegados ao esquecimento. Em vão se dirá que eles se sustentam por sua beleza, independentemente de sua autenticidade. Não, essa beleza não é para o gosto de todos, e uma vez afete os leitores o desgosto, com a ideia de uma falsificação, isso certamente os predisporá a uma noção menos lisonjeira da

que essas evidências, consideradas em si mesmas, são muito respeitáveis, e são suficientes para sustentar um fato qualquer, desde que se encontre nos limites do que é crível e não tenha se tornado uma questão de partido. Mas poderia o testemunho humano provar que mais de vinte mil versos teriam sido transmitidos, por tradição e memória, durante mais de mil e quinhentos anos, vale dizer, durante mais de cinquenta gerações, de acordo com o curso ordinário da natureza? E versos tais que não oferecem ao povo nada de atraente ou convidativo, nenhum milagre, nenhum espanto, nenhuma superstição, nenhuma instrução útil? E a um povo que, durante pelo menos doze séculos desse período, não teve escrita nem alfabeto, e que, nos três séculos restantes, fez uso escasso e imperfeito desse alfabeto, e com poucos resultados? Esse povo que, por causa de miseráveis desvantagens de solo e de clima, lutou perpetuamente contra poderosas imposições da natureza? Esse povo que, por causa de imperfeições em sua forma de governo, viveu em contínuo estado de hostilidade interna, acossado por invasões de tribos vizinhas ou então planejando vingança e retaliação contra elas? Teria um povo como esse lazer para pensar em alguma poesia, exceto talvez por uma mísera canção ou balada, em louvor de seu comandante ou em desonra de seus inimigos?

Seria lamentável que se pensasse que eu teria algo a dizer contra as maneiras dos atuais habitantes das Terras Altas. Creio sinceramente que, além de sua notória bravura, não há povo na Europa, nem mesmo talvez os suíços,[15] que seja tão honesto e fiel ou mais capaz de gratidão e reconhecimento do que essa raça de homens.[16] E, no entanto, foi sem dúvida para a sua

---

produção em si mesma." A única esperança, acrescenta Hume, é reforçar as evidências materiais da autenticidade do poema, que só poderia ser confirmada por evidências orais, encontradas junto ao povo mais rude, ao qual Blair, observa Hume (com uma ponta de ironia), por ser sacerdote, tem acesso privilegiado. Hume a Blair, 19/07/1763. In: *The letters of David Hume*, vol. 01, p. 409.

15 Elogio de mão dupla; no ensaio "Do surgimento e progresso das artes" (p. 127), Hume cita, em tom de aprovação, o epíteto utilizado pelos franceses para designar a rudeza das nações vizinhas: "as boas maneiras de um suíço, educado na Holanda".

16 Resposta direta a Johnson, para quem os escoceses, "se chamados a escolher entre a verdade e a Escócia", não hesitariam por esta última. *A journey to the western Islands of Scotland*, vol. II, 1775, p. 107-108 (ECCOS).

própria surpresa que foram informados que, além dessas qualidades benignas, possuíam também uma excelência com a qual jamais haviam sonhado, um gosto elegante para a poesia, e que haviam herdado, da mais remota antiguidade, a mais fina composição do gênero, que em muito supera os poemas tradicionais de outras línguas. Não admira que tenham se reunido para dar testemunho em favor de sua autenticidade. A maioria deles, sem dúvida, é sincera em sua ilusão. Os mesmos nomes que se encontram em baladas populares foram cuidadosamente mantidos na nova publicação, alguns incidentes foram transpostos daquelas para esta, alguns sentimentos podem ter sido copiados, e por isso se prontificaram a acreditar, e mais ainda para persuadir os outros, que os poemas eram genuínos. Mas em ocasiões como essa, uma multidão de testemunhos não constitui evidência alguma. Que jansenista de Paris (e há milhares deles!) não poderia oferecer evidência dos milagres do abade daquela cidade? O milagre é maior, mas não a evidência, no que respeita a autenticidade de Ossian.

O falecido presidente Forbes[17] acreditava piamente na existência de um sexto sentido, e não duvido que ele pudesse, em menos de um mês, produzir evidências mais que suficientes em favor dessa tese. Mas assim como a adição do finito ao finito nunca irá nos aproximar do infinito, tampouco um fato, por incrível que seja em si mesmo, se aproxima mais da probabilidade pelo acúmulo de testemunhos.

A única coisa realmente espantosa em tudo isso é que um homem de um gosto tão fino como o Dr. Blair possa admirar essas produções, e, de um juízo tão límpido e sereno, tenha querido reunir evidência em prol de sua autenticidade.[18]

---

17 Provavelmente Duncan Forbes of Culloden (1685-1747), Lorde Presidente da Corte Judicial da Escócia.

18 No prefácio à *Dissertação sobre Ossian*, Blair explicara ao leitor que os poemas do ciclo de Fingal eram objeto de suas aulas na universidade de Edimburgo. Na versão publicada de suas *Lectures on rhetoric and belles-lettres* (1780), eles continuam a ser citados e elogiados como produções exemplares, por algumas qualidades de estilo (a expressividade, o sublime, as metáforas). Mas não há qualquer tentativa de defender sua autenticidade.

Francis Hutcheson (1694-1746)

Professor de Filosofia Moral na Universidade de Glasgow, Hutcheson preside o nascimento da filosofia escocesa. Seu principal legado não é doutrinário, mas sim ético. Com Shaftesbury, Hutcheson aprende que a filosofia é uma técnica de construção de identidade, um exercício de formação da subjetividade e de regulação de suas formas. Às pretensões dos metafísicos ele opõe a modéstia do moralista; à severidade da religião cristã, na qual Locke encontrara o sucedâneo da ética, Hutcheson oferece como alternativa a serena disciplina do estoico, e vê na filosofia um elemento subsidiário à *magister vitae* de que fala Cícero. Pondo de lado questões abstrusas, Hutcheson ensina aos que o sucedem a voltar a atenção para o estudo da natureza humana. Interessante é que, nesse ajuste de perspectiva, efetua-se um deslocamento que se mostrará irreversível: graças à ciência da natureza humana praticada pelos escoceses, a filosofia perde o domínio sobre toda uma gama de temas que passam a integrar o repertório das ciências humanas então nascentes. Com o primado da sensibilidade, a estética poderá se tornar uma disciplina filosófica à parte. Separando-se das considerações de utilidade na avaliação do mérito de objetos e ações, abre-se o caminho para a economia política.

A primeira obra de Hutcheson, publicada quando o autor tem pouco mais de trinta anos, constitui o eixo em torno do qual se desenvolvem suas pesquisas ulteriores. A *Investigação sobre a origem de nossas ideia de beleza e virtude* se apresenta como uma defesa dos princípios filosóficos de Shaftesbury nas *Characteristics of men, manners, opinions, times* (1711), um dos pilares do pensamento europeu do século XVIII, contra a investida de Bernard Mandeville em *The fable of the bees; or, private vices, public benefits* (1716). Obra de estilo seco, dotada de rigor escolástico, inspirada na metafísica de Locke, nem de longe a *Inquiry* lembra a forma solta desses autores em que ela se inspira. A originalidade de Hutcheson não está na tentativa, de êxito duvidoso e mérito contestável, de introduzir em filosofia moral o uso do cálculo matemático (objetivo declarado da obra). A noção central de sua filosofia, segundo a qual há no homem um sentido interno moral, análogo aos sentidos externos, predisposto a receber impressões de ordem, harmonia e beleza, apesar de não ser inteiramente original, torna-se uma espécie de bandeira filosófica do Século das Luzes. O homem é, por certo, um ser racional. Mas é um grave equívoco identificar sua natureza inteira à faculdade do raciocínio: o que se entende por razão é algo mais complexo, uma espécie de estimação da perfeição ou beleza das coisas, com base num sentimento, numa vibração na qual o homem se sente a si mesmo e aos objetos que o rodeiam. É difícil encontrar, no século XVIII, um autor que não seja tributário dessa concepção ou que não tenha de se haver com ela. (Como mostra Stephen Darwall, *The British Moralists and the Internal Ought*. Cambridge, 1995)

Dos poderes de percepção distintos da sensação[1]

PARA QUE AS OBSERVAÇÕES que ocorrem nesta obra se tornem compreensíveis, é necessário partir de algumas definições e observações universalmente reconhecidas ou suficientemente provadas por muitos autores, antigos ou modernos, acerca das percepções chamadas *sensações* e das ações da mente que delas se seguem.

Artigo 1. Chamamos *sensações* as ideias suscitadas na mente pela presença de objetos externos e pela atuação destes em nosso corpo. Constatamos que a mente é nesse caso passiva, que não tem o poder de evitar diretamente a percepção ou ideia nem de variá-la em sua recepção, não enquanto permanecer o corpo num estado propício para ser afetado por objetos externos.

Artigo 2. Algumas percepções são inteiramente diferentes entre si ou coincidem apenas quanto à ideia geral de sensação. Aos poderes de receber cada uma dessas diferentes percepções damos o nome de *sentidos*. Assim, *ver* e *ouvir* denotam, respectivamente, o poder de receber ideias de cores e o de receber ideias de sons. E, embora as cores, assim como os sons, sejam muito diferentes entre si, há mais concordância entre as cores mais opostas do que entre uma cor e um som qualquer. Por isso, dizemos que todas as cores ou sons são percepções de um mesmo sentido. Cada um dos sentidos parece ter seu próprio órgão, exceto o *tato*, que se encontra difuso, em alguma medida, pelo corpo inteiro.

Artigo 03. A mente tem o poder de *compor* ideias que foram recebidas separadamente, de comparar objetos por meio delas, de observar *relações* e *proporções* entre elas, de *aumentá-las* ou *diminuí-las* a bel-prazer ou numa determinada *razão* [*ratio*] ou grau, e de considerar em *separado* cada uma das ideias simples que porventura tenham sido conjuntamente imprimidas na sensação. A esta última operação normalmente damos o nome de *abstração*.

Artigo 4. As ideias de substâncias corpóreas são compostas pelas várias ideias simples conjuntamente impressas, quando de sua apresentação aos sentidos. Só é possível definir uma substância pela enumeração dessas

---

1 "Concerning some powers of perception, distinct from what is generally understood by sensation". In: *An inquiry into the original of our ideas of beauty and virtue*, livro I, cap. 1. 2ª edição. Londres: 1726. Tradução: Alexandre Amaral Rodrigues. (NE)

150   Pedro Paulo Pimenta (org.)

ideias sensíveis. Tal definição pode suscitar uma ideia suficientemente clara de uma substância no espírito de alguém que nunca a tenha percebido imediatamente, contanto que tenha recebido em separado, pelos sentidos, cada uma das ideias simples que entram na composição da ideia complexa em questão. Mas, na ausência de uma das ideias simples ou de um dos sentidos necessários à sua percepção, uma definição jamais poderá suscitar uma ideia simples que não tenha sido percebida pelos sentidos.

Artigo 5. Segue-se que se a instrução, educação ou preconceito de qualquer gênero suscita desejo ou aversão relativamente a um objeto, tal desejo ou aversão se funda numa opinião acerca da perfeição ou deficiência de qualidades que os nossos sentidos estão aptos a perceber. Assim, naquele que não possui o sentido da visão, o desejo de beleza é suscitado pela apreensão de regularidade numa figura, de doçura numa voz, de maciez ou suavidade numa superfície ou de alguma qualidade perceptível por outros sentidos, sem relação com as ideias de cor.

Artigo 6. Muitas de nossas percepções sensíveis são imediatamente prazerosas ou dolorosas sem que tenhamos qualquer conhecimento das causas de prazer ou dor, de como os objetos os excitam e ocasionam ou dos benefícios ou danos que deles podem advir. O conhecimento mais acurado de tais coisas não varia o prazer ou dor da percepção, mas pode propiciar um prazer racional, distinto do sensível, ou um contentamento ou aversão diante da perspectiva de benefícios ou de males que deles podem advir.

Artigo 7. As ideias simples suscitadas pelo mesmo objeto em diferentes pessoas provavelmente são diferentes se tais pessoas discordam em sua aprovação ou desgosto, e o mesmo se pode dizer quando uma pessoa as imagina diferentes em momentos diversos – como mostra a reflexão sobre objetos que ora nos repugnam mas outrora nos eram agradáveis. Constata-se que geralmente há uma conjunção fortuita entre uma ideia desagradável e um objeto, como quando os homens adquirem aversão por certos vinhos após bebê-los em fórmula emética. Nesse caso, estamos cientes de que a ideia mudou em relação ao que era quando o vinho parecia agradável e que isso se deve à conjunção com ideias de repugnância e de mal-estar. Uma mudança como essa também pode ser causada insensivelmente, devido às alterações pelas quais passa o nosso corpo com o avanço da idade, e que ocasionam, por exemplo, indiferença em relação a alimentos dos quais gostávamos em nossa infância ou faz com que alguns objetos deixem de suscitar as ideias desagradáveis que provocaram em nosso primeiro contato com eles. Muitas de nossas percepções simples são desagradáveis em virtude da intensidade excessiva da qualidade. Assim, a luminosidade moderada é agradável, ao passo que a luminosidade intensa é dolorosa; o amargor moderado é prazeroso, seu excesso nos agride. Uma alteração de nossos órgãos causa necessariamente uma mudança na intensidade da percepção, quando não uma percepção oposta: a água fria para mãos quentes, para mãos frias é quente.

Mas talvez não seja tão fácil explicar o capricho de cada um no que se refere a ideias mais complexas dos objetos, especialmente daqueles nos quais notamos a coexistência de ideias de diferentes sentidos, como na percepção de algumas das *qualidades primárias* ou *secundárias* às quais se refere o Sr. Locke.[2] É o caso, por exemplo, de caprichos em arquitetura, jardinagem e vestuário. Das duas primeiras, trataremos alhures.[3] Quanto ao vestuário, é possível explicar de modo geral as variações da fantasia por uma conjunção acidental de ideias. Assim, se por natureza ou pela opinião de nossos conterrâneos ou amigos o uso de cores fortes é tido como marca de promiscuidade ou de uma má índole, ou se às ideias de cores e de moda se acrescentam as das cores das vestimentas usadas pelos mais rústicos ou daqueles de profissão, emprego ou temperamento censurável, a ocorrência constante dessas ideias adicionais causa à mente um desgosto constante, embora a cor ou forma não seja em si mesma desagradável, e realmente agrade a outros que a elas não unem tais ideias. Mas parece desprovida de fundamento a crença de

---

2 Locke, *Ensaio sobre o entendimento humano*, livro II, cap. 8, §§ 08 ss. 4ª edição. Londres: 1704. (NT)

3 *Inquiry*, livro I, cap. III, seção 06: "Quanto às obras de arte, se examinássemos as variadas estruturas artificialmente obtidas, constataríamos que o fundamento da *beleza* que nelas aparece é sempre alguma espécie de *uniformidade*, ou de proporção *unitária* entre as partes e entre cada uma das partes e o todo. E, como há uma vasta diversidade de possíveis proporções, e como são muitas as espécies de *uniformidade*, há lugar suficiente para aquela diversidade de concepções que se observa, em diferentes nações, na *arquitetura*, na *jardinagem* e em artes afins: em todas elas pode haver *uniformidade*, embora as partes mudem de uma para a outra." Cf. também cap. IV, seção 5. (NT)

que haveria uma diversidade tão grande na mente dos homens que a mesma ideia simples ou percepção causa prazer a um e dor a outro, ou então à mesma pessoa em momentos diferentes; sem mencionar que é contraditório que a mesma ideia simples o faça.

Artigo 8. O único prazer sensível que alguns de nossos filósofos parecem considerar é aquele vinculado às ideias simples da sensação. Mas há prazeres muito maiores nas ideias complexas de objetos ditos *harmoniosos, belos* ou *regulares*. Ninguém poderia negar que um lindo rosto ou um quadro excelente são mais deleitosos do que uma cor qualquer, por mais forte e viva que seja, ou que sente mais prazer ao ver o sol erguer-se entre as nuvens, colorindo suas bordas com um halo luminoso, ou ao contemplar uma bela paisagem ou um edifício regular, do que à vista do céu azul, do mar sereno ou de uma vasta planície deserta, sem bosques, montanhas, rios ou edificações. Estes últimos não são tão simples quanto parecem. Igualmente na música, o prazer de uma bela composição é incomparavelmente maior que o de uma nota isolada, por mais doce, plena ou ressonante que seja.

Artigo 9. Observe-se que pela palavra *beleza* entendemos aqui *uma ideia suscitada em nós*; e que por *senso* de beleza entendemos o *nosso poder de receber essa ideia. Harmonia* denota *ideias prazerosas suscitadas em nós pela composição de sons*; e um *bom ouvido*, como se costuma dizer, é o *poder de perceber esse prazer*. Nas seções que se seguem tentaremos descobrir a ocasião imediata dessas ideias prazerosas, e a qualidade real dos objetos que normalmente as excitam.

Artigo 10. Pouco importa se dizemos ou não que ideias de beleza e harmonia são percepções dos sentidos externos, da visão e da audição. De minha parte, prefiro chamar de *sentido interno* o nosso poder de percebê-las, distinguindo-o assim de outras sensações da visão e da audição que podem ocorrer sem a percepção de beleza e harmonia. A experiência mostra que muitos homens possuem os sentidos da visão e da audição suficientemente perfeitos: que, em sua consideração mais trivial, percebem separadamente cada uma das *ideias simples* e sentem os prazeres que delas advêm; que as distinguem umas das outras, como, por exemplo, duas cores postas lado a lado, sejam elas muito diferentes, sejam variações de uma mesma cor, por mais que confundam seus nomes quando ocorrem separadas, como no caso do verde e do azul; que são capazes de diferenciar as notas em graves e agudas, em tons e semitons, quando elas soam separadas; que discernem numa figura o comprimento, a extensão e a inclinação de cada linha, superfície e ângulo; e que normalmente conseguem ver e ouvir a grandes distâncias. Contudo, muitos não apreciam a música, a pintura, a arquitetura ou as paisagens naturais, ou só têm um prazer muito fraco, em comparação ao deleite de outros com os mesmos objetos. A receptividade a ideias prazerosas é chamada de *gênio* ou *gosto refinado*. No que se refere à música, é sabido que nossa apreciação depende de um sentido distinto da audição externa, ao qual se dá o nome de *bom ouvido*; e provavelmente reconheceríamos essa mesma distinção em relação a outros objetos, se tivéssemos nomes distintos para denotar esses *poderes* de percepção.

Artigo 11. Imagina-se que os animais são dotados de poderes de percepção da mesma espécie que os nossos sentidos externos, quiçá mais apurados que os nossos. Mas não concebemos que um animal qualquer seja dotado de um poder de percepção tão sublime quanto o *sentido interno*; ou, se algum deles o possui, é em grau muito inferior ao nosso.

Uma outra razão para denominar *sentido interno* o poder de perceber ideias de beleza é que em objetos que não tocam nossos sentidos externos discernimos uma espécie de beleza que em muitos aspectos é semelhante à que se observa em objetos sensíveis e é acompanhada de um mesmo prazer. Trata-se da beleza percebida em teoremas ou verdades universais, em causas gerais e em alguns princípios extensivos de ação.

Artigo 12. Suponhamos um ser dotado de um poder de sensação externa tão completo quanto o nosso, que perceba cada cor, linha e superfície tão bem quanto nós: isso não significa que tenha ou não o poder de *comparar* ou discernir similitudes de diferentes proporções. Pode ser que consiga discerni-las, e mesmo assim não tenha nenhum prazer ou deleite. A mera ideia da forma é separável do prazer, como se observa na diferença de gostos a respeito da beleza das formas, supondo-se que todos tenham as mesmas ideias de qualidades primárias e secundárias. *Similitude, proporção, analogia* e *igualdade* são objetos do entendimento, e conhecê-los é condição para que conheçamos as causas naturais do prazer que sentimos. Mas o prazer não está necessariamente conectado à percepção de tais objetos, e pode ser experimentado mesmo onde não se nota ou conhece proporção, ou então pode estar ausente onde ela é observável. Ora, uma vez que o poder de percepção varia quando os sentidos *externos* permanecem os mesmos, segue-se que o mais apurado conhecimento do que nos mostram os sentidos nem sempre propicia o prazer da beleza ou da harmonia do qual desfrutam homens de bom gosto, sem que para tanto precisem de muito conhecimento. Parece justo dar outro nome a essas percepções mais nobres e deleitosas, chamando-as de beleza e harmonia, e reservando ao *poder* de receber tais impressões o nome de *sentido interno*.[4]

É correto chamar de *sentido* esse poder superior de percepção, dada sua afinidade com os demais sentidos, pois o prazer não surge de um *conhecimento* de princípios, proporções e causas, nem da utilidade do objeto, mas nos atinge antes de tudo a ideia de beleza. Tampouco o conhecimento mais apurado aumenta esse prazer, por mais que acrescente um prazer

---

4   Na 1ª edição o texto desse artigo é o seguinte: "Que cada um considere por si mesmo quão distante não está a percepção que transporta o poeta quando ele contempla um objeto naturalmente belo, cuja mera descrição é suficiente para nos deslumbrar, da fria concepção de um crítico menor ou de um *virtuosi* desprovido de bom gosto. Homens como esses podem ter um conhecimento avançado do que deriva da sensação externa: são capazes de nos dizer das mínimas diferenças de plantas, minerais e metais; conhecem a forma da folha, caule, raiz, flor e semente de cada uma das espécies. De tudo isso, o poeta é ignorante; mas ele tem, em contraparte, e a exemplo do homem de bom gosto, uma percepção muito mais deleitosa das coisas como um todo. Nosso sentido externo nos ensina, por mensuração, as proporções arquitetônicas e a localização de cada um dos músculos do corpo humano, informações que são retidas pela memória; mas é preciso mais, não somente para o mestre da arquitetura, da pintura e da estatuária, como também para o juiz competente dessas artes ou o apreciador que queira encontrar nelas um prazer mais elevado. Ora, como são diferentes os poderes de percepção que concorrem num mesmo sentido externo; e, como nem o mais acurado conhecimento daquilo que ele descobre oferece prazeres como os que decorrem de beleza e harmonia, que se encontram, no entanto, ao alcance do bom gosto, mesmo sem conhecimento do objeto, parece justo dar um nome próprio a percepções mais elevadas e deleitosas de beleza e harmonia e chamar de *sentido interno* o poder de recebê-las. A diferença entre estas e aquelas percepções parece suficiente para justificar o uso de um nome próprio para cada uma delas." (NT)

racional distinto, decorrente da perspectiva de um benefício ou do aumento de conhecimento.[5]

Artigo 13. Ademais, as ideias de beleza e harmonia são para nós, a exemplo de outras ideias sensíveis, *necessárias* e imediatamente prazerosas, e nem mesmo uma resolução de nossa parte ou a perspectiva de um benefício ou dano poderia alguma vez alterar a beleza ou deformidade de um objeto. Tal como nas sensações externas, a consideração de interesse não torna um objeto deleitoso ao sentido, assim como a consideração de dano, salvo percepção imediata de dor, não poderia torná-lo desagradável. Que nos ofereçam o mundo como recompensa ou nos ameacem com o pior dos castigos, para que aprovemos um objeto deformado ou desaprovemos um objeto belo: recompensas e ameaças podem comprar a dissimulação, e podemos nos abster, em nossa conduta externa, da busca de tudo o que é belo em nome do que é disforme, mas nossos *sentimentos* e *percepções* das formas continuarão invariavelmente os mesmos.

Artigo 14. Portanto, podemos afirmar que alguns objetos são causa *imediata* do prazer da beleza, que temos sentidos adequados para percebê-lo? E que esse prazer é distinto do *deleite* que se origina da perspectiva de um benefício. Quantas vezes não vemos a conveniência e a utilidade sacrificadas, em nome da beleza, sem que espere da bela forma outro benefício além da sugestão de ideias prazerosas? Isso mostra que se o amor-próprio é o que às vezes nos leva a buscar objetos belos para desfrutar um prazer, como ocorre na arquitetura e na jardinagem, deve haver um *sentido* de beleza antecedente a toda perspectiva de benefício (inclusive o da beleza), sem o que esses objetos não seriam benéficos nem excitariam em nós o prazer que os constitui como tais. Nosso sentido da beleza dos objetos, pelo qual eles se constituem como bons para nós, é inteiramente diferente do desejo que temos pelo objeto assim constituído. E, se o desejo de beleza pode ser contrabalançado por recompensas e punições, o mesmo não se aplica ao *sentido* da beleza. Por mais que o medo da morte nos leve a tomar um remédio amargo ou a nos abstermos de ingerir refeições que o paladar recomendaria como

---

5 Ver o artigo 5 acima. (NA) [Na 1ª edição este parágrafo constitui o artigo 13, e os artigos subsequentes são numerados de 14 a 17.]

prazerosas, não pode tornar o remédio agradável ou a refeição desagradável, se estas já não o eram antes da perspectiva de morte. O mesmo vale para o sentido de beleza e harmonia. A busca desses objetos pode ser negligenciada em prol de um benefício, da aversão ao trabalho ou de um outro interesse qualquer, mas isso não prova que não temos um *sentido* da beleza, apenas que nosso desejo de beleza pode ser contrabalançado por um outro sentido mais forte. O ouro é mais pesado que a prata, mas isso não prova que esta é imune à gravidade.

Artigo 15. Não fosse por um sentido de beleza e harmonia, objetos como casas, jardins, vestuário, equipagem e outros poderiam recomendar-se a nós como convenientes, úteis, confortáveis e luxuosos, nunca como *belos*. A única coisa prazerosa que encontramos na superfície de um objeto é a vivacidade das cores e a suavidade da textura; e cada objeto se recomenda, em diferentes ocasiões, a fins diversos. O que mais apraz num semblante é a indicação de disposições morais, mas se a familiaridade com uma pessoa nos convenceu de que ela tem as melhores disposições, apesar de um semblante que nos parece disforme, nem por isso deixamos de sentir imediato desgosto com a forma. O costume, a educação e o exemplo jamais poderiam nos proporcionar percepções distintas daquelas dos sentidos ou tampouco nos recomendar outros objetos que não lhes sejam agradáveis. Mas não trataremos aqui de sua influência sobre o sentido de beleza.[6]

Artigo 16. A beleza das formas corpóreas pode ser *original* ou *comparativa*, ou, se preferirmos, *absoluta* ou *relativa*. Observe-se apenas que por beleza absoluta ou original não se entende aqui uma suposta qualidade do objeto, que este seja belo por si mesmo sem qualquer relação com a mente que o percebe. Pois *beleza*, a exemplo dos nomes de outras ideias sensíveis, denota uma percepção da mente, assim como *quente* e *frio*, *doce* e *amargo* denotam sensações em nossa mente às quais talvez não encontremos nada de similar no objeto que excita em nós essas ideias, por mais que se imagine o contrário. As ideias de beleza e harmonia, por serem suscitadas pela percepção de uma qualidade primária e terem uma relação com figura e tempo, podem ser mais similares ao objeto do que outras sensações,

---

6　Ver artigo 07 acima. (NA)

que parecem antes modificações da mente do que retratos de objetos. Mas, não houvesse uma mente dotada de um sentido de beleza a contemplar os objetos, não vejo como poderiam ser ditos *belos*. Portanto, entendemos por beleza absoluta exclusivamente a beleza que percebemos nos objetos, sem compará-los a algo exterior que eles supostamente imitam ou retratam. Tal é o caso da beleza que percebemos em obras da natureza, em formas artificiais, em figuras e em teoremas. Beleza comparativa ou relativa é a que percebemos nos objetos que geralmente consideramos como imitações ou como símiles de algo distinto deles.[7]

---

7 Essa divisão da beleza é obtida a partir dos diferentes fundamentos de nosso prazer em relação ao sentido do prazer, não ao objeto em si mesmo. A maioria dos exemplos de beleza relativa contém beleza absoluta; e em muitos exemplos de beleza absoluta encontra-se beleza relativa de alguma espécie. Quanto ao objeto, podemos considerar como fundamento de prazer a sua uniformidade e a semelhança em relação a um original. (NA)

Do sentido moral[1]

Os PRINCÍPIOS PRÁTICOS sustentados neste tratado coincidem, em linhas gerais, com aqueles recomendados e inculcados em todas as épocas pelos homens mais ilustres, o que nos parece motivo suficiente para que se *ponha em questão* a pertinência de uma obra como esta, que não tem muito a acrescentar ao que já foi dito acerca do assunto. Mas também é verdade que um autor que oferece velhos argumentos sob uma nova luz pode torná--los mais convincentes para leitores que não se deixaram tocar por eles em sua formulação original e mais perfeita, lembrando que a cada *autor* corresponde uma classe distinta de *leitores*, inclusive dos que permanecem insensíveis ao que de mais nobre há no mundo. Ademais, um livro *inédito* tem às vezes o poder de chamar a atenção daqueles que ignoram as obras consagradas pela tradição. E, se a *curiosidade* ou outro motivo qualquer for um convite para que o leitor dedique seus pensamentos a um objeto tão importante como esse, a respeito do qual um mínimo de *reflexão* é suficiente para nos levar até a verdade, e cuja devida *consideração* pode contribuir consideravelmente para o incremento de nossa felicidade, então não haverá motivo para que o autor de um trabalho tão útil aos seus semelhantes se arrependa de seus esforços.

Alguém poderia alegar que certas passagens desta *Investigação sobre as paixões* são demasiado sutis para a compreensão vulgar, e que por isso a obra não cumpriria seu objetivo, que compartilha com todos aqueles que se dedicaram a esse tópico, a saber, a instrução *moral* do gênero humano. Rogo ao leitor que considere, no entanto, que tal dificuldade de compreensão se deve principalmente a um consenso formado em torno de *noções* que denigrem a *têmpera natural* dos homens, que desestimulam o cultivo das *afecções benéficas e generosas* no peito de cada um, como se estas não existissem naturalmente e como se toda afirmação em contrário não passasse de *dissimulação* e *afetação*, ou quando muito, de *entusiasmo forçado*.

---

1 *An essay on the nature and conduct of the passions and affections, with illustrations on the moral sense*, prefácio. Londres: 1728. Tradução: Marcos Balieiro. (NE)

No entanto, para descobrir a verdade quanto a esses assuntos, basta prestar um mínimo de *atenção ao que se passa em nosso próprio coração*, pois para chegar à certeza, aqui, não é preciso arte ou o conhecimento de outras questões.

Quaisquer que sejam as confusões introduzidas pelos escolásticos na filosofia, alguns de seus *adversários* mais argutos parecem combatê-los com uma espécie de confusão ainda mais nociva, ao descartarem *percepções mais simples e imediatas* e explicarem *aprovação, condenação, prazer* e *dor* reduzindo-os a meras relações intrínsecas às percepções dos *sentidos externos*. Da mesma maneira, nossas *afecções* e *desejos* mais desinteressados, generosos e adoráveis seriam decorrentes do *amor-próprio*. Comprovam essas teses recorrendo a uma série de raciocínios sutis, que a maioria dos homens de bom coração é incapaz de entender.

É preciso considerar, porém, que as *disposições naturais* do gênero humano operam regularmente mesmo naqueles que nunca refletiram sobre elas ou que não formaram noções justas a seu respeito. Muitos homens que não saberiam dizer o que é a *virtude* são realmente *virtuosos*; outros, que aprenderam a explicar as nossas ações como se elas fossem exclusivamente motivadas por *amor-próprio*, atuam em suas vidas do modo mais desinteressado e generoso. Muitas e variadas são as opiniões em *óptica*; há explicações contrárias da *audição*, do *movimento voluntário*, da *digestão* e de outras *ações naturais*; mas cada um desses poderes executa suas respectivas operações com um mínimo de uniformidade e constância, não importa a opinião que deles tenhamos. Assim, nada impede que nossas *ações morais* e *afecções* estejam bem preservadas, apesar de nossas opiniões equivocadas. *Opiniões verdadeiras* permitem-nos *aprimorar* nossos poderes naturais e *retificar* perturbações que neles incidem, e a especulação acerca da verdade é aqui tão *prazerosa* quanto em outras partes do conhecimento.

Pode parecer estranho que um *tratado* como este, que considera que a *virtude* é *desinteressada*, queira provar, ao mesmo tempo, pela *comparação* entre os diferentes *prazeres*, que ela nos propicia os maiores prazeres de que somos capazes, e que, nessa medida, praticá-la é de sumo interesse para nós. Mas, se é verdade que nenhum *argumento* ou *motivo* é suficiente para despertar em nós um *desejo último*, como o de *nossa própria felicidade* ou o do *bem público* (como veremos na seção IV do *Tratado II*),[2] no entanto, se ambos são *disposições naturais* de nossa mente, e se o *interesse egoísta* é o principal obstáculo à operação de *afecções públicas*, então o único modo de dar plena vazão a essas afecções para que se tornem prevalecentes é refutar a *opinião que postula uma oposição entre os diferentes interesses privados* e mostrar a existência de um interesse superior a eles. Se essas considerações forem devidamente ponderadas, dificilmente a *disposição natural* não se realizará plenamente no leitor.[3]

O gosto pela *simplicidade* no exame da estrutura da natureza humana ou o apego a uma *hipótese* de sua predileção talvez explique porque tantos *autores* menosprezam as muitas *percepções simples* que encontramos em nós mesmos. Fixamos em *cinco* o número de nossos *sentidos externos*; mas poderíamos falar em *sete* ou *dez*. Muitas de nossas percepções não têm qualquer relação com uma *sensação externa*, se por esta se entende *percepções ocasionadas por movimentos ou impressões em nossos corpos*, como nas ideias de *número*, *duração* e *proporção*, de *virtude* e *vício*, de *prazeres como honra* e *regozijo* e de *sofrimentos* como *remorso*, *vergonha* e *simpatia*. E seria bom que aqueles que querem provar a tão propalada máxima segundo a qual "todas as ideias surgem da *sensação* e da *reflexão*"[4] explicassem que com isso não se deve presumir que todas as nossas ideias são de *sensações externas* ou de *atos e reflexão* a partir de *sensações externas*. Ou, se por *reflexão* entendem um *poder interno de percepção*, como eu imagino que seja o caso, teriam que explicar cada uma das diversas espécies de *percepção interna* assim como fazem com as *sensações externas*, e mostrar-nos que as primeiras são tão *naturais* e *necessárias* quanto as últimas. Da mesma maneira, se considerassem as nossas *afecções* sem a noção prévia de que elas decorrem do *amor-próprio*, perceberiam que é possível conceber o *desejo último* de felicidade alheia que se encontra tão firmemente implantado no coração humano quanto o *amor-próprio*, embora seja mais fraco que este.

---

2 *An essay on the nature and conduct of the passions and affections*, tratado II, cap. 4, *op. cit.* (NT)

3 Neste *Ensaio sobre as paixões* não são mencionadas as provas do *sentido moral* e do *sentido de honra*, que já foram examinadas em nossa *Investigação sobre o bem e o mal*. Se os homens refletissem sobre o que sentem em si mesmos não seria preciso oferecer *provas* dessa matéria. (NA) [Cf. acima o extrato da *Investigação sobre a virtude*.]

4 Locke, *Ensaio sobre o entendimento humano*, livro II, cap. 1. 4ª edição. Londres: 1704. (NT)

O autor faz votos de que este *ensaio*, por mais imperfeito que seja, tenha uma boa acolhida, enquanto alguém mais talentoso e com maior disponibilidade não se prontifique a uma investigação estritamente filosófica dos *princípios* ou *disposições naturais* do homem, a partir da qual seja possível elaborar uma teoria moral mais exata do que as surgidas até aqui, e espera que esta tentativa de mostrar a face mais bela do temperamento humano possa contribuir para tão nobre fim.

As principais objeções ao capítulo 02 do tratado II, oferecidas ao autor numa conversa com o Sr. Clarke,[5] alertaram-no para a necessidade de uma ilustração mais pormenorizada das *afecções desinteressadas*, em resposta ao engenhoso esquema, por ele esboçado, no qual são deduzidas do *amor-próprio*. Estou disposto a aceitar, a princípio, todas as objeções que me foram feitas, exceto pela acusação de que eu teria causado *dano ao cristianismo* e aos princípios publicamente sustentados por alguns dos mais *devotos cristãos*. Espero ter respondido ao Sr. Clarke quanto a isso, bem como quanto ao esquema das *afecções desinteressadas*, como o que é dito sobre as paixões no capítulo 01 do tratado II,[6] cujas considerações, sem constituírem uma *réplica* à parte, têm o desígnio de evitar o laborioso *comentário* de outras obras, situação em que é difícil evitar expressões excessivamente afáveis ou ofensivas, bem como de orientar os leitores

---

5   Cf. John Clarke, *The foundation of morality on theory and practice*. Londres: 1727. (NT)

6   "Toda *razão que nos incita* pressupõe *instintos* e *afecções*, assim como toda *razão que justifica* a nossa ação pressupõe um *sentido moral*. No primeiro caso, em toda ação racional e ponderada tem-se em vista ou deseja-se um *fim*, e é impossível fazê-lo sem afecções de uma destas classes: *dignidade* ou *vilania*, *benevolência* ou *malícia* em relação aos outros. Como todas as afecções se resumem a essas, não pode haver um fim antecedente a elas, nem, consequentemente, uma *razão que nos incita* antecedente a uma *afecção*. Há muita confusão em torno desse ponto. Costuma-se dizer que 'temos dois princípios de ação: *razão*, e *afecção* ou *paixão* (i.e. uma afecção forte), o primeiro em comum com os anjos, o segundo com os animais. E nenhuma ação pode ser sábia, boa ou razoável à qual não sejamos incitados pela *razão*, distinta de toda *afecção*; e se há boas ações derivadas de *afecções*, elas o são apenas por acaso, *materialmente*, não *formalmente*'. Como se a *razão*, ou o conhecimento de relações entre as coisas, pudesse incitar à ação sem que se proponha um *fim*, ou como se fins pudessem ser propostos sem o *desejo* ou *afecção*." *An essay on the nature and conduct of the passions and affections*, livro II, p. 218-19, *op. cit.* (NT)

da *Investigação* no que diz respeito a *ilustrações* ou *provas* adicionais que eventualmente sejam necessárias para completar o referido esquema.

O Tratado II deste *ensaio* não teria vindo a lume se alguns *cavalheiros* não tivessem confundido certos pontos referentes ao sentido moral que alegamos estar presente nos homens. Suas objeções levaram-nos a um exame dos diferentes *esquemas* de explicação de nossas *ideias morais*, ideias estas que eles pensam inteiramente estranhas e alheias ao *sentido moral* que o autor estabelece. As páginas do referido *tratado* procuram mostrar que todos esses *esquemas* pressupõem necessariamente, em seu fundamento, um *sentido moral*. O autor não pretende desfazê-los ou representá-los como estruturas extravagantes, erigidas com base no sentido moral, sugere apenas que há uma confusão considerável na utilização dos termos relacionados a esse tópico. Pode-se ver facilmente, a partir da *variedade e diversidade dos termos* e *esquemas* utilizados, que todos os homens *sentem* algo no próprio coração que lhes recomenda a virtude, por mais difícil que seja explicá-lo. Essa dificuldade advém provavelmente da noção prévia de que teríamos um número reduzido de *sentidos*. Desobrigados de recorrer, em outras teorias, a outros sentidos, preferimos forjar uma explicação de nossas ideias morais a partir dos poderes naturais de percepção universalmente reconhecidos. Semelhante dificuldade encontra-se naquelas *percepções* que os filósofos não atribuem, em geral, a *sentidos distintos*, tais como a *beleza natural* e a *harmonia*, a perfeição da *poesia*, da *arquitetura*, do *desenho* e de outras produções da fantasia, do gênio e do gosto. As explicações ou teorias acerca desses tópicos estão repletas de metáforas e confusão.

Definir a *virtude* como *conformidade ao sentido moral*, ou resumi-la a *afecções generosas*, pode parecer excessivamente impreciso, considerando que o sentido moral de cada um pode ser pervertido pelo *costume*, por *hábitos*, por opiniões falsas e pela convivência com outros, e também que as *paixões generosas particulares* que sentimos pelos outros podem se tornar realmente perniciosas, se acompanhadas de afecções grosseiras ou de negligência por seus interesses. Portanto, é apenas em geral que podemos afirmar que "cada um chama de virtuoso o temperamento ou as ações que o seu próprio *sentido* aprova"; que "abstraindo de hábitos ou preconceitos particulares, cada um é constituído de maneira a aprovar toda *afecção generosa particular* por quem quer que seja (o que mostra que *não nos falta afecção* pelos outros), bem como todo temperamento que deseja e todas as ações que tendem a realizar o bem mais profundo

164   Pedro Paulo Pimenta (org.)

de que o agente é capaz em relação ao mais amplo sistema que esteja ao seu alcance"; o que mostra que a perfeição da virtude é "ter uma *benevolência isenta e universal* como afecção predominante, de modo a limitar e a neutralizar não somente as *paixões egoístas* mas também as *afecções generosas particulares*".

Nosso *sentido moral* mostra que a máxima perfeição da natureza humana consiste no que reconhecemos como o *fim* ou *desígnio* dessa estrutura, no que o autor de nossa natureza espera de nós; ou, se preferirmos, poderemos dizer, adotando a descrição dos antigos, que virtude é *vita secundum naturam*,[7] ou "agir de acordo com aquilo que a constituição de nossa natureza mostra como a intenção do nosso criador".

Se pudermos apresentar o *sentido moral* sob uma luz convincente, as sombras das vãs objeções a uma vida virtuosa, que tanto deleitam a alguns, desaparecerão imediatamente, e estaremos certos de que tudo o que admiramos ou honramos numa *espécie moral* é efeito de *arte, educação, costume,* e *política*, ou de um interesse mais sutil; e reconheceremos *quid summus, & quidnam victuri gignimur* – Pérsio.[8]

É verdade que o *poder de raciocínio* nos é natural, e que todas as artes e ciências que têm um bom fundamento e tendem a dirigir nossas ações devem ser consideradas senão como *naturais, melhorias da natureza*. Tomando-se a virtude como inteiramente artificial, inúmeras suspeitas surgem a seu respeito, como se a busca individual pela realização do *interesse* próprio ou pelo desfrute de prazeres superiores à *virtude* em práticas *viciosas* e estritamente *privadas* pudesse atender ao interesse máximo dos *grandes corpos* que são as *sociedades dos homens* e seus *governantes*.[9] Mas essas suspeitas serão prontamente removidas, no caso de sermos dotados de um *sentido moral*, de *afecções públicas* cuja gratificação constitui naturalmente o nosso *prazer* mais duradouro e mais intenso.

Parece-me um bom augúrio de dias melhores no mundo das letras que os *Sermões* do Dr. Butler[10] tenham feito justiça à sábia e boa ordem de nossa natureza, e que cavalheiros que se opuseram aos meus sentimentos pareçam

---

7   Sêneca, *De vita beata*, livro VIII, cap. 2. (NT)

8   "O que somos, e porque o somos." Pérsio, *Sátiras*, livro III, seção 66. (NT)

9   Bernard Mandeville, *Fable of the bees; or, private vices, public virtues*. Londres: 1716. (NT)

10 Joseph Butler, *Fifteen sermos*. Londres: 1726. (NT)

estar convencidos de que há um *sentido moral*. Alguns deles prestaram ao autor uma homenagem da qual ele não é digno, como se fosse o responsável por essa descoberta. Em outros escritos eu encontrei o *Sensus decori & honesti* e o Δυναμιζ αγατοειδηζ, e jamais poderia reclamar a sua autoria.[11]

Algumas cartas publicadas num periódico londrino com a assinatura de *Filareto* são o germe do tratado II. Mas, como as respostas a elas traziam a marca visível da pressa com que foram redigidas, o *autor* houve por bem interromper o debate por meio desse veículo e preferiu endereçar uma carta pessoal a Filareto, no anseio de estabelecer com ele correspondência direta acerca do tópico em questão; mas sua expectativa se viu frustrada com a inoportuna morte desse genial interlocutor.[12] As *objeções* apresentadas na primeira seção do tratado II nem sempre são de Filareto; e, ainda que tenha me empenhado para não deixar sem resposta nenhuma de suas objeções, intercalei respostas a outras que me foram feitas acerca do *sentido moral*. Espero que a minha expressão seja digna do respeito que tenho pela memória desse tão engenhoso e distinto cavalheiro.

A última seção do tratado II foi ocasionada pela carta de uma pessoa do mais elevado mérito, residente em Glasgow, que retrata sentimentos comuns entre homens de bem, indispostos a aceitar qualquer esquema *moral* cujo fundamento não seja unicamente a *piedade*. Espero ter enfrentado o ponto de modo a remover essa dificuldade.

A reputação de que desfruta o Sr. Le Clerc no mundo das letras exige que eu me defenda das acusações que me foram feitas na *Bibliothèque ancienne et moderne*, pois do contrário estaria reconhecendo a pertinência delas.[13] A julgar pelo resumo que oferece de minha *Investigação sobre o belo*, especialmente no caso da *última* seção, só posso concluir que ou ele não entende o meu inglês ou eu não entendo o seu francês, ou então que ele não leu mais que os títulos das *seções* daquela obra. Seja como for, o caso não é digno de controvérsia.

---

11 Cf. Shaftesbury, *Sensus communis, or an essay on the freedom of wit and humour*, parte VI. In: *Characteristics of men, manners, opinions, times*. 3 vols. 2ª edição. Londres: 1714. (NT)

12 O autor das objeções a Hutcheson é Gilbert Burnet, que escreveu no *London Journal*. (NT)

13 Jean Le Clerc (1657-1736), membro da comunidade huguenote de Roterdã e editor da *Bibliothèque ancienne et moderne* e amigo pessoal de Locke, Bayle e Shaftesbury. Resenhando a *Investigação*, Le Clerc indevidamente acusa Hutcheson de plagiar a obra de Jean-Pierre Crousaz, *Traité du beau*, Paris: 1715. (NT)

Lorde Kames (1696-1782)

É APENAS TARDIAMENTE QUE LORDE KAMES (nascido Henry Home), magistrado da Suprema da Corte de Justiça da Escócia, se torna filósofo. Antes da publicação dos *Ensaios sobre os princípios da moral e da religião natural*, em 1754, Kames se destaca por sua atividade judiciária. Homem abastado e de prestígio, patrocina as carreiras de Adam Smith e de John Millar; com boas relações, é amigo de Francis Hutcheson e David Hume. Suas preocupações filosóficas, que vão de tópicos da metafísica até as tragédias de Shakespeare, colocam-no numa posição de destaque entre seus pares. Basta lembrar que se deve a Kames, autor dos *Elements of criticism* (1762), a apropriação consumada da *crítica* pela *filosofia* – movimento de consequências imensuráveis para a história do pensamento europeu no século XVIII, como mostra Ernst Cassirer em sua *Filosofia do Iluminismo* (1930; Unicamp, 1992)

Os *Ensaios de moral e religião natural* não escondem o débito de Kames para com Hume, o principal interlocutor da obra, cujas doutrinas são castigadas com um brilho e perspicácia poucas vezes visto. Em Kames, o empirismo não é mais simplesmente refutado em nome de boas tradições; essa confutação é o ponto de partida para a elaboração de um pensamento novo, que não ignora as contribuições mais recentes ao arcabouço da filosofia clássica (Berkeley, Burke). Se a experiência é a origem de nosso conhecimento, não se justifica simplificá-la a ponto de encontrar na natureza uma ordem e harmonia monótona, desprovida de acidentes; ao contrário, é preciso sair à cata das exceções, do que desafia, em sua banalidade, a nossa compreensão – o prazer que sentimos na dor, quando vamos ao teatro ou vemos execuções públicas e lutas de pugilismo, o medo de objetos no escuro, o cego que discorre sobre a teoria das cores etc. Igualmente na arte literária: se a tragédia inglesa viola os preceitos de Aristóteles, consagrados pelos franceses, de que estes nos servem? Os ingleses não têm gosto e são licenciosos em sua linguagem? Deleitemo-nos nessa singularidade.

Forma e conteúdo não se dissociam. A destreza de Kames na utilização de técnicas de argumentação é valorizada pela facilidade que tem para extrair da língua inglesa todo o seu potencial alusivo e metafórico. A prosa límpida e clara, quase clássica, é pontuada por inflexões surpreendentes, ou humorísticas, que não comprometem, entretanto, a seriedade exigida pelos objetos discutidos. Essas características são amplamente demonstradas nos textos aqui reunidos. O estilo do autor, que floresce mais abundante na monumental *Sketches of the history of man* (3 vols., 1774), constitui um motivo adicional para admirarmos essa figura única na filosofia de língua inglesa.

Nosso apego a objetos de angústia[1]

Um célebre crítico francês[2] que trata de poesia e pintura se dedica a um tópico que outros já examinaram, mas sem sucesso; qual seja, explicar o nosso forte apego por objetos de angústia, imaginários ou reais. "Não é fácil", diz ele, "explicar o prazer que nos dão a poesia e a pintura, que com frequência lembra a aflição e cujos sintomas são por vezes idênticos aos da mais profunda tristeza. As artes da poesia e da pintura nunca são tão aplaudidas como quando logram produzir a dor. Um misterioso encanto nos vincula a representações dessa natureza, no mesmo instante em que o nosso coração, repleto de angústia, se insurge contra o prazer. Tentarei desfazer esse paradoxo e explicar o fundamento dessa espécie de prazer, tarefa que pode parecer ambiciosa, quando não incauta, pois promete dar conta do que ocorre no peito de cada um, das secretas fontes de sua aprovação e desgosto". Acompanhemo-lo em sua árdua tarefa. A título de fundamento, ele arrisca a seguinte explicação: "O homem é, por natureza, destinado à atividade; a inatividade do corpo ou da mente traz langor e desgosto, e esse motivo é suficiente para que se recorra a toda sorte de ocupação em busca de alívio. Por instinto, saímos à cata de todo objeto que possa excitar nossas paixões e nos mantenha agitados, e isso a despeito da dor que nos traz, das noites em claro e dos dias perdidos; os homens sofrem mais com a ausência de paixões do que com a agitação que elas ocasionam". Eis, em suma, a primeira seção. Na seção seguinte, ele desce a exemplos particulares. O primeiro é a compaixão, que faz com que nos atenhamos à miséria e angústia alheia, embora desse modo tomemos parte em seu sofrimento. Esse impulso, observa o autor, depende inteiramente do princípio anterior, pelo qual preferimos uma ocupação, por mais dolorosa que seja, à desocupação. O autor menciona ainda o exemplo das execuções públicas. "Acudimos em multidão ao espetáculo mais horrendo que se poderia contemplar, assistir

---

1 "Our Attachment to Objects of Distress". In: *Essays on the principles of morality and natural religion*, ensaio I. 3ª edição. Londres: 1779. Tradução: Daniel Lago Monteiro. (NE)

2 O abade Dubos. [Jean-Baptiste Dubos, *Réflexions critiques sur la poésie et la peinture*, introdução, cap. 1; livro I, caps. 01 ss. Paris: 1719. Cf. Hume, "Da tragédia". In: *Quatro ensaios*. Londres: 1757.] (NA)

a um pobre miserável sendo torturado numa roda, queimado vivo ou estripado. Quanto mais angustiante a cena, maior o número de espectadores. É possível antever, mesmo sem a experiência, que as cruéis circunstâncias da execução, que os profundos gemidos e a angústia de nosso semelhante produzirão uma impressão cuja dor só será dissipada após um longo período de tempo. O atrativo da agitação é mais forte que os poderes de reflexão e experiência juntos". Ele prossegue mencionando o estranho deleite do povo romano com os entretenimentos encenados no anfiteatro: criminosos expostos a feras selvagens, grupos de gladiadores que se abatem uns aos outros, e aproveita a ocasião para fazer a seguinte observação a respeito da nação inglesa: "Os ingleses têm um coração tão terno que mostram humanidade para com os piores criminosos. Não permitem a tortura, alegando que é preferível deixar impune um crime a submeter um inocente aos tormentos que outros países cristãos utilizam para extorquir uma confissão de culpa. Mas esse povo tão cioso de seus semelhantes sente um prazer infinito no pugilismo, na tourada e em outros espetáculos selvagens".E conclui mostrando que o próprio horror à inação é o que leva os homens a se entregarem aos jogos, cartas e dados: "Os tolos e os trapaceiros é que procuram o jogo com a esperança de ganhar. A maioria tem outros motivos. Negligenciam as diversões que requerem destreza e habilidade, e preferem arriscar a fortuna em jogos de azar, que mantêm a mente em contínuo movimento e onde cada lance é decisivo".

Tal é, em linhas gerais, a explicação de nosso autor. É inegável que ela tem ares verdadeiros; mas as seguintes considerações levam-me a colocá-la em questão. Em *primeiro lugar*, se a dor da inação é o motivo que nos arrasta aos referidos espetáculos, seria de esperar que estes só fossem frequentados pelos que se sentem mais oprimidos pelo ócio. Mas não é o que acontece; toda sorte de gente acode a eles. Cenas de perigo e angústia exercem um fascínio misterioso, que retira os homens das ocupações mais sérias e opera tanto sobre os ativos como sobre os indolentes. Em *segundo lugar*, não houvesse em tais espetáculos algo mais que atrai a mente, além da perspectiva de suprimir a dor da inação, a agitação seria o único fundamento para que se preferisse um objeto a outro: quanto mais agitada a mente, mais atraente o objeto. Mas a experiência diz o contrário. Muitos objetos de horror e desgosto agitam a mente de forma tão extrema que mesmo os mais ociosos procuram evitá-los. É o que mostra cabalmente o exemplo que nosso autor encontra em Lívio: "No início, a luta de gladiadores à moda romana mais assustava do que agradava à plateia grega, desabituada a um espetáculo como esse. Mas a frequência das exibições acostumou os olhos do povo, que passou a apreciá-lo; e, com o tempo, difundiu-se entre os jovens a paixão pelas armas."[3] De início, os gregos não se deixavam atrair pelo espetáculo, ao contrário, detestaram-no até que o costume o tornasse mais familiar, menos incômodo, por fim apreciável. Pelo mesmo motivo, um dos entretenimentos prediletos dos ingleses, a rinha de ursos, é considerada repulsiva pelos franceses e por outras nações polidas, como excessivamente selvagem para agradar a pessoas de gosto refinado.

Fosse o homem um ser cuja única perspectiva de ação consistisse em obter prazer ou em evitar dor, como quer a premissa de nosso autor, que vai buscá-la no Sr. Locke,[4] essa suposição tornaria difícil, senão impossível, explicar satisfatoriamente por que nos inclinamos a frequentar, de olhos arregalados, entretenimentos inteiramente dolorosos. Mas, se examinarmos com mais atenção a natureza humana, encontraremos numerosos e variados impulsos de ação, independentes de prazer e dor. Sigamos agora essa trilha, e vejamos se não nos leva a uma solução do problema.

Se prestarmos atenção às nossas emoções, não somente às que despertam de objetos externos, descobriremos que são muito diversificadas, fortes ou fracas, distintas ou confusas etc. Não há divisão mais abrangente de nossas emoções do que entre agradáveis e desagradáveis. Mas é desnecessário, e talvez seja vão, indagar pela origem dessa diferença. Tudo o que podemos afirmar é que a constituição de nossa natureza é tal que seu arranjo responde ao sábio e benigno propósito do criador.

Outra circunstância a considerar nas emoções é que a *afeição* entra na composição de algumas, a *aversão* na de outras. Sentimos afecção por certos objetos, queremos possuí-los e desfrutá-los, outros despertam em nós aversão, e procuramos evitá-los. Objetos agradáveis são os únicos capazes

---

3 Tito Lívio, *História de Roma*, Livro XLI. (NA)

4 Locke, *Ensaio sobre o entendimento humano*, livro II, cap. XXI, §§ 37-43. 4ª edição. Londres: 1704. (NT)

de comover nossa afeição, nossa aversão só se comove por objetos desagradáveis. Não investigaremos aqui se todo objeto agradável tem por efeito despertar uma afecção. Observo apenas que muitos objetos desagradáveis e mesmo dolorosos não despertam em nós a menor aversão. É verdade que objetos horrorosos, repugnantes ou terríveis despertam aversão, mas muitas paixões e emoções, e mesmo as mais dolorosas, não despertam qualquer aversão. O *pesar* é uma paixão extremamente dolorosa, que não é, entretanto, acompanhada de qualquer aversão. Pelo contrário, pode ser tão atraente quanto algumas de nossas mais prazerosas emoções, e é com obstinação que nos apegamos a muitos objetos que o despertam. Exemplo semelhante se encontra na compaixão. Objetos que produzem angústia, embora causem dor, não despertam aversão; pelo contrário, atraem-nos e inspiram-nos o desejo de aliviar a aflição alheia.

Na infância, desejos e apetites são os únicos incitamentos à ação. Ao longo da vida, aprendemos a distinguir, em meio aos objetos que nos cercam, os que produzem prazer dos que produzem dor, e vamos assim adquirindo um incitamento de outra espécie. O *amor-próprio* é uma poderosa motivação a buscarmos tudo o que possa contribuir para a nossa felicidade. Opera por meio de reflexão e experiência, e todo objeto que pareça acrescentar à nossa felicidade desperta em nós inequívoco desejo de posse. Quando atua o amor-próprio, prazer e dor são os únicos móbiles de ação. Mas nem todos os nossos apetites e paixões são desse gênero. Muitos operam por um impulso direto, sem intervenção da razão, à maneira de instintos animais. E, assim como estes não são influenciados por nenhuma espécie de raciocínio, também a perspectiva de não ser miserável, mas sim feliz, não é inerente ao móbil que nos impulsiona. É verdade que a gratificação de nossas paixões e apetites é agradável; também é verdade que, ao dar ensejo a um apetite particular, a perspectiva do prazer pode se tornar um móbil de ação, graças a um ato de reflexão. Mas não se deve confundir tais coisas com o impulso que resulta diretamente do apetite ou paixão, que opera às cegas, como eu disse, à maneira de um instinto, sem qualquer consideração por eventuais consequências.

Confirma a distinção entre ações orientadas por amor-próprio e ações dirigidas por um apetite ou paixão em particular a observação de que se a meta do amor-próprio é sempre a mesma – a nossa felicidade –, os demais apetites e paixões podem ter uma tendência diferente. Isso se torna evidente pela seguinte indução: é agradável a gratificação que temos quando nos vingamos de alguém que odiamos. O caso é outro quando somos ofendidos por um amigo: a amizade me impede de machucá-lo, por mais ofendido que eu esteja. "Não encontro em meu coração um motivo para magoá-lo; procurarei torná-lo ciente do mal que ele me fez". Mas a sede de vingança que é assim represada pode atacar os órgãos vitais da parte ofendida e ser extravasada na forma de irritação e mau humor, e os vapores só se dissipam com o tempo ou com um pedido de desculpas. Não faltam exemplos de pessoas atingidas por esse humor nefasto, por essa espécie de vingança que se volta contra a parte ofendida e que, em troca de um pedido de desculpas, infligem a si mesmas um grande malefício. Lembremos aqui a jovem que se desilude com o amor, e que, para fomentar ainda mais sua angústia, se atira nos braços do primeiro janota que lhe pede em casamento. Cada um pode observar por si mesmo que a paixão do pesar, quando chega ao auge, afasta para longe tudo o que tende a produzir tranquilidade e conforto. Tomado pelo pesar, o homem se entrega à miséria com uma espécie de simpatia pela pessoa por quem ele padece. "Como poderia ser feliz, se meu companheiro não é?" Tal é a linguagem dessa paixão. O homem que se encontra nessa circunstância é um tormento para si mesmo. Temos aqui um fenômeno singular da natureza humana: um apetite pela dor, uma inclinação a tornar-se miserável por conta própria, pior que o suicídio, crime que ao menos põe fim a uma miséria que se tornou insuportável.

Isso nos mostra quão imperfeita é a descrição da natureza humana oferecida pelo Sr. Locke e pelo Abade Dubos, que não reconhecem outro móbil de ação além do que resulta do amor-próprio ou das medidas que tomamos para obter prazer e evitar dor. Esse sistema exclui muitos apetites e paixões, bem como a afeição ou aversão neles envolvida. E, no entanto, podemos dizer, com alguma probabilidade, que é mais frequente sermos influenciados por esses móbiles do que pelo amor-próprio. Tão variada é a natureza humana, tão complexos os seus poderes de ação, que ela não pode ser contemplada de um único ponto de vista.

Podemos agora retornar ao nosso tópico, uma vez expostos os princípios de ação que lhe dizem respeito. Pode-se inferir do estabelecido que a natureza nos designou para a sociedade e nos uniu intimamente uns aos outros pelo princípio de simpatia, que comunica a muitos a alegria ou a tristeza de cada um. Compartilhamos da aflição de nossos semelhantes, padecemos com eles e por eles, e seus infortúnios nos afetam às vezes mais que os nossos próprios. E não admira que ao invés de evitarmos objetos de miséria nos apegamos a eles, o que é tão natural quanto o pesar que sentimos por conta de nossos próprios infortúnios. Admiremos, entrementes, a sábia ordenação da providência: se a nossas afecções sociais estivesse misturado um mínimo de aversão, que fosse por eventuais sofrimentos, estaríamos inclinados, ao perceber um objeto de angústia, a afastá-lo dos olhos e da mente, não a aliviar o sofrimento alheio.

De modo algum pode-se considerar esse princípio como um defeito ou vício; é o cimento da sociedade humana. Não há quem esteja ao abrigo do infortúnio, e a simpatia promove a felicidade e segurança dos homens. A prosperidade e segurança de cada um deve ser preocupação de muitos, o que contribui mais para a felicidade geral do que se cada um só tivesse de depender de si mesmo, como numa ilha deserta, sem poder contar com a consideração e o cuidado dos outros. Mas isso não é tudo. Observando nosso caráter e ações a partir de uma perspectiva reflexiva, não poderemos deixar de aprovar a ternura e simpatia que encontramos em nossa natureza. Deleitamo-nos com nós mesmos em virtude de nossa própria constituição, a consciência de nosso mérito é fonte de satisfação contínua.

Ampliando um pouco a nossa discussão, observaremos que por natureza temos uma grande curiosidade pela história da vida de alguns homens. Julgamos suas ações, aprovamos ou desaprovamos, condenamos ou absolvemos, e a mente, assim ocupada, obtém um maravilhoso deleite. Há mais. Envolvemo-nos profundamente com as preocupações alheias, tomamos partido, compartilhamos alegrias e angústias, preferimos estes, não gostamos daqueles. Esse pendor da mente explica porque histórias, romances e peças são um entretenimento universal que agrada a todos. Trata-se de algo natural ao homem, como criatura sociável, e mais sociáveis são aqueles que mostram essa espécie de curiosidade e preferem entretenimentos como esses.

A tragédia é uma imitação, uma representação de caracteres e ações humanas. É uma história fictícia, que em geral produz impressões mais fortes que as de histórias reais: uma obra de gênio privilegia incidentes que produzam a impressão mais profunda, conduzindo-os de modo a manter a mente em contínuo suspense e agitação, mais intensos que na vida real. Uma boa tragédia excita cada uma das paixões sociais. Somos tomados de súbita afeição pelos personagens que representa: cativam-nos como amigos queridos, e sentimos esperança e medo como se tivéssemos diante de nós uma história verdadeira.

Ao filósofo ignorante, que desconhece o teatro, pode parecer surpreendente que a imitação tenha um efeito tão grande na mente e que a falta de verdade e realidade não seja um empecilho à operação de nossas paixões. Mas, deixando de lado uma explicação material, é evidente que essa aptidão da mente humana a receber impressões de objetos fictícios ou reais contribui para os mais nobres propósitos da vida. Não há nada melhor para aprimorar a mente e torná-la virtuosa do que examinar as ações dos outros, compreender o que impele o virtuoso a aprovar sua conduta e a condenar e repelir o vício. Pois a mente, a exemplo do corpo, só se torna forte com o exercício. Se essa espécie de disciplina se confinasse a cenas da vida real, teria pouco proveito para a maioria dos homens, dado que tais cenas são relativamente raras. Mesmo na história, não são muito frequentes. Em composições da arte, por outro lado, quando a ficção tem lugar, somente a falta de gênio pode impedir o exercício da mente pelo qual ela adquire sensibilidade e consolida hábitos virtuosos.

Assim, a tragédia cativa nossas paixões tanto quanto uma história real. Amizade e respeito pela virtude, repulsa ao vício, compaixão, esperança e medo, a série inteira das paixões sociais é despertada e exercitada.

Parece que temos aqui uma boa explicação de nosso gosto pelo teatro; mas, examinando bem a questão, encontraremos dificuldades às quais os princípios acima delineados dificilmente poderiam oferecer uma resposta satisfatória. Não admira que os jovens acudam ao entretenimento teatral. O apreço pela novidade, o desejo de se manter ocupado e a beleza da ação constituem atrativos poderosos, e se uma pessoa, qualquer que seja sua idade, toma a peito os interesses das personagens, a atração se torna tão intensa que o prospecto de aflição e pesar não é suficiente para impedir que ela se envolva. Em geral, a experiência nos torna mais sábios; e pode parecer surpreendente, dado que a angústia é o desfecho infalível de encenações como essas, que pessoas dotadas de juízo mais maduro não prefiram simplesmente evitá-las. Estaria adormecido o amor-próprio, esse princípio tão ativo. Mais natural seria pensar que a experiência nos ensina a nos mantermos afastados do perigo, e que poucas pessoas dotadas de reflexão frequentariam as tragédias mais dramáticas. O contrário, no entanto, é verdade: as tragédias mais dramáticas são as prediletas de pessoas de todas as idades, e em especial das mais impressionáveis, cujos sentimentos são mais delicados. Um homem desse caráter mal se livrou da profunda angústia em que foi lançado na noite anterior por uma bela tragédia, quando decide calmamente, em seus aposentos, sem o menor vestígio de amor-próprio, retornar ao teatro para assistir a outra encenação como essa.

Isso nos leva a uma conjectura das mais curiosas, acerca da natureza humana. Estas especulações oferecem uma prova cabal de que, contrariamente ao que se pensa, o amor-próprio nem sempre intervém para evitar dor e angústia. Ao examinar como isso acontece, descobrimos um admirável artifício da natureza humana para dar plena vazão às afecções sociais. Tendo em vista, como dissemos, que algumas paixões dolorosas são acompanhadas de aversão, e outras de afeição, descobriremos, num exame mais rigoroso, que as paixões dolorosas que na sensação imediata estão isentas de toda aversão, dela também estão livres na reflexão em ato. Ou, para expressar-me de modo mais prosaico, quando refletimos sobre a dor que sofremos em nossa consideração pelos outros, se uma aversão se mistura à reflexão, é devido à dor que sentimos ao considerar o objeto. Que nos seja permitido, para ilustrar esse ponto, comparar a dor que resulta da compaixão com uma dor física qualquer. O corte da pele humana é acompanhado da mesma intensa aversão na sensação imediata ou na reflexão posterior. Mas não sentimos o mesmo quando refletimos sobre as dores intelectuais acima mencionadas. Pelo contrário, quando refletimos sobre o infortúnio de um amigo, por exemplo, a reflexão é acompanhada de intensa satisfação. Aprovamos a nós mesmos quando sofremos com um amigo, sentimos apreço por nossa pessoa por conta desse sofrimento, e suportamos de bom grado a angústia de uma ocorrência como essa, tudo isso sem a menor oposição do amor-próprio.

O escrutínio das paixões dolorosas e livres de aversão nos mostra que elas são todas do gênero social e resultam do nobre princípio de simpatia, que é o cimento da sociedade humana. As paixões que nos causam dor são acompanhadas pelo mesmo apetite de indulgência concomitante às que nos causam prazer. Submetemo-nos resignados a essas paixões dolorosas, e não nos parece que sofrê-las seja uma penúria. Dada a nossa constituição, temos a consciência de que há regularidade e ordem nas coisas, de que nosso sofrimento é *correto* e *conveniente*. Afecções morais em geral, as dolorosas inclusive, estão inteiramente isentas de aversão, mesmo quando refletimos sobre as angústias mais comuns que nos oprimem. A simpatia, em especial, nos vincula tão fortemente ao objeto de angústia, que chega a sobrepujar o efeito do amor-próprio que dele nos afasta. A simpatia, consequentemente, embora seja uma paixão dolorosa, é atraente: no consolo ao próximo, a gratificação da paixão é um prazer considerável. Essa observação ressalta o brilho próprio das afecções morais, em contraste com as malignas ou egoístas.

Muitas e variadas são as molas de ação da natureza humana, nenhuma é tão admirável quanto a que ora examinamos. A simpatia é o princípio que conecta as pessoas em sociedade por laços mais fortes que os de sangue. E, por mais que a compaixão, que é sua cria, seja uma emoção dolorosa, se fosse acompanhada de aversão, mesmo na reflexão sobre a angústia que ocasiona, esse sentimento enfraqueceria gradualmente a paixão e nos curaria de uma grave doença. Mas o criador de nossa natureza não deixou inacabada a sua obra. Deu-nos esse nobre princípio por inteiro e sem contraparte, para que sua operação fosse vigorosa e universal. Longe de termos aversão à dor ocasionada pelo princípio social, refletimos sobre ela com satisfação, e a ela nos submetemos contentes e de bom grado, como se fora um prazer. Por isso, permitimos que a tragédia se apodere da mente, com os muitos encantos que despertam do exercício das paixões sociais, sem qualquer objeção do amor-próprio.

Estivesse nosso autor ciente do princípio de simpatia, ele poderia explicar porque compartilhamos a angústia alheia, sem precisar recorrer a uma razão tão imperfeita como a repulsa à inação. Tampouco seria preciso entrar em questões filosóficas, pois não faltam indícios de que de fato é assim na vida comum. Em toda parte encontramos pessoas de temperamento simpático que optam por dedicar suas vidas ao cuidado dos carentes e doentes, que compartilham de suas aflições e sentem profundamente suas preocupações, tristezas e pesares. Vivem tristes e abatidas, sem outra satisfação que a do dever cumprido.

Se é justa essa explicação, podemos estar certos de que pessoas dotadas de um temperamento caridoso são as que mais apreciam a tragédia, que oferece pleno escopo ao fomento de sua paixão. Os efeitos que a tragédia produz são mesmo admiráveis. As paixões, assim como ganham força ao serem fomentadas, tornam-se fracas na falta de exercício. Pessoas prósperas, que desconhecem a aflição e a miséria, tendem a se tornar insensíveis. A tragédia é um antídoto admirável a essa fraqueza. Ela humaniza o temperamento, pois oferece objetos fictícios dignos de piedade cujo efeito é praticamente o mesmo que o de objetos reais, ou seja, o exercício das paixões. Levados por um impulso natural, mergulhamos nas aflições despertadas pela representação de infortúnios fictícios, e mesmo que nada mais atraia a mente ou lhe acene com satisfação, a piedade é uma paixão capaz de reunir multidões nessas representações.

A curiosidade explica porque as execuções públicas são tão populares. Pessoas dotadas de uma sensibilidade mais refinada se empenham em corrigir um eventual apetite cujo fomento produz dor mas não é acompanhado, na reflexão, do sentimento de mérito próprio. Se execuções públicas entretêm sobretudo o vulgo, é porque este se deixa guiar cegamente pela curiosidade, sem considerar se tais espetáculos contribuem ou não para o seu bem.

O pugilismo, a exemplo da luta de gladiadores, anima-nos e nos inspira com exemplos de coragem e bravura. Entramos no espírito do lutador, e tornamo-nos tão audaciosos e intrépidos quanto ele se mostra diante de nós. Por outro lado, compartilhamos da angústia dos derrotados, pelos quais sentimos uma simpatia proporcional à valentia de sua conduta. Não admira que espetáculos como esses sejam frequentados por pessoas de gosto distinto. Nossa motivação tem aqui o mesmo princípio que produz em nós o desejo de conhecer os feitos de conquistadores e heróis. Observe-se ainda que esses espetáculos têm o notável efeito de ensinar a juventude a ser intrépida e destemida. Portanto, não me parece que os estrangeiros tenham razão em condenar o gosto inglês nesse particular. Espetáculos dessa espécie merecem o estímulo do Estado e devem ser objeto de políticas públicas.

Quanto ao jogo, não concebo qual prazer haveria em manter a mente suspendida, como se fora num cadafalso, tal como fazem os que apostam dinheiro em jogos de azar. Inação e ociosidade são dores mais suportáveis do que essa. Estou convencido de que, no fundo, move o jogador a ganância pelo dinheiro. E não me venham dizer que alguém prefere apostar seu dinheiro em jogos de azar por desprezo aos jogos de habilidade e destreza, pois essa escolha só pode decorrer de algo como impaciência, presunção ou indolência. Uma especulação curiosa em relação ao jogo, é que há nele um prazer que se segue ao bom desempenho e uma dor que se segue ao mau, independentemente do resultado da partida ou da soma de dinheiro envolvida. É evidente que a boa sorte eleva o espírito e a má sorte o deprime, não importa o resultado final. Isso é próprio de nosso interesse pelo jogo como diversão. Deixo a outros que investiguem a qual princípio de nossa natureza pertence esse interesse.

Aproveito esta 3ª edição de meus *Ensaios* para resolver uma questão que permaneceu em aberto nas edições anteriores. A terra mal produz para o uso do homem o que não requeira o trato da indústria ou da arte; e o homem, que é naturalmente artificioso e industrioso, está pronto a responder ao chamado. Se encontrasse tudo ao alcance das mãos, sem que tivesse de pensar ou trabalhar, seria inferior à mais vil das criaturas animais. E, se digo *inferior*, é porque a mais vil criatura, perfeita em seu gênero, está acima de uma outra corrompida, de não importa qual gênero. O amor-próprio nos incita a trabalharmos em benefício próprio; a benevolência em benefício dos outros. A emulação reforça esses princípios. Encontra-se mesmo entre as crianças, que querem vencer, ainda que não saibam o que as incita a tanto. Na luta por riqueza, glória e poder, a emulação é uma figura esplêndida, que opera vigorosamente em obras que requerem destreza e não adormece em disputas que dependem do acaso, como jogos de cartas ou de dados. A verdade é que o prazer da vitória sem a perspectiva do lucro é mais fraco. E lamento dizer, mas os riscos extremos aos quais os homens se submetem nos jogos de azar são instigados, senão em todas, no mais das vezes, pela avareza.

Crença[1]

DESEJAR, QUERER, RESOLVER, *decidir* e *crer* são palavras que significam atos mentais simples que não podem ser definidos. Nem por isso elas deixam de ser entendidas pelos homens, e cada um está ciente de que passam pela sua mente todos os dias. Se disser que *creio* que César foi morto no senado, que Ganganelli foi um bom papa ou que o rei da Grã-Bretanha tem treze filhos, ninguém terá qualquer dificuldade para compreender o significado, assim como se disser que *não creio* que haja homens na Patagônia ou que a tumba de Maomé esteja suspensa no ar, entre duas pedras-ímã. Por isso, ninguém, exceto pelo autor do *Tratado da natureza humana*, jamais pensou que fosse necessário analisar a crença.[2] Ele oferece duas proposições. A primeira delas diz "que a crença não é uma ação ou percepção particular da mente, apenas uma certa maneira de conceber proposições"; a segunda diz "que a crença não altera a concepção em suas partes ou em sua composição, consiste na vivacidade desta última". Ora, como tudo o que diz respeito à mente é relevante para o estudioso da natureza humana, é preciso pôr à prova essas proposições. A primeira, se é verdadeira em alguns casos, está longe de sê-lo em todos. É o que mostra esta indução. Vejo um pássaro no ar, creio que é uma águia. Minha crença está incluída na percepção que tenho do pássaro, não é uma percepção ou ato separado. Que se tome agora um exemplo oposto. Vejo um cavalo pastando à distância, num cercado. A minha crença de que o cavalo existe é inerente à percepção que tenho dele. Creio ainda que se trata do mesmo cavalo que há um mês recebeu uma condecoração em Newmarket. Minha crença nesse fato repousa inteiramente na memória, não é parte da percepção que tenho do cavalo.

Com respeito a proposições, subsiste a mesma diferença. Que se tome o seguinte exemplo: dois lados de um triângulo são maiores que o terceiro. Minha concepção dessa proposição inclui a crença nessa verdade, ou,

---

1 "Belief". In: *Essays on the principles of morality and natural religion*. 3ª edição. Londres: 1779. Tradução: Marcos Balieiro. (NE)

2 Hume, *Tratado da natureza humana*, livro I, parte III, caps. 7-8. 3 vols. Londres: 1739-40. (NT)

184 Pedro Paulo Pimenta (org.)

estritamente falando, o conhecimento dela. O mesmo vale para todas as proposições autoevidentes, mas não para as que requerem evidência. Que se tome, por exemplo, a seguinte proposição: os três ângulos de um triângulo são iguais a dois ângulos retos. Meu conhecimento da verdade dessa proposição não pode fazer parte da concepção que tenho dela, vem depois, quando examino a demonstração.

A mesma diferença aparece na crença fundada em testemunho. Um fato improvável é afirmado por alguém de honestidade duvidosa: não creio numa palavra do que ele diz. A verdade do fato é posteriormente confirmada por evidência indubitável: creio firmemente no que ele diz. Mas, em ambos os casos, a minha concepção do fato é precisamente a mesma, e, portanto, minha crença num caso e descrença no outro não pode fazer parte da concepção que tenho do fato.

Se essa proposição merece uma análise pormenorizada, é não apenas pela importância de definições e descrições acuradas em filosofia, mas também porque contribui para refutar a segunda proposição, especialmente cara a nosso autor, que a toma como fundação de sua teoria. Parece evidente que se a crença está separada da concepção da proposição, ela não pode consistir na vivacidade desta última. Mas, mesmo que a crença seja parte da concepção de uma proposição, o argumento parece-nos muito fraco. A crença, observa o autor, não introduz qualquer alteração quanto à composição e às partes da concepção, mas consiste na vivacidade desta última. Mas por que consistiria ela na vivacidade, que é mera modificação da concepção? Não é igualmente justa a conclusão do argumento que diz que ela consiste numa concepção mais débil ou noutra modificação qualquer? O argumento não se sustenta. A crença é na verdade tão diferente da vivacidade da concepção quanto uma cor é diferente de um som. Crença é algo relativo a verdadeiro ou falso, é um ramo do saber: a vivacidade da concepção não tem a menor relação com verdade ou falsidade. Isso é tão evidente que sou tentado a aplicar a nosso autor a história do cego que, indagado sobre qual era a sua noção de cor, respondeu que o escarlate é como o som de uma trombeta.[3] Mas nosso

---

3 Locke, *Ensaio sobre o entendimento humano*, livro II, capítulo IV, § 05. 4ª edição. Londres: 1704. (NT)

autor é menos desculpável que o cego, pois deveria conhecer a crença tão bem quanto quem vê e conhece uma cor. Ele tem, no entanto, um sistema a defender; e nada é mais comum entre os filósofos do que sacrificar o bom senso a um sistema de sua predileção.

Distinguir ficção de realidade, verdade de falsidade, é algo de suma importância para todo ser humano. Os meios de realizar essa distinção encontram-se ao alcance de todos, mas é preciso entendimento para aplicá-los na prevenção de erros. Se, reduzindo a crença a uma mera concepção, não importa se vivaz ou lânguida, tornamo-nos incapazes de realizar essa distinção, estaríamos melhor do que uma nau sem rumo, levada pelos ventos, sem piloto ou leme? Mas nosso autor vai mais longe com sua doutrina. Ele precisa banir a veracidade juntamente com a crença, pois se pusermos uma de lado, a outra se torna inútil. Uma das grandes vantagens da sociedade é a comunicação de conhecimento, que faculta a cada um a aquisição do que os outros sabem. Mas essa fonte secaria completamente se por natureza os homens não pudessem acreditar no que lhes é dito pelos outros. Com que frieza e descaso alguns autores não rasgam, com suas mãos desastradas, o nobre tecido da mente humana!

De um sistema que se afasta tanto da verdade não se deve esperar qualquer raciocínio justo ou esboço verdadeiro da natureza humana. O autor urge que a verdade histórica se apodera da mente com firmeza e apresenta seus objetos de maneira mais vívida que qualquer narração fabulosa. Cada um que julgue por si mesmo; de minha parte, digo que não me parece o caso. A história sem dúvida se apodera da mente com mais firmeza que qualquer ficção narrada em simples estilo histórico. Mas alguém de bom gosto jamais poderia duvidar que a poesia causa uma impressão mais forte que a da história. Que um homem sensível assista ao célebre Garrick[4] no papel de Ricardo ou de Lear, e poderá constatar que as representações dramáticas realizam impressões fortes e vivazes tais que a história dificilmente poderia igualar. E, mesmo supondo que a história apresentasse seus objetos de maneira mais vivaz do que a poesia dramática ou épica, disso não se seguiria

---

4 David Garrick (1717-1779), ator e dramaturgo inglês imortalizado por Reynolds em muitos retratos. (NT)

que *ideia vivaz* é o mesmo que *crença*. Leio uma passagem de Virgílio, o episódio de Niso e Euríalo, e outra de Lívio, o saque de Roma pelos Gauleses:[5] tenho uma ideia mais viva do segundo relato, e peço ao autor que aponte a causa desse efeito. Certamente, ele não dirá que está na força de expressão ou na harmonia dos versos, pois nesses particulares o historiador dá passagem ao poeta. É evidente que a única explicação satisfatória possível é que a influência superior de Lívio em nossa concepção é efeito desta causa: trata-se de um historiador na verdadeira acepção da palavra. O máximo que nosso autor poderia extrair de sua observação, supondo que haja nela algo de verdadeiro, é que a autoridade do historiador produz a crença e esta produz uma ideia mais vivaz que qualquer narração fabulosa. A verdade realmente confere certo grau de vivacidade a nossas ideias. Não posso, porém, admitir que a história supere a poesia dramática ou épica na transmissão de uma concepção vívida dos fatos, pois parece evidente que em obras da imaginação a falta de verdade é amplamente compensada por sentimento e linguagem. Certamente, num poema épico ou numa tragédia, destinados ao mero entretenimento, nem mesmo as descrições mais finas, as imagens mais pitorescas, as expressões mais diretas do poeta ou as concepções mais vivazes do leitor poderiam contribuir para a produção de crença.

Crença pode ser o resultado de impressão vivaz. Um exemplo é a representação dramática, que nos afeta a ponto de desviar nossa atenção de tudo o mais, até de nós mesmos. Num estado como esse, não consideramos o ator, mas concebemo-lo como o próprio personagem que ele representa. Vemos o homem diante de nossos próprios olhos. Percebemo-lo tal como se ele existisse e agisse, e cremos que ele existe e age. Essa crença é, no entanto, momentânea. Desfaz-se como um sonho, tão logo recobremos consciência de nós mesmos e do lugar em que estamos. A impressão vívida não é causa da crença, apenas dá ocasião a ela ao desviar a atenção da mente para longe de si mesma e de sua situação. É de maneira análoga que a ideia de um espectro no escuro invade a mente e a retira de si mesma,

---

5   Virgílio, *Eneida*, livro V; Tito Lívio, *História de Roma*, livro V. (NA)

convertendo-se em realidade por força da imaginação. Pensamos vê-lo e ouvi-lo: estamos certos disso, e cremos que é assim.[6]

Com respeito à evidência de meus próprios sentidos, embora esteja longe de admitir que a essência da crença consiste na vivacidade da impressão, concordo com nosso autor que vivacidade e crença estão, nesse caso, sempre unidas. Creio que a montanha que vi uma vez continua a existir, por mais que esteja a mil milhas dela. A imagem ou ideia que tenho dela é mais vívida e distinta que qualquer uma que possa formar com a simples força da imaginação. Mas aqui, como antes, não se trata de ideias que são despertas na mente por força da linguagem.

A crença que desperta da evidência que outros me oferecem tem outra fundação. A veracidade e a disposição a crer são princípios equivalentes na natureza humana, e tais que em geral se ajustam tão bem que no mais das vezes os homens não se deixam enganar. Nossa disposição a crer é atenuada pela opinião que temos do testemunho de um outro e pela natureza do seu relato. E, mesmo supondo que a concorrência de todas as circunstâncias desperte em nós uma crença, se aquele que fala só quer entreter, sem ater-se à verdade, a narração não tem o menor efeito, por mais que tinja as suas palavras com os tons mais fortes da poesia.

Gostaria de acrescentar que se os nossos sentidos e o testemunho alheio são as causas próprias da crença, serão mais ou menos eficazes dependendo da têmpera de nossa mente num dado instante. Esperança e medo são influenciados pela paixão, e a crença também. Esperança e medo dizem respeito a eventos futuros. Se o evento é agradável e a probabilidade de que ocorra é grande, nossa concepção de sua ocorrência modifica-se no que chamamos de *esperança*. Se é extremamente agradável e a probabilidade de sua ocorrência predomina, nossa esperança aumenta proporcionalmente e pode ser convertida na crença inabalável de que realmente ocorrerá. Em mentes mais fracas, o deleite da expectativa em relação ao evento tem o mesmo efeito. A imaginação, inflamada com a perspectiva favorável, aumenta a probabilidade até convertê-la em firme persuasão ou crença. Por outro lado, se o medo predomina, mas a ocorrência do evento

---

6 Objeto do ensaio "Dread of supernatural powers in the dark". In: *Essays, op. cit.* (NT)

é improvável, a mente se contrai e o medo se converte na crença firme de que o evento não irá ocorrer. As operações da mente são similares quando o evento em vista é desagradável.

Concluo este ensaio observando que se os nossos sentidos e o testemunho dos outros são as causas da crença, sua eficácia depende consideravelmente da tônica da mente num dado instante. A minha crença de que um evento agradável ocorreu ou virá a ocorrer vai além da probabilidade se estou animado, fica aquém dela se estou desanimado. Se o evento é desagradável, a minha crença vai além da probabilidade se estou desanimado, fica aquém dela se estou animado.

A paixão exerce sobre a crença uma influência ainda mais forte. Ver a respeito *Elementos da crítica*, livro I, cap. II, seção 02, parte 05.[7]

---

7 Cf. Kames, *Elements of criticism*. 3 vols. Londres: 1762: "Considerando-se que nossas percepções, paixões e ações estão intimamente conectadas entre si, seria surpreendente se não tivessem influência umas sobre as outras. Que nossas ações são excessivamente influenciadas pela paixão, é uma verdade conhecida; não menos certo, embora menos sabido, é que a paixão tem influência também sobre nossas percepções, opiniões e crenças. Por exemplo, as opiniões que formamos a respeito de homens e de coisas são em geral direcionadas por afecção: um conselho que nos é dado por um homem importante tem um peso considerável; o mesmo conselho, vindo de um homem de condição inferior, é desprezado ou negligenciado; um homem corajoso subestima o perigo; ao indolente, o menor obstáculo parece insuperável. Essa doutrina, de grande utilidade na lógica, é ainda mais útil na crítica, pois serve para explicar muitos dos princípios das belas-artes". (NT)

James Millar (1735-1801)

Dos autores reunidos nesta coletânea pode-se dizer que John Millar é um dos menos "filosóficos", se pela palavra *filósofo* entende-se alguém que se dedica ao estudo de questões metafísicas herdadas de uma longa tradição. A leitura de suas principais obras – *Origin of the distinction of ranks* (1774) e *Historical view of the government of England* (1787) – revela mais um autor de formação jurídica, ligado a alguma das nascentes ciências humanas, economia ou sociologia, talvez à história (depende de como se concebe essas "ciências"). Seja como for, permanece a suspeita, perfeitamente legítima, de que a obra de Millar como um todo oferece um testemunho dos mais límpidos de como se deu na Escócia, pelas mãos dos filósofos, a transição de um saber universal embasado em preceitos metafísicos para a investigação do homem, fragmentada em disciplinas diversas dedicadas ao estudo do homem em seu *habitat* natural, a vida em sociedade. Não é que se trate, com Millar, de uma simples retomada das melhores tradições humanistas, depositárias dos saberes da Antiguidade (embora se trate disso *também*). O que se percebe em seus textos, análises diretas e esquemáticas de pontos atinentes à maneira em que as diferentes sociedades humanas se estruturam historicamente, é a vontade de tomar o objeto em perspectiva sinóptica, de modo a descobrir leis gerais, mais ou menos invariáveis, a regerem os fenômenos relativos à natureza social e política do homem. É como se o próprio fato, ou a existência do objeto, legitimasse o pressuposto de que é possível reduzi-lo a leis, conhecê-lo em termos de uma ciência.

Apesar de sua colocação profissional privilegiada – Millar é professor de direito civil na Universidade de Glasgow –, o autor não se deixa constranger pela restrição de tradições doutrinárias. É versado em Montesquieu e Rousseau, em Hume e Smith, nos juristas modernos, nos historiadores antigos. Mas não se restringe a compilar suas opiniões. Pelo contrário. Os textos que aqui apresentamos são um bom exemplo dessa virtude, a originalidade. O primeiro é extraído de uma discussão mais longa acerca do lugar da mulher na sociedade civil. Valendo-se de extensa comparação entre países diferentes em momentos diversos da história, Millar encontra na mulher não o mero objeto do desejo ou da opressão do homem, mas um ator social responsável pela qualidade e pela coesão do tecido político de uma nação "civilizada". O segundo texto, não menos instigante, trata de uma questão que se estende pelo século XIX adentro: o direito do escravo, oriundo da África, à mesma liberdade de que desfruta o europeu, na metrópole como na colônia. Mobilizando argumentos de ordem socioeconômica, Millar conclui sobre os efeitos nocivos do trabalho escravo, para o homem que a ele está submetido e para a sociedade que o legitima. Observe-se que análises como essas só são possíveis porque o autor não se pauta mais pelos preceitos retóricos tradicionais, que recomendam ao historiador a escolha de temas grandes. Colocando personagens marginalizados no foco de suas análises, Millar prepara a entrada deles na cena literária: ganhando densidade social própria, mulheres e africanos estão prontos para se tornarem personagens e temas da nova ficção e da poesia que surgirá com o Romantismo (que se pense na Capitu de Machado de Assis e no *Navio negreiro*, de Castro Alves).

A condição das mulheres e o cultivo das artes e manufaturas[1]

UMA DAS MAIS NOTÁVEIS DIFERENÇAS entre o homem e os animais é a nossa admirável capacidade de aprimorarmos as faculdades de que fomos dotados. O homem não se contenta em obter algo particular: é continuamente impelido pelos seus desejos a buscar um objeto após o outro, e sua atividade é convocada à realização das inúmeras artes que tornam a vida mais confortável e agradável. Esse progresso, no entanto, é lento e gradual; ao mesmo tempo, dada a uniformidade da constituição humana, ocorre de maneira semelhante em diferentes partes do mundo. Onde a agricultura fornece provisões em abundância, os homens voltam a atenção para circunstâncias menos necessárias: querem roupas e casas melhores, além de uma vida mais confortável, e dedicam-se a ocupações que respondem a esses propósitos. Diferentes espécies de mercadoria são produzidas pela aplicação de sua labuta a uma variedade de objetos, sendo permutadas umas pelas outras de acordo com a demanda dos diferentes cidadãos. Desse modo, as manufaturas, juntamente com o comércio, são gradativamente introduzidas num país.

Tais aprimoramentos são fonte de importantes mudanças na condição da sociedade, especialmente no que diz respeito às mulheres. O avanço de um povo na produção de manufaturas e na prática do comércio tende naturalmente a remover as circunstâncias que impedem o livre intercurso entre os sexos e que intensificam e inflamam a paixão. O cultivo das artes em tempos de paz une cada vez mais os diferentes membros de uma sociedade, que assim podem compartilhar de uma maior variedade de transações em benefício mútuo. Na medida em que se tornam mais civilizados, percebem as vantagens do estabelecimento de um governo regular: diferentes tribos que viviam separadas abandonam suas contendas, submetidas ao jugo das leis: as velhas animosidades, que tanta desordem causavam, são aos poucos

---

1 "Changes in the condition of women, arising from the improvement of useful arts and manufactures"; "The effects of great opulence, and the culture of the elegant arts, upon the relative condition of the sexes". In: *The origin of the distinction of ranks*, livro I, caps. V-VI (parcial). 4ª edição. Edimburgo: 1806. Tradução: Daniel Lago Monteiro. (NE)

relegadas ao esquecimento: com a remoção de obstáculos como desconfiança e receio, os homens passam a se conhecer melhor e estabelecem um contato mais íntimo, e permite-se que o homem e a mulher de famílias diferentes convivam mais livremente, de maneira desimpedida e sem as barreiras que antes impediam a satisfação de suas inclinações.

À medida que as mulheres se tornam menos suscetíveis a paixões românticas e extravagantes, que resultam, em alguma medida, de desordens na sociedade, elas passam a desfrutar de uma reputação universal por seus talentos agradáveis e úteis. E os homens, quando abandonam suas antigas práticas bárbaras e voltam a atenção, para além de honrarias militares, às artes mais refinadas, não podem deixar de reconhecer o valor das habilidades e virtudes femininas, tão importantes a toda espécie de aprimoramento, e que tanto contribuem, por diferentes meios, para multiplicar os confortos da vida. É então que as mulheres, em vez de serem objeto de escravidão ou idolatria dos homens, se tornam suas companheiras e amigas. A esposa obtém a distinção e condição mais conveniente à razão e mais adequada ao seu caráter e aos seus talentos. Encarregada pela natureza dos cuidados mais primordiais e imediatos na criação dos filhos, é dotada de disposições que não somente a capacitam ao desempenho dessa importante tarefa como também a qualificam a todas as ocupações que requerem mais habilidade e destreza do que força, e que são indispensáveis ao gerenciamento de uma família. Portadora de uma delicadeza e sensibilidade ímpares, seja devido à sua constituição original, seja ao seu modo de vida, a esposa é capaz de assegurar a estima e afeição do marido, dividindo preocupações, compartilhando alegrias e mitigando infortúnios.

O respeito pelos talentos e habilidades mais úteis das mulheres opera de maneira admirável na orientação de sua educação e na formação de suas maneiras. Aprendem a adequar o comportamento às circunstâncias em que se encontram e aos padrões de propriedade e excelência que têm diante de si; respeitadas por sua diligência e proficiência nos diversos ramos da economia doméstica, é natural que se empenhem em aprimorar e ampliar essas valiosas qualificações; estimuladas a se dedicar com assiduidade às ocupações que lhes cabem, consideram o ócio como o pior defeito num caráter feminino e estudam tudo o que possa qualificá-las aos deveres de sua posição e seja conducente ao ornamento da vida privada. Comprometidas com essas respeitáveis ocupações, as mulheres não se deixam mais distinguir pelos trejeitos reluzentes que compõem a figura do belo sexo em salões e reuniões sociais, mas, acostumadas ao recato e ao convívio de familiares e de amigos mais próximos, infunde-lhes uma modéstia e difidência naturais de quem desconhece o convívio promíscuo, sem que com isso seus afetos se diluam no prazer ou sejam corrompidos por costumes viciosos. Com a atenção voltada aos membros de sua própria família, são levadas, de uma maneira muito peculiar, a aprimorar os sentimentos do coração produzidos por conexões mais ternas, habituadas que estão ao exercício de cada uma das virtudes domésticas.

O célebre retrato que Salomão pinta da mulher virtuosa é altamente expressivo dos ideais e sentimentos cultivados por povos avançados na prática do comércio e das artes da vida:

> *Adquire a lã e o linho, e trabalha com mãos hábeis.*
>
> *É como a nave mercante, que importa de longe o grão.*
>
> *Noite ainda, se levanta, para alimentar os criados. E dá ordens às criadas.*
>
> *Examina um terreno e o compra, com o que ganha com as mãos planta uma vinha.*
>
> *Cinge a cintura com firmeza, e emprega a força dos braços.*
>
> *Sabe que os negócios vão bem, e de noite sua lâmpada não se apaga.*
>
> *Lança a mão ao fuso, e os dedos pegam a roca.*
>
> *Estende a mão ao pobre, e ajuda o indigente.*
>
> *Se neva, não teme pela casa, porque todos os criados vestem roupas forradas.*
>
> *Tece roupas para o seu uso, e veste-se de linho e de púrpura.*
>
> *Na praça o seu marido é respeitado, quando está entre os anciãos da cidade.*
>
> *Tece panos para vender, e negocia cinturões.*
>
> *Está vestida de força e dignidade, e sorri diante do futuro.*
>
> *Abre a boca com sabedoria, e sua língua ensina com bondade.*
>
> *Vigia o comportamento dos criados, e não come pão no ócio.[2]*

Em muitas cidades gregas, ao que parece, no período de maior esplendor daquele país, as mulheres eram vistas sob uma luz como essa, e sua educação era calculada para aprimorar sua indústria e talentos de modo a

---

2 Provérbios, cap. 31, 13-27. *Bíblia de Jerusalém*. Editora Paulus: 2002, p. 1069. (NT)

196 Pedro Paulo Pimenta (org.)

torná-las úteis à sociedade. A atenção das mulheres parece ter se restringido ao cuidado dos familiares e aos setores mais insignificantes da manufatura, os únicos para os quais estavam qualificadas. Era usual que habitassem um cômodo separado da casa, e raramente recebiam visitas de pessoas que não fossem parentes mais próximos. Eram modestas e discretas, e seu recatado modo de vida respondia à noção que se tinha do comportamento mais adequado ao caráter feminino. Nunca se encontravam fora de casa sem a proteção de um véu, e não lhes era permitido frequentar espetáculos públicos. "Mulheres!", diz Péricles, numa oração citada por Tucídides, "grande será a vossa glória se vos mantiverdes fiéis à natureza que vos é própria, e maior ainda será a glória das menos faladas, seja por suas virtudes, seja por seus defeitos".[3]

Em uma de suas orações, Lísias introduz uma mãe de muitos filhos que acaba de perder o marido, e que considera que aparecer em público seria uma das piores circunstâncias decorrentes de sua infeliz condição. Ela suplica e roga ao genro que chame os parentes e amigos, para que possa lhes informar do ocorrido, e diz a eles: "embora eu não saiba como falar na presença de homens, meu sofrimento me compele a comunicar-vos meu infortúnio". Numa outra oração, composta pelo mesmo autor, um cidadão que é acusado de ter assassinado um homem que tentara seduzir sua esposa oferece o seguinte relato de sua economia doméstica:[4] "Quando me casei, oh atenienses!, fiz de tudo para encontrar um meio-termo entre a áspera severidade de alguns maridos e a doce ternura de outros. Minha esposa, tratada com gentileza, eu vigiava com atenção. Como marido, tornei agradável a sua situação; a ela, como mulher, não se permitia o controle de minha fortuna nem tampouco o de suas próprias ações. Quando se tornou mãe, a ternura relaxou a prudente cautela de minha conduta, e levou-me a depositar nela uma confiança ilimitada. De início, oh atenienses!, não tive porquê me arrepender dessa mudança: mostrou-se uma excelente esposa; circunspecta em sua conduta privada, administrou o lar com frugalidade e diligência exemplares. Desde a

---

3 Tucídites, *História da guerra do Peloponeso*, livro II, cap. 45. (NT)

4 É bom lembrar que o termo *economia* implica nessa época a noção clássica, impregnada de conotações retóricas, de arranjo, disposição ou ordem, de partes que se relacionam mutuamente, de acordo com princípios, para a composição de um mesmo todo. (NT)

morte de minha mãe, no entanto, tornou-se a causa de todas as minhas desgraças. Quando ausentei-me por ocasião do funeral, foi cortejada e seduzida por Eratóstenes, que contou, na realização de seus desígnios, com o auxílio de nossa escrava. É necessário informar-vos, oh atenienses!, que minha casa consiste de dois pisos, o de cima aloja as mulheres, o de baixo os homens. Quando nasceu nosso filho, minha esposa fez questão de amamentá-lo; e eu, para poupá-la do cansaço de subir e descer as escadas, concedi às mulheres o piso térreo, instalando-me no superior. Ela continuou a dormir ao meu lado; e, sempre que a criança chorava, descia para amamentá-la. Essa prática persistiu por um longo tempo, sem qualquer suspeita de minha parte – homem simplório que sou, considerava minha esposa um prodígio de virtude!"[5]

Diz-se que Sólon instituiu legislação para evitar que as mulheres violassem o decoro, tido como essencial ao seu caráter. Prescreveu que nenhuma senhora poderia deixar o lar com menos de três peças de roupa e sem uma vasta quantidade de provisões que pudessem ser trocadas por óbolos.[6] Estabeleceu ainda que, em viagens ao exterior, as mulheres deveriam ser acompanhadas por um criado, carregando à sua frente uma tocha.[7] Em Atenas, proibia-se que um homem se aproximasse dos aposentos de sua madrasta ou das filhas dela, embora vivessem sob um teto comum. Essa interdição se explica. De acordo com o Sr. Hume,[8] as leis atenienses só permitiam o casamento entre primos por parte de pai, e considerava-se que o intercurso entre eles era tal como se fora entre homem e mulher de famílias diferentes, estando assim isento de imputação criminal.

É possível que a reclusão das mulheres gregas, conveniente às circunstâncias de um povo que dá seus primeiros tateares nas artes, tenha sido posteriormente mantida por respeito às antigas instituições. A forma democrática de governo, estabelecida em muitas partes da Grécia, traz a tendência de ocupar o povo com o gerenciamento dos assuntos públicos, e desperta nele uma ambição máscula. Nessas condições, as mulheres

---

5   Lísias, *Pro Eufileto*. (NA)

6   Unidade monetária grega de baixo valor. (NT)

7   Cf. Plutarco, "Sólon". In: *Vidas paralelas*. (NT)

8   "De poligamia e divórcio". In: *Ensaios*, vol. II. Edimburgo: 1742. (NT)

198 Pedro Paulo Pimenta (org.)

são excluídas da vida pública. Deve-se admitir, no entanto, que embora esse estado de coisas possa ser conducente aos prazeres mais sólidos da vida, não resta dúvida que impede que os dois sexos aprimorem as artes da conversação, que dão lustro à expressão de seus pensamentos e sentimentos.[9] Os gregos, a despeito de sua erudição e bom senso, eram conhecidos pela falta de delicadeza e polidez, sendo juízes de exígua autoridade em matéria de engenho e humor. Preferiam a irreverência leviana de um Aristófanes, quando tinham à disposição a eloquência sublime de um Demóstenes e as composições patéticas de um Eurípides ou de um Sófocles. O caráter militar dos antigos gregos, por contraposição à polidez dos tempos modernos, ilustra bem essa observação. Os soldados de hoje são homens do mundo, e suas maneiras se formam, no mais das vezes, no convívio e na conversação entre os homens. Mas, na Grécia antiga, eram tão famosos pela rudeza e falta de modos quanto hoje se distinguem, nas nações modernas da Europa, pela polidez e bons modos. Menandro, o poeta cômico, se confessa incapaz de conceber como um soldado poderia ter um caráter polido, que fosse por obra dos deuses.[10]

Quando os romanos se tornaram um pouco mais civilizados, em meados do período republicano, a condição das mulheres era provavelmente muito semelhante àquela da qual elas desfrutavam entre os gregos. Parece, no entanto, que em Roma as condições do povo sofreram rápidas mudanças nesse particular. Com a conquista de nações opulentas, uma enorme riqueza foi repentinamente trazida à capital do império, o que corrompeu as antigas maneiras de seus habitantes e produziu profundas transformações em seu gosto e sentimento.[11]

Observe-se ainda que a introdução das artes e de governos regulares nas nações modernas da Europa teve uma influência imediata na condição das mulheres e em suas relações com os homens. Superadas as deformidades inerentes ao sistema de governo do Império Germânico, as mulheres passaram a ser valorizadas por suas úteis habilidades e talentos. Apesar de alguns

---

9 Compare-se a respeito Hume, "Do surgimento das artes e ciências". In: *Ensaios*, vol. II, *op. cit.*; e Rousseau, *Lettre a D'Alembert*, Paris: 1758. (NT)

10 Provável referência à comédia *O adulador*. (NT)

11 Cf. Tito Lívio, *História de Roma*, prefácio. (NT)

resquícios do espírito romântico, predominante no período anterior, a estima e a posição social das mulheres passou a ser determinada principalmente pela importância da posição que ocupavam, pelos benefícios de sua atividade cotidiana e por serem responsáveis por promover um intercurso social mais intenso. As maneiras introduzidas por essa percepção do caráter feminino foram mantidas, em maior ou menor medida, naqueles países da Europa menos afetados pelo rápido e recente avanço do luxo e do refinamento.

Ilustra bem a melhoria da condição feminina o estado das maneiras em diferentes nações da Europa. Chegou ao ápice na França e em algumas partes da Itália, onde as belas-artes foram especialmente cultivadas, e o gosto pela diversão fina e elegante se difundiu em geral. Um mesmo aprimoramento abriu caminho na Inglaterra e na Alemanha, embora nesses países a atenção do povo às artes mais úteis e necessárias, aliada à vagareza no cultivo das que servem ao entretenimento, tenha impedido que se estendesse ao intercurso entre os sexos. Mesmo na Espanha, onde a administração defectiva do Estado ou uma outra causa qualquer fez com que as artes permanecessem quase que inteiramente negligenciadas, começam a surgir os mesmos efeitos de refinamento, e concede-se às mulheres uma liberdade semelhante à que elas desfrutam em outros países da Europa.

Observa-se em nações refinadas e polidas uma comunicação entre os sexos tal como a que havia em épocas rudes e bárbaras. Mas, se então as mulheres usufruíam a mais irrestrita liberdade porque eram consideradas irrelevantes, hoje se intitulam a essa mesma prerrogativa em virtude das qualidades agradáveis que possuem e de sua dignidade e distinção como membros da sociedade.

Parece haver, no entanto, certos limites, para além dos quais é impossível levar os aprimoramentos decorrentes de riqueza e opulência. Em épocas mais simples, o livre intercurso entre os sexos não tem consequências nocivas: em nações opulentas e luxuriosas, dá azo a maneiras dissolutas e licenciosas, inconsistentes com a manutenção da ordem e o interesse geral da sociedade. O gosto pelo prazer, levado ao extremo, enfraquece e destrói as paixões que quer gratificar, e perverte os apetites que a natureza deu ao homem com propósitos benéficos. A tendência natural ao luxo e à dissipação excessiva é rebaixar a dignidade das mulheres, ao impedir todo refinamento em sua conexão com os homens e torná-las subservientes aos propósitos da fruição animal.

A aquisição de imensas riquezas e o aprimoramento das artes elegantes, juntamente com o livre intercurso entre os sexos, teve nas modernas nações europeias consequências similares às produzidas na antiga Roma, com a introdução de uma forte predisposição ao prazer. Isso é especialmente conspícuo na França e na Itália, países que primeiro se tornaram opulentos, e nos quais o aprimoramento da sociedade supostamente foi mais longe. Ali, onde se adota a religião católica, o clero tem uma grande autoridade; e as noções que inculca de abstinência quanto a gratificações sensuais de toda sorte, aliadas aos costumes e leis previamente consagrados, contribuíram não somente para evitar a poligamia como também para impedir, em grande medida, a dissolução do casamento por divórcio voluntário. Evitaram-se assim muitas das desordens que acometeram Roma em sua época de luxúria. Na Europa moderna, o principal efeito da devassidão, além do encorajamento à prostituição, foi desviar a atenção do povo dos negócios públicos e do comércio para as distrações do galanteio, convertendo-as em coisa séria.

Mas a intenção deste discurso não é considerar as variações da condição feminina decorrentes de formas civis ou religiosas de governo ou de causas peculiares a habitantes de diferentes países. As revoluções aqui mencionadas na condição e nas maneiras do sexo feminino derivam principalmente do progresso do gênero humano no cultivo das artes da vida comum e incluem-se, assim, como parte da história geral da sociedade.

Consequências políticas da escravidão[1]

Não se encontra na história do gênero humano revolução mais importante para o bem-estar da sociedade do que aquela que ora contemplamos. As leis e os costumes das modernas nações europeias conferem às benesses da liberdade uma proeminência sem par em outras épocas e nações. Nos Estados antigos, tão celebrados por seu governo livre, recusava-se a lavradores e artesãos os privilégios do homem comum, e ambos eram tratados como vis animais. Em tais nações, o imenso número de escravos e o intolerável fardo ao qual estavam submetidos era tão mais opressor quanto maiores o refinamento e a opulência.

Segundo estimativa de Demétrio Falério, o número de cidadãos em Atenas teria chegado a vinte e um mil, para dez mil estrangeiros residentes na cidade e quatrocentos mil escravos de propriedade do povo.[2] Há, no entanto, boas razões para crer que esse cômputo não inclui todos os homens livres, apenas os chefes de família, pois é provável que a contagem tenha sido feita em vista da arrecadação de impostos, que incidiam sobre famílias, e não sobre cidadãos. Quanto aos escravos, o mais provável é que fossem contados um a um, tal como gado, de modo a aferir a riqueza de cada proprietário. Assim, supondo cinco pessoas por família, o número de escravos em Atenas teria excedido o de homens livres na proporção de três ou quatro para um.[3]

No auge da prosperidade romana, quando o luxo atingiu níveis realmente impressionantes, a proporção dos habitantes reduzidos à servidão deve ter sido ainda maior. Era prodigioso o número de escravos em posse

---

1 "Of the political consequences of slavery". In: *The origin of the distinction of ranks*, livro IV, cap. 4. 4ª edição. Edimburgo: 1806. Tradução: Marcos Balieiro. (NE)

2 Cf. Ateneu, *Deipnosophisae*, livro VI, cap. 272. (NT)

3 O Sr. Hume supõe que na enumeração acima só estariam incluídos os chefes de família, sem escravos ou homens livres, do que se seguirira que, sem contar os estrangeiros, os escravos excederiam em número os cidadãos em quase vinte para um. Mas como essa poporção é altamente improvável, ele sugere sem mais que se estime o número de escravos em 40.000. Minha suposição, ao contrário, não dá margem para que se suspeite de exagero ou imprecisão. [cf. Hume, "On the populousness of ancient nations". In: *Political discourses*, Londres, 1754]. (NA)

dos cidadãos. Diz-se que Minúcio, membro da ordem equestre, tinha quatrocentos; Plínio menciona certo Cecílio, que teria deixado como herança mais de quatro mil escravos; Ateneu observa que o número de escravos pertencentes a cidadãos romanos chega muitas vezes à casa dos dez ou vinte mil, senão mais.[4]

Contam-me que na Índias Ocidentais o número de negros escravizados excederia o de pessoas livres em três para um, e estima-se que essa proporção estaria se tornando cada vez maior.

Observa-se em geral que quanto mais os homens progridem no comércio e nas artes, mais proveitoso lhes parece o estabelecimento da liberdade, e que em nações opulentas e polidas a influência desta se estende ao povo como um todo, que responde pela principal parte da comunidade e cujo conforto não pode ser desprezado em se tratando do bem-estar e da prosperidade de uma nação.

O trabalho escravo, como quer que seja considerado, parece-nos tão inconveniente quanto pernicioso. Mais correto é supor que os homens se tornam mais ativos quando trabalham em benefício próprio do que quando são obrigados a fazê-lo no lugar de outrem. A introdução da liberdade individual é acompanhada de uma tendência irresistível, que torna as pessoas mais industriosas. Com a produção mais farta de provisões, vem o aumento da população, do poderio e da segurança do reino.

Imaginam alguns que o trabalho escravo levaria ao aumento da população, tendo em vista a frugalidade com que normalmente se sustentam os homens, e o interesse do senhorio em sua reprodução. Mas é preciso considerar que a produtividade do trabalho braçal depende muito de condições adequadas de subsistência. Se o trabalhador desfruta de suprimentos em abundância, ele termina por consumi-los para além do necessário; se o consumo é exíguo, ele se torna inapto ao desempenho das tarefas que lhe cabem e que servem ao sustento dos homens como um todo. Para que a população de um país venha a crescer, deve-se sustentar os lavradores e artesãos, de modo a extrair o maior ganho possível do trabalho que eles executam. O trabalhador braçal só pode aspirar à obtenção dos prazeres da vida se for

---

4 Minúcio Félix, *Octavius*; Plínio, o Velho, *História natural*, livro XXXIII, cap. 47; Ateneu, *Deipmosophisae*. (NT)

capaz de se sustentar dignamente por si mesmo, sem depender da vontade arbitrária de um senhorio mesquinho e tacanho ao qual só interessa reduzir ao máximo as próprias despesas. Ilustrações desse ponto nos parecem supérfluas: mencionemos apenas a extrema parcimônia com que sustentam em nossas colônias os negros escravizados.

Quanto ao interesse do senhorio em estimular a multiplicação de seus escravos, parece óbvio que esse fator há de ter uma influência restrita na falta de melhorias nas condições de subsistência dos trabalhadores. Se o trabalho escravo é sempre desfavorável à indústria e tende a refrear o avanço da nação, infere-se que o número de habitantes num país que adota essa prática há de permanecer proporcionalmente limitado, apesar de todas as regulações e dos maiores estímulos à propagação da espécie.

A escravidão é tão nociva à indústria quanto à moral de um povo. Recusar a um homem os privilégios da vida em sociedade e macular sua condição com essa infâmia é privá-lo de um poderoso incitamento à virtude, é induzi-lo a se tornar merecedor do desprezo com que lhe tratam. E quais efeitos não tem a degradação dos servos no temperamento e disposição do senhorio? Como esperar que este não abuse da autoridade absoluta da qual está investido? Quais hábitos viciosos ele não contrai, pela repetição de tais abusos, sem a restrição das leis e a influência de bons exemplos? Ao que parece, a perfídia e a perversão dos escravos romanos só não era maior do que a falta de humanidade e o vício desabusado que prevaleciam entre os habitantes da capital do império.

Criaram-se em Roma numerosos estatutos no intuito de privar os escravos de liberdade e de impedir que essa gente infame tivesse a mesma dignidade que o cidadão. Vivemos numa época tão depravada, observa Dionísio de Halicarnasso, a tal ponto degenerou-se a probidade romana em deslavada maldade, que muitos escravos que fizeram suas economias com a prática do roubo, da prostituição e de toda sorte de malefício compraram a própria liberdade e se tornaram romanos; outros ainda, que se dedicaram à perpetração do envenenamento, do assassinato e de infâmias contra os deuses e a república, tiveram igual recompensa.[5]

---

5   Dionísio de Halicarnasso, *Antiguidades romanas*, livro III. (NA)

Há quem diga que em pelo menos um aspecto o trabalho escravo é benéfico à nação que o adota, na medida em que fornece a provisão mais adequada àqueles que não conseguem se manter por si mesmos. O sustento dos pobres é sem dúvida uma questão crucial, e pode ser considerada como um dos ramos mais delicados da política nacional. Nas primeiras épocas da sociedade, quando os laços familiares se estendem mais amplamente, é comum que os ricos se ofereçam ao sustento de parentes indigentes. Em povos que desconhecem o luxo, os que não têm recursos podem esperar eventual alívio da caridade de seus vizinhos. Mas numa populosa nação mercantil, em que a maior parte do povo precisa trabalhar duramente para sobreviver, por circunstâncias diversas são muitos os que se veem reduzidos à indigência, ao mesmo tempo em que, devido ao seu grande número bem como ao espírito dos tempos, seus semelhantes fazem pouco de sua carestia. Os mais astuciosos se aproveitam da situação e fazem da esmola um negócio lucrativo; mas quem sofre de fato é ignorado, e perece, na falta de intervenção pública. Assim, é preciso estipular, de um modo ou de outro, impostos de combate à pobreza, recurso esse que é, por natureza, acompanhado de dispêndio excessivo e de inevitáveis abusos da parte do poder público. Em um país no qual vige o trabalho escravo, tais inconvenientes não se fazem sentir. Como o senhorio é obrigado a sustentar seus escravos, nenhuma tributação é necessária, e não há qualquer gasto relativo à arrecadação e distribuição de dinheiro para os pobres, sem mencionar que a mendicância é efetivamente erradicada.

Essa regulação tem, de fato, alguma frugalidade; mas está longe de responder ao propósito alegado pelos que a defendem. Se a mesma pessoa submetida ao imposto é incumbida de investir o montante arrecadado, como garantir que ela o fará devidamente? Se o senhorio é obrigado a sustentar seus escravos, mesmo depois que eles se tornaram inválidos, como assegurar que ele obedecerá a essa lei? Se é do seu interesse livrar-se desse fardo, como esperar que a obedeça, quando ela se torna inconveniente? Como haveria o poder público de fiscalizar sua conduta em questões de economia doméstica, ou descobrir que seja um dentre mil exemplos de negligência e privação das necessidades básicas da vida? Esse método, em vez de prover pelos pobres, apenas os mata mais rapidamente. Nesse quesito, a leitura atenta das páginas da história romana nos oferece muitas barbaridades que enchem a mente de horror. Tudo indica que, apesar das leis promulgadas por alguns imperadores com as melhores intenções, e apesar do poder absoluto do cetro, o senhorio nem mesmo se dava ao trabalho de disfarçar a brutalidade com que tratava os escravos, pelos quais não mostrava mais consideração do que tinha pelo gado: idoso ou enfermo, o escravo se torna dispensável, por ser inútil ao proprietário.

Diante das muitas vantagens que advêm a um país que liberta seus trabalhadores braçais, não deixa de ser lamentável que ainda se encontre trabalho escravo em domínios britânicos, onde a liberdade é um bem altamente estimado.

A condição dos mineradores de carvão da Escócia pode não parecer relevante, dado que o número de homens empregados nessas tarefas é relativamente baixo e sua servidão não é das mais penosas. O dano que sofrem esses trabalhadores é, no entanto, evidente. Se pudessem escolher um salário semelhante ao dos que vivem em liberdade, jamais optariam por uma ocupação como essa. O minerador recebe um prêmio adicional por seu trabalho como forma de compensar a escravidão à qual está reduzido; não fosse por isso, tentaria ganhar a vida em outra atividade.

Quanto aos donos das minas de carvão, embora estejam cientes do problema, preferem não se pronunciar a respeito, até que o parlamento promulgue um ato oficial que altere essas políticas, pois o que está em jogo é o seu interesse pecuniário. É verdade que a condição de seus trabalhadores braçais não é exatamente como a de escravos. E, apesar das vantagens de uma lei que abolisse o trabalho escravo nas minas, parece evidente que ainda mais vantajoso aos proprietários seria que eles mesmos tomassem a iniciativa de libertar seus homens, renunciando aos privilégios da lei e contratando-os como trabalhadores livres. A condição dos mineradores justifica um salário elevado, e é claro que o senhorio que contornasse essa inconveniência estaria na mesma situação que o manufatureiro que produz o mesmo artigo que seus concorrentes com um custo mais baixo e o traz ao mercado por um preço menor.[6]

---

6 Um recente ato do parlamento criou regulamentações que provavelmente terminarão por abolir os vestígios da servidão que oprime esses homens. (NA)

A existência de trabalho escravo em nossas colônias é um objeto da maior importância, e oferece dificuldades talvez intransponíveis. Afirmam alguns que o cultivo das plantações requer uma espécie de trabalho braçal que os homens livres não estariam dispostos a realizar, e para o qual os brancos seriam naturalmente inaptos. É difícil determinar se tal proposição acerca desse regime de trabalho tem ou não fundamento, mas ela nunca foi propriamente examinada pelos que estão em condições de apurar os fatos. Pode-se afirmar, entrementes, que a escravidão é a principal circunstância que impede a adoção dos mecanismos que simplificam e facilitam a atividade laboriosa do povo em países nos quais a liberdade foi introduzida.

Apesar dos laços com a pátria-mãe, muitas de nossas colônias das Índias Ocidentais desconhecem os instrumentos apropriados à atividade braçal mais elementar. Na Jamaica, a escavação de uma sepultura requer dois homens e leva um dia inteiro; e como faltam as ferramentas apropriadas, cavam-se buracos excessivamente grandes. Contam-me que, até recentemente, mal se encontrava nessa ilha uma pá. O corte de lenha para alimentar os fornos em que é derretido o açúcar é uma tarefa laboriosa, realizada uma vez por ano, no período de cinco ou seis semanas. Na falta de serras, as árvores são cortadas com machados, em toras de cerca de 30 polegadas de comprimento. Em vez do relho, utiliza-se um bastão para moer o milho, de modo que dez mulheres perdem o dia na moenda e na joeira; tarefa que dois homens munidos de nosso aparato e maquinário poderiam executar em menos de duas horas. Como não há gadanha nem foice, corta-se com facas ou arranca-se com as mãos a relva que alimenta cavalos, mulas e bois.[7]

Quanto ao plantio do açúcar, experimentos realizados em ilhas do Caribe sugerem que a utilização do gado nessa espécie de lavoura pode ser muito proveitosa, contribuindo para uma redução significativa do número de escravos.[8] Mas tais inovações são incompatíveis com as práticas de um ramo lucrativo da atividade comercial, que sofreria grandes perdas se fossem adotadas. Não há dúvida, no entanto, que é do interesse de nossas colônias

---

7   Tais observações datam do ano de 1765 e dizem respeito mais diretamente às paróquias de Vere, Hannover e St. Thomas. (NA)

8   Ver *American husbandry*, publicado em 1775. (NA)

que os negros sejam bem tratados e promovidos a uma condição digna. O autor de uma recém-publicada e elegante descrição de nossos assentamentos na América propôs, como forma de estímulo à indústria dos escravos, que a atividade destes se tornasse remunerada. É provável que essa medida, uma vez adotada, se difundisse cada vez mais, pois o senhorio logo perceberia as vantagens de pagar salários pelo trabalho executado. É espantoso que tais melhorias tenham sido até aqui ignoradas, quando seus efeitos positivos são amplamente ilustrados pelo caso dos camponeses da Europa. O proprietário de uma plantação de açúcar ou de tabaco poderia facilmente estimar o valor médio das safras anteriores e compensar os efeitos de uma colheita exígua pagando o salário dos trabalhadores com uma parte do excedente, que resulta da dedicação de seus homens e de sua própria frugalidade.

É um espetáculo realmente espantoso observar como alguns dentre os mais veementes advogados da liberdade política, que consideram um direito sagrado a prerrogativa de arrecadar impostos, não têm escrúpulos em submeter uma grande parte de seus semelhantes a circunstâncias que os privam não somente de liberdade como de quase toda espécie de direitos. Dificilmente a fortuna terá produzido situação tão contundente como essa, que expõe ao ridículo a causa liberal e mostra que os homens não se pautam em sua conduta por nenhum princípio filosófico.

Há boas razões para esperar que algumas províncias da América do Norte, nas quais o trabalho escravo não é recomendado pela natureza das ocupações mais comuns e o número de negros é mais escasso, não tardem a perceber os efeitos perniciosos dessa prática na indústria, e terminem por abandoná-la inteiramente. Contam-me que a assembleia de uma das províncias daquele país decidiu recentemente proibir ou ao menos dificultar a importação de negros; não se sabe ao certo quais motivos os teriam levado a essa deliberação.[9]

Testemunhamos em nossa época um imenso avanço do comércio e das artes e uma grande difusão de conhecimento, o que tem contribuído para a superação de preconceitos e o surgimento de opiniões mais dignas,

---

9 Ver a moção sobre a escravidão dos negros na América do Norte apresentada à Confederação de Colonos Britânicos por um habitante da Pensilvânia e impressa na Filadélfia, em 1773. (NA)

acerca desse bem como de outros tópicos. Na Grã-Bretanha, já há algum tempo que se concede ao escravo que chega ao país a possibilidade de obter os privilégios de um homem livre. Em decisão recente, a Corte Real de Magistratura determinou que o senhorio não tem o direito de reaver a propriedade de um servo simplesmente remetendo-o ao estrangeiro.[10] Outra decisão, ainda mais recente, desta vez da Corte Suprema da Escócia, determinou "que a propriedade do escravo Joseph Knight, vigente sob a lei da Jamaica, é inválida e não encontra respaldo em qualquer artigo da lei britânica; e que, portanto, o litigante não tem nenhum direito ao serviço do referido Sr. Knight, por qualquer período de tempo que seja, e muito menos de enviá-lo ao estrangeiro contra o seu consentimento expresso".[11] Essa decisão, tomada em 1778, é especialmente digna de atenção, pois condena a escravidão dos negros em termos explícitos, e, sendo o primeiro veredicto dessa natureza a ser emitido por uma corte desta ilha, deve ser saudado como um vivo testemunho dos autênticos sentimentos liberais fomentados pela Grã-Bretanha no ocaso deste século.

---

10 Caso do escravo Somerset, julgado em 1772 [por Lorde Mansfield]. (NA)

11 Joseph Knight contra John Wedderburn, 15 de janeiro de 1778. (NA)

Lorde Monboddo (1714-1799)

LORDE MONBODDO (título que James Burnett recebe em 1767 ao se tornar juiz da Corte Suprema da Escócia) talvez seja um dos autores mais inusitados na história da filosofia moderna. Escreveu duas obras monumentais: *Origin and progress of language*, 6 vols. (1773-92) e *History of ancient metaphysics*, 6 vols. (1772-93), ambas caracterizadas por um estilo nervoso, uma prosa analítica e uma erudição monumental. Pontuadas por digressões, essas obras se prolongam a ponto de se tornarem prolixas. Claramente simpáticas a algumas doutrinas de Aristóteles, encaixam-se numa tendência que percorre o século XVIII à revelia das principais correntes filosóficas em voga e instala-se confortavelmente junto aos gramáticos, que consideram o homem como artesão da linguagem. Se Monboddo pode parecer um excêntrico quando o comparamos a seus contemporâneos, é porque não o comparamos àqueles com os quais ele tem maior afinidade. Não se trata aqui de um homem que deva ser lido junto a Locke, Berkeley, Hume ou Reid; por suas preocupações, é interlocutor de Condillac, Rousseau e Diderot, dos verbetes sobre linguagem da *Enciclopédia*, bem como de James Harris e Joseph Priestley. Não admira que Monboddo seja pouco lido e muito incompreendido pelos contemporâneos: Hume faz pouco caso de sua obra, embora a considere bem escrita; o Dr. Johnson diz que Monboddo leva a sério o que Rousseau propõe a título de ironia... Na história dos estudos da linguagem, porém, rapidamente ele adquire uma sólida reputação, plenamente justifica-da. Traduzida na Alemanha por Herder, sua *Origem da linguagem* será lida e admirada pelos irmãos Schlegel e pelos irmãos Humboldt, fornecendo a Schelling material para a mais fina especulação. Tomando as diferentes línguas como esquemas de uma mesma linguagem, encontra nesta uma estrutura que se forma na razão para ordenar e expor o pensamento. As línguas merecem e devem, portanto, ser estudadas em si mesmas, constituem objeto de uma disciplina filosófica que as toma comparativamente para descobrir nelas os elementos que as tornam sistemas de expressão de sentimentos e de comunicação de ideias. Comentando a importância da obra de Monboddo, afirma Foucault que nela "as línguas não mais são confrontadas pelo que designam as palavras, mas sim por aquilo que as liga umas as outras" (*As palavras e as coisas*, cap. 7). Nessa comparação, desempenha o sânscrito um papel pivotal, por oferecer ao linguista o acabado exemplo de uma língua que se comporta de maneira exclusivamente gramatical.

A fértil imaginação de Monboddo o levará a especulações que dificilmente poderiam ser respaldadas pela experiência. Pouco importa: sem esse gênio irrestrito, não teria ousado se arriscar no terreno inexplorado e fértil do que viria a ser a linguística e, com ela, uma vertente da etnologia. Que Monboddo era afeito aos prazeres da imaginação mostra, para além de toda dívida, o seu próprio modo de vida, bem diferente do que se poderia esperar de um sisudo magistrado. É colega e amigo de Lorde Kames, que rivaliza com ele ao publicar os *Esboços de história do homem* (cf. nota sobre Kames, mais acima). Admira as artes cênicas (é patrono do teatro de Edimburgo); cultiva a conversação e a vida mundana, frequentando os círculos intelectuais de Edimburgo e o Palácio real de Hampton Court nas cercanias de Londres; promove jantares em sua casa, frequentados por homens do mundo das letras. Estuda as línguas com os que as conhecem melhor. Trata-se, em suma, de uma personalidade cosmopolita.

Da invenção da linguagem[1]

1. Definição de linguagem

ENTENDO POR LINGUAGEM *a expressão de concepções da mente por meio de sons articulados*. Tais concepções podem ser de coisas *particulares*, ou individuais, ou de coisas *gerais*. Jamais houve uma língua, nem é possível concebê-la, que consistisse exclusivamente de expressões individuais ou dos chamados *nomes próprios*. A verdade é que os nomes próprios respondem, em todas as línguas, por uma parte ínfima, quase desprezível. O que constitui a parte essencial da linguagem e torna a língua digna desse epíteto é a expressão de coisas *gerais*, ou *ideias*. A denominação de *ideias gerais* inclui concepções individuais ou percepções de sentido, como se também fossem *ideias*.[2] Não posso admitir, porém, que se introduza em filosofia um jargão que, sob um mesmo nome, confunde duas coisas de natureza tão distinta como as operações do *sentido* e as do *intelecto*, confusão que me parece responsável pelos muitos erros e extravagantes paradoxos recentemente surgidos em detrimento da filosofia e do senso comum.

Por essa definição, compreendida nesse sentido, entendo o que propriamente se chama *linguagem*. Dizemos que há uma *linguagem do olhar* e uma *linguagem dos gestos*, que há uma *linguagem de sinais*, tal como a utilizada pelos mudos, e uma *linguagem de sons inarticulados*, com os quais os animais significam seus apetites e desejos. Mas, em cada um desses sentidos, a palavra *linguagem* é utilizada apenas metaforicamente, maneira essa que não sói ao estilo científico.

---

1   *Of the origin and progress of language*, vol. I, livro III, caps. 1-5 (1774). 6 vols. Edimburgo, 1774-1786. Tradução: Pedro Paulo Pimenta. (NE)

2   Locke, *Ensaio sobre o entendimento humano*, livro III, cap. I, ¶ 03. 4ª edição. Londres: 1704. (NT)

214   Pedro Paulo Pimenta (org.)

É o suficiente para definirmos o nosso objeto. Tentemos agora aprofundar essa definição, explicando de que modo a linguagem *expressa* algo, se por signos *naturais* ou por signos *artificiais*.[3]

Essa definição mostra que a linguagem consiste em sons, e em concepções da mente que eles significam. Recorrendo aos termos verdadeiramente filosóficos do Sr. Harris, meu ilustre e erudito amigo, diremos que a primeira é a parte *material* da linguagem, enquanto a segunda é a parte *formal*. Essa terminologia encontra-se, como mostra o autor, na filosofia antiga, de acordo com a qual toda substância corpórea é composta de *matéria* e *forma*.[4] *Matéria* é aquilo que é comum a todos os corpos; *forma* é aquilo que lhes é peculiar, o que faz de cada um o que ele é, por contradistinção a tudo o mais. No caso da linguagem, a voz humana responde pela parte material e é uma matéria comum a outras coisas, como, por exemplo, a música e as diferentes espécies de sons inarticulados; a parte formal, a significação de ideias, é peculiar à linguagem e constitui o que chamamos de *palavra*. A pura matéria, a voz modificada por uma articulação, mas sem qualquer significado, não merece ser chamada de linguagem. Das duas partes da linguagem, é evidente que

---

3 O sentido que dou à *linguagem* é o mais usual da palavra grega *logos*, que denota ideias bem como os sons utilizados para expressá-las, *sons significantes*. Deve-se observar, no entanto, que ela também pode denotar apenas a parte principal da fala, a combinação de *ideias* à qual chamamos *razão*, faculdade que necessariamente precede o uso da fala. A significação ambígua dessa palavra deu origem à distinção peripatética entre *logos endiatelos* e *logos progorixes*, entre operações internas da mente e operações enunciadas na fala. E a desconsideração por essa distinção levou alguns tradutores, inclusive dos livros sagrados, a cometer uma série de erros. Na famosa passagem do evangelho de São João, que contém um dos mais sublimes mistérios da teologia cristã, o tradutor verte o grego *logos* pelo latim *verbum*. Da mesma maneira, os tradutores ingleses escolhem *word*, como se João dissesse *a palavra é Deus*, o que me parece inteiramente sem sentido. Como entender que a *palavra*, ou que a *fala*, ideias expressadas por uma voz articulada, *é Deus*? Nessa passagem, *logos* não é *logos progorixes*, ou *razão enunciada*, mas sim *logos endiatelos*, isto é, *razão na mente da Deidade* de acordo com a qual tudo foi criado. Essa *razão* é o segundo membro da trindade cristã, ao qual se atribui a criação do mundo visível, correspondente ao *telos dhiongyos*. (NA)

4 Autor de *Hermes, or a philosophical inquiry concerning universal grammar* (Londres: 2ª edição, 1765), obra que continuará a ser lida e admirada enquanto houver gosto na Grã-Bretanha pela filosofia e a escrita refinada. (NA)

a formal é de longe a mais excelente, assim como a coisa significada é mais excelente do que o signo ou a mente é mais excelente do que o corpo. A parte formal da linguagem é exclusivamente intelectual; a parte material é mera operação de certos órgãos do corpo.

A primeira coisa a considerar é se a linguagem é obra da *arte* ou se é um *hábito adquirido*. Se, como querem alguns autores, falamos *naturalmente*, sem instrução ou repetição prévia, do mesmo modo como realizamos outras funções animais, torna-se supérflua a investigação da origem da linguagem, que é, de acordo com essa hipótese, coeva à natureza animal. Trata-se, portanto, de uma questão preliminar, à qual devemos responder antes de prosseguir. Para decidi-la, porém, é preciso formulá-la adequadamente.

Em *primeiro* lugar, suponho que os que sustentam uma tal opinião não chegam a ponto de afirmar que os homens, sem uso ou costume, sem imitação ou instrução, poderiam falar uma língua *regularmente formada*, tal como aquelas que se encontram em nações civilizadas, nas quais, como sabem os que conhecem um pouco de gramática, ela é uma *arte*, e das mais difíceis. Parece-me que uma opinião como essa, se corretamente formulada, resumir-se-ia a isto, que os homens naturalmente utilizam sons articulados para expressar concepções de sua mente, sons rudes e imperfeitos, a princípio, mas que, posteriormente aprimorados pela arte, adquirem a forma de uma língua regular.

Tampouco diriam, mesmo a respeito de uma língua tão imperfeita como essa, que os homens poderiam utilizá-la desde o nascimento, à maneira de operações naturais como respirar, mamar e digerir, pelas quais a criança adquire a nutrição que lhe é indispensável. Tudo o que poderiam dizer é que o homem, quando atinge a maturidade, utiliza sons articulados para expressar concepções, sem qualquer arte ou ciência, e com a mesma naturalidade que realiza outras ações que contribuem para a sua preservação individual e para a propagação de sua espécie. Alguns que sustentam essa opinião concedem, entretanto, que é necessário, para que se produza uma linguagem, haver sociedade e intercurso entre os homens. Pois é inconcebível que um selvagem solitário pudesse inventar um método de comunicação que não servisse para nada. Tal é a opinião de um falecido autor francês, que considera o *mecanismo* da linguagem numa perspectiva *filosófica*:[5] parece-lhe indispensável à existência da linguagem que os homens vivam juntos por algum tempo. Afirma que crianças que vivem juntas necessariamente terão formado, com o passar do tempo, ao se tornarem adultas, alguma espécie de linguagem. De minha parte, sustento que a faculdade do discurso não é um dom da natureza para o homem, mas que, a exemplo de outros dotes, é adquirida; que não somente é preciso haver sociedade para que se invente a linguagem, como também que é possível que a sociedade subsista por um tempo considerável sem haver linguagem; e, por fim, que é possível inventar outras artes antes que se descubra a arte da linguagem, que é uma arte tão complexa e tão difícil de inventar que nem mesmo concebo como poderia ela ser inventada.

2. O que se requer para a invenção da linguagem

No livro anterior, encontramos o homem em estado de sociedade e união política, realizando, de comum consentimento e em recíproca cooperação, as tarefas necessárias à proteção e ao sustento da vida. É nessas condições, e somente nelas, que a linguagem pode ter sido inventada. Mas é preciso algo mais, para a invenção de uma arte tão difícil.

Em *primeiro* lugar, é indispensável haver órgãos apropriados à pronunciação. Outros animais os possuem, além do homem, mas não creio que em algum deles se encontrem órgãos tão perfeitos.

Em *segundo* lugar, é preciso que o homem se encontre, há algum tempo, em estado político, o suficiente para se aperfeiçoar nas artes de que então se ocupa, mas não para se tornar artista consumado, ciente das causas e princípios de seu ofício e procedendo a partir de regras certas, demonstráveis a partir delas. Basta que tenha se aprimorado numa prática qualquer, por meio de observação e experiência, fixando assim um método de fazer as coisas corretamente. Esse método, reiterado pela prática, recebe o nome de *arte*. Como eu disse, uma das principais diferenças entre o instinto e a arte é que

---

5 O livro [de Charles des Brosses] se intitula *Traité de la formation mechanique des languages, et des principes physiques de l'étymologie*, 2 vols. Paris: 1756. (NA)

tudo o que é feito por instinto se executa sempre com a mesma qualidade, enquanto a arte necessariamente se forma por melhorias graduais. Pode-se dizer que o homem permanece, antes da invenção da linguagem, e talvez ao longo de muitas épocas, em condição análoga à do castor. Pois o castor é, de todos os animais que conhecemos que não se incluem em nossa espécie (como o orangotango), aquele que mais se aproxima de nós em sagacidade, o único que parece dotado de um princípio de ação além do instinto. Prova disso é que a forma de suas casas ou abrigos, como observa o Sr. Buffon, não é sempre a mesma, mas varia, o que sugere que eles têm, assim como nós, variadas opiniões acerca das coisas.[6] O instinto, ao contrário, executa tudo invariavelmente da mesma maneira. Estou convencido de que o castor tem uma arquitetura própria, e de que ele aprende com a experiência, os mais velhos ensinando os mais jovens, a construir represas e diques, assim como nós aprendemos a arquitetura e as outras artes.

Em *terceiro* lugar, é uma condição absolutamente indispensável à invenção da linguagem que os homens tenham formado ideias a serem por ela expressadas. Mas não se vê como poderíamos conceber uma linguagem composta exclusivamente de nomes próprios, sem termos gerais. Ora, para que se formem ideias é preciso um animal como o homem, que opera, em suas atividades ordinárias, não por instinto, mas por aprendizagem, observação e experiência. O homem tem uma ideia do fim em vista do qual ele age, bem como dos meios necessários para atingi-lo; pois todo animal que age não somente por instinto, como as abelhas ou as aranhas, age ciente de um fim. Portanto, se, na condição que nos interessa, o homem tem ideias, por imperfeitas que sejam, de árvores, animais e outros objetos ao seu redor, segue-se que as ideias dos instrumentos da arte que ele pratica devem ser especialmente aprimoradas, pois estes são fruto de sua própria invenção.

Em *quarto* e último lugar, como a invenção do discurso requer extraordinária sagacidade, não penso que outro animal além do homem, com a possível exceção do castor, tenha sagacidade suficiente para inventar algo assim. Por mais fácil que pareça, uma vez tenha sido descoberto e praticado

---

6   Buffon, *Histoire naturelle*, tomo VIII, capítulos "Le Castor"; "Description du Castor". Paris: 1758. (NT)

diariamente, a invenção do discurso é algo que, longe de ser óbvia, excede em muito a apreensão comum. Basta considerar que o homem não forma sons articulados naturalmente, mas, ao contrário, que sua formação é obra de uma arte nada desprezível, que, se já é difícil de aprender, é infinitamente mais difícil de inventar. E mesmo supondo que essa primeira dificuldade tenha sido superada, e que sons articulados tenham sido inventados, de maneira alguma é óbvio conceber sua aplicação à expressão de ideias, com a maioria das quais eles não têm, aliás, qualquer conexão evidente. Encontram-se, é verdade, palavras que expressam sons por imitação; mas é certo que, no mais das vezes, as palavras *não são* signos naturais de ideias. E como poderiam sê-lo? Qual conexão natural haveria entre sons articulados e ideias como as de árvore, terra, sol ou lua? Considero que esse modo de tornar as palavras *audíveis* é um refinamento artístico tão importante quanto a descoberta de um meio de *exibir* sons mediante caracteres alfabéticos, ou ainda mais admirável do que este, pois foi inventado num estágio mais primitivo da humanidade. E especialmente admirável ele nos há de parecer, se considerarmos que a linguagem não é o único método possível de comunicação, e logo não é indispensável aos propósitos da vida política, pois há outros métodos que respondem a tal fim, e com os quais se dão por satisfeitos animais que vivem, como nós, em estado político. Desses métodos falaremos agora, para averiguar se não poderíamos, a partir deles, reconstituir o progresso que leva à invenção da linguagem.

3. Dos diferentes métodos de comunicação possivelmente utilizados pelos homens antes da invenção da linguagem

Há quatro modos pelos quais os homens poderiam se comunicar antes da invenção do discurso.[7] Em primeiro lugar, gritos inarticulados, que expressam sentimentos e paixões; em segundo lugar, expressões faciais e gestos; em terceiro lugar, sons miméticos, que expressam coisas audíveis; por fim, a pintura, que representa coisas visíveis. Os dois primeiros são comuns

---

7   Cf. Condillac, *Essai sur l'origine des connaissances humaines*, livro II. Paris: 1746; e Diderot, *Carta sobre os surdos-mudos*. Paris: 1751. (NT)

a nós e aos seres irracionais; os dois últimos nos são peculiares. Podem ser considerados em geral como signos naturais daquilo que expressam. Mesmo a conexão entre gritos inarticulados e as coisas por eles expressadas, por mais remota que pareça, é tão natural que qualquer animal pode entendê-la sem convenção ou acordo prévio.

Gritos inarticulados são extremamente variados, e é surpreendente a gama de paixões que facultam aos animais expressar, incluindo amor, alegria, raiva, tristeza e medo. Parece-me certo que quanto mais próxima é da nossa a ordenação de um animal, mais diversificados serão os seus gritos, pois mais coisas haverá para expressar. Os cientistas da academia russa dizem que o peixe-gato, que tem algo da natureza humana, é capaz de mugir como uma vaca, de rugir como um urso e de trinar como um grilo – neste caso, uma canção que celebra a derrota de um rival.[8] E, se observarmos atentamente a vida do castor em sociedade, veremos que entre eles essa espécie de linguagem é bem variada. Os animais domesticados, que se acostumaram a conviver conosco, adquirem vozes e tons que antes não tinham. Sabe-se que indivíduos dessa espécie aprendem a articular sons; Porfírio nos diz que uma perdiz que encontrou em Cartago se dirigia a ele num tom de voz muito diferente do que usava para se comunicar com seus pares.[9] Mas é evidente que essa imensa variedade de gritos, por maior que seja, é insuficiente para responder aos propósitos da vida humana, que são mais amplos e se estendem às artes e ofícios que os crescentes desejos dos homens tornam indispensáveis.

A segunda espécie de expressão à qual nos referimos, por feições e gestos, é igualmente poderosa e variada entre os animais irracionais, que os entendem perfeitamente. Gestos e feições lhes servem para expressar suas paixões e sentimentos; mas sabemos muito bem, pelo exemplo das pessoas mudas, que os gestos também podem ser utilizados para expressar ideias. A história ensina que desse modo também é possível expressar ideias nos mínimos detalhes e com máxima precisão. Formou-se em Roma uma arte desse gênero, chamada pantomima, que atingiu o auge da perfeição na época de

---

8 G. W. Steller, *História de Kamtschatka*, p. 128. [*Beschreibunf von dem Landen Kamtschatka.* Berlim: 1776.] (NA)

9 Ver livro I, p. 148. [Porfírio, *De abstinentia ab esum animalum*, livro III, cap. 4] (NA)

Augusto.[10] Um artista da pantomima era capaz de expressar em signos não apenas cada um dos sentimentos e paixões da mente humana como também cada uma de nossas ideias, e com uma variedade e precisão tão grandes quanto a das palavras de um orador. Segundo relata o próprio Cícero, Róscio, um ator romano, o desafiou a dizer em palavras, de maneira tão variada e copiosa, aquilo que ele mesmo mostrava em gestos.[11]

Parece certo que antes da invenção da linguagem a expressão por gestos e feições deve ter sido amplamente utilizada, junto com sons inarticulados. A nação selvagem à qual Diodoro Sículo[12] dá o nome de brutos conversava desse modo; os selvagens da América do Norte suprem as lacunas de sua linguagem com muita gesticulação e movimento. Mas não se deve supor que a arte de falar para os olhos pudesse alcançar entre os selvagens a mesma perfeição que conheceu em Roma, com Róscio ou em pantomimas posteriores, nas quais peças de teatro inteiras, segundo a expressão dos romanos antigos, eram dançadas, ou seja, representadas em movimentos e gestos que acompanham a música sem que se pronuncie uma palavra.[13] Nem mesmo na Grécia, onde todas as artes do prazer e entretenimento foram cultivadas ao mais alto grau de perfeição, a arte da pantomima chegou tão longe como em Roma. Embora uma parte considerável da expressão dos atores gregos se desse por meio de ações, particularmente nas intervenções do coro e nos monólogos, não era usual, ao que eu saiba, nos dias de glória dessa nação, a prática de dançar uma peça inteira ou encenar um monólogo completo sem recorrer à fala. Mas não é implausível que tenham, posteriormente, adotado

---

10 Ver Luciano, *Da pantomima*. (NA)

11 Cícero, *Pro Roscio Comodeo*. (NT)

12 Diodoro Sículo, *Biblioteca histórica*, livro III. (NT)

13 Antes da existência de pantomimas os atores romanos atuavam papéis sem fala, sequências chamadas de monólogos, ou *cantica*, como diziam os latinos, solilóquios declamados *in recitativo*, ao som da música. Nessas partes da peça, um ator gesticulava e expressava o sentido por meio de sua ação, ou *dançava*, enquanto um outro *cantava* ou pronunciava palavras ao som da música. No *diverbium*, ou diálogo, é que o ator utilizava sua voz. A introdução em Roma desse estranho costume (que, até onde sei, jamais foi praticado em nenhuma outra nação) é explicada por Lívio, *História de Roma*, livro VII, cap. 2. (NA)

as pantomimas dos romanos; o próprio Luciano sugere que em seu tempo os gregos se entretinham com elas.[14]

Mesmo supondo que esse modo de expressão pudesse atingir, junto aos selvagens primitivos, algum grau de perfeição, ele não serviria aos propósitos de intercurso entre os homens, se este incluísse o suprimento de carências por meio de mútua assistência. Ou, se fôssemos elaborar uma suposição disparatada, segundo a qual os selvagens poderiam levar esse modo de expressão a uma perfeição tão grande quanto a que conheceu na época de Augusto, ele permaneceria, em aspectos fundamentais, muito inferior ao método de comunicação por meio da fala. A expressão em feições e gestos se dirige aos olhos e depende da luz, e não permite conversar à distância, ao contrário das palavras, o que a torna muito imprópria a veicular nossos pensamentos quando nos ocupamos das atividades ao ar livre, que, como a pesca e a caça, estão entre as principais tarefas dos selvagens.

O terceiro método de comunicação mencionado, por meio de sons de imitação, ou miméticos, sem dúvida era praticado antes da invenção da linguagem e continua a sê-lo. Mas sua expressividade é restrita, denota apenas aqueles sons ou objetos que se distinguem por sua peculiaridade, tais como os emitidos por diferentes espécies de animais e pássaros.

Quanto ao último método, a pintura, ou delineação de um objeto pelo desenho de sua figura, supondo que tenha sido utilizado antes da invenção

---

14 Eu me pergunto por que Horácio, em sua epístola a Augusto, quando elogia o príncipe e compara as artes da Roma de seu tempo àquelas da Grécia, não faz menção da arte da *pantomima*, a única, ao que me parece, em que os romanos superaram os gregos. Quanto a pintura e música, mencionadas por Horácio, não creio que pudesse haver qualquer comparação entre essas artes, tais como praticadas em Roma e na Grécia. Na pintura, em especial, os romanos jamais produziram, ao que eu saiba, um único bom pintor ou estatuário. Quanto à arte da luta, a primeira *palestra* só surgiu em Roma no tempo de Augusto, e parece-me pouco provável que os romanos subitamente tenham se tornado exímios lutadores. Tendo em vista que Horácio não poupa elogios a Augusto, e às expensas da verdade, não posso atribuir outra razão para a omissão da arte da pantomima a não ser por não a terem em boa conta, seja porque sua utilidade é questionável para pessoas que se entendem por meio da linguagem, seja porque ela não tem beleza ou graça natural. Luciano, em seu diálogo sobre a dança, diz que os homens graves e corretos condenavam essa representação mímica, que consideravam mais conveniente a pessoas de classe inferior. Ver *Da pantomima, op. cit.* (NA)

da linguagem, não comunica mais do que a noção de objetos visíveis; e como sua prática é de vagarosa e difícil aquisição, não poderia ser utilizado tão prontamente quanto a linguagem.

Desses quatro modos de comunicação, é claro que somente dois têm alguma conexão com a linguagem propriamente dita; quais sejam, gritos inarticulados e sons miméticos, modificações da voz e da linguagem humana, que, nessa qualidade, indicam o caminho que nos leva até a invenção da linguagem.

4. Se não haveria uma linguagem puramente musical, sem qualquer articulação

Antes de prosseguirmos, porém, é preciso considerar ainda uma terceira modificação da voz humana. Trata-se da modulação musical. Conheço um homem de gênio[15] que, depois de muito pensar a respeito, formulou uma conjectura segundo a qual a primeira linguagem dos homens teria sido a música, e as nossas ideias, antes de serem expressadas por sons articulados, teriam sido comunicadas por tons que variam em diferentes intensidades de grave e agudo. Considera ele que a linguagem é algo tão difícil de inventar, que seria impossível obtê-la subitamente, sem que os homens tentassem antes outras variações de voz mais óbvias, tais como os tons musicais, que poderiam ser aprendidos por imitação dos sons emitidos por pássaros. A homens que se tornaram músicos por via natural, teria ocorrido aplicar as variações de tons a um propósito tão prazeroso quanto útil, a comunicação de nossas ideias. A ampliação da gama de expressão da linguagem, com o acréscimo de articulações, não implicaria variação de tom.

Reconheço que essa consideração é muito engenhosa e, até certo ponto, respaldada nos fatos, pois creio que todas as línguas originárias ou mais antigas

---

15 O Dr. Blacklock, de Edimburgo, homem de grande talento e excepcional erudição, especialmente se considerarmos que não teve acesso a uma das principais vias do conhecimento, pois é cego desde a infância. É conhecido pelas muitas obras que publicou, em prosa como em verso. [Thomas Blacklock (1721-1791), poeta escocês, autor do verbete "Blind" para a primeira edição da *Encyclopaedia Brittanica*; seu gênio é discutido por Hume, *The letters*, vol. I, *passim*; e por Burke, *Investigação filosófica sobre o sublime e o belo*, livro V, cap. 5. 2ª edição. Londres: 1759] (NA)

dependem, sem exceção, de uma pronúncia ou acento tonal próprio,[16] cuja falta é uma corrupção moderna da linguagem. Observam os gramáticos que há no grego acentos tonais agudos que marcam as sílabas da palavra e indicam como pronunciá-la.[17] Também no latim se encontram acentos tonais, mas sua incidência nas sílabas é variada. A língua chinesa, embora muito antiga, é imperfeita, razão pela qual seus acentos tonais também são imperfeitos, a ponto de o mesmo monossílabo significar nove ou dez coisas diferentes conforme a pronúncia. Os índios da América do Norte, pelo que me informam cavalheiros que aprenderam as suas línguas, também têm acentos tonais que fazem com que a mesma palavra signifique coisas diferentes. Um bom exemplo é a nação Huron. De acordo com a explicação de Gabriel Sagard,[18] os Huron suprem as faltas de sua

---

16 Emprego a palavra *pronúncia* em seu sentido original, para significar uma modulação musical da voz em virtude da qual ela se torna mais alta ou mais baixa dependendo de sua gravidade ou agudeza. Tal é o significado da palavra latina *accentus* e da grega *tonos*. A mesma palavra tem, em inglês, um sentido muito diferente, que denota apenas a elevação da voz numa sílaba acima das outras numa mesma palavra, sem nenhuma mudança de grave ou agudo. (NA)

17 As canções que os pássaros entoam têm um registro extremamente alto, a nota fundamental é muito alta, em comparação a qualquer uma das notas musicais. A nota mais baixa de um pintarroxo, por exemplo, é muito mais alta que as notas de qualquer um de nossos instrumentos. A partir dela, ascendem em intervalos tão mínimos que nossos ouvidos mal podem distinguir, pois dificilmente alcançam uma *quarta*, detendo-se em geral na *terça*. É o que informa o Dr. Blacklock, que com afinco estudou a música dos pássaros e tem o ouvido mais refinado de que tenho notícia. [O *Dicionário Houaiss da língua portuguesa* traz o seguinte comentário ao verbete "acento": "Entre os gramáticos da Antiguidade, o acento tônico correspondia ao acento de altura, existente no grego e no latim clássicos; nas línguas românicas, entre as quais o português, o acento tônico é tradicionalmente considerado um acento de intensidade, embora a duração e altura musical participem, em diferentes graus, de sua realização."] (NA)

18 Gabriel Sagard, religioso da ordem franciscana, foi enviado em missão às terras dos Huron no ano de 1626; a narrativa de suas viagens foi publicada em Paris, no ano de 1631, com o título *Le grand voyage au pays des Hurons* etc., à qual acrescentou um dicionário da língua Huron, com um prefácio que explica as muitas peculiaridades dessa língua. O livro é extremamente raro, e sei de apenas duas cópias existentes, uma no Museu Britânico, em Londres, outra na Biblioteca Real, em Paris. Tive acesso a esta última graças ao Sr. Caperonier, bibliotecário do rei, tão gentil que me

língua, em particular de tempos, números e gêneros, com a pronúncia.[19] Esses fatos são suficientes para convencer-me de que a variação da voz humana em tonalidades ou modulações musicais, se não antecedeu a linguagem, é concomitante à invenção desta, e por essa razão é que as modulações respondem por uma parte tão importante da composição em todas as línguas mais originárias. Não ousaria afirmar que há uma linguagem puramente musical anterior à linguagem falada. Penso que não. Mas uma coisa é certa: uma linguagem como essa seria insuficiente para os propósitos da vida selvagem, dado que a voz dos selvagens tem uma amplitude muito estreita. A amplitude vocal dos Huron, de acordo com o autor citado, não vai além de uma quarta, que é o diapasão da música dos pássaros, da qual provavelmente foi copiada. Sabe-se que na antiga lira grega, a exemplo da música dos Huron, não há notas acima da quarta e tampouco intervalos mínimos ou semitons. A música dessa nação é tão pouco variada que é implausível que pudesse ser utilizada como linguagem.

Deixando de lado a hipótese de uma linguagem primitiva musical, vejamos agora se a linguagem pode ser deduzida de gritos inarticulados, ou sons miméticos.

5. *Que a linguagem surgiu de gritos inarticulados*

Quanto a sons miméticos, tenho a mesma opinião que em relação a notas musicais, não creio que pudesse haver uma linguagem inteiramente ou

---

permitiu retirá-la da biblioteca por algumas semanas. O estudo desse dicionário e da explicação da língua que ele contém foi o que primeiro me levou a conceber esta obra, de tal maneira que, se o público vier a extrair destas páginas algum interesse ou instrução, isso se deve à gentileza e à disposição do Sr. Caperonier, ao qual aproveito para expressar meus sinceros agradecimentos. Desde a publicação da primeira edição desta obra, pude consultar o volume de Sagard graças ao Dr. Robertson, de Edimburgo, que o adquiriu, juntamente com outros livros raros sobre a América, durante a redação de sua obra a respeito daquele país, e que sem dúvida será tão interessante e instrutiva quanto outras de sua autoria. [William Robertson, *The history of America*, 6 vols. Londres: 1792-96] (NA)

19 Sebastién Rasles, missionário jesuíta no Canadá, diz o mesmo a respeito da língua dos Huron: a mesma palavra tem diferentes significados dependendo de como é pronunciada. *Lettres Édificantes*, vol. XXIII, p. 213. Paris: 1723. (NA)

principalmente composta deles. Essa opinião é confirmada pela observação de que palavras como essas simplesmente não existem, não ao que eu saiba, em qualquer uma das línguas bárbaras. Isso me leva a crer que a modulação de palavras por analogia ao som das coisas que elas expressam – *verba ex sono facta*, como dizem os gramáticos – é província de línguas artísticas, não de línguas de nações bárbaras e rudes.[20] Assim, a origem da linguagem se encontra exclusivamente em gritos inarticulados. E como tudo o que é da arte se funda na natureza, parece que a linguagem não é mais que um refinamento ou aprimoramento a partir de gritos animais, como evidencia em especial o fato de que a linguagem é um mero alargamento da expressão por meio de gritos naturais. Gritos são utilizados por todos os animais que se valem da voz para expressar suas carências; todas as nações bárbaras têm gritos variados que expressam coisas diferentes, como alegria, pesar, terror e surpresa. Os índios da América do Norte, além de seu conhecido *grito de guerra*, têm ainda um outro, quando retornam de uma expedição e pelo qual dão a entender, ao chegarem à aldeia, qual foi o resultado da caçada. Conheci certa vez uma jovem, oriunda de uma dessas tribos, cuja língua nacional consistia na emissão em série de diferentes gritos. Seu nome francês era *Mademoiselle Le Blanc*. Disse-me ela que, desgarrada de sua tribo, vivera por um tempo nas florestas juntamente com uma jovem africana, sobrevivente do naufrágio de um navio negreiro, e que a conversação entre elas, na falta de uma língua comum, se dava por meio de gritos e gestos. O entendimento a que chegaram era tão grande que acertavam entre si a divisão de todo o alimento que obtinham. O método de comunicação por gestos e gritos foi sem dúvida o primeiro a ser utilizado pelos homens; e, se supusermos um grande número de indivíduos na mesma situação que a das jovens mencionadas, executando tarefas em comum e conversando por meio de gestos e gritos, encontraremos o homem no estado mais apropriado à invenção da linguagem.

Mas o número de indivíduos cresce com o tempo, as suas necessidades aumentam proporcionalmente, e esse método de comunicação logo se torna insuficiente para responder às exigências de uma vida mais complexa. Diante disso, o que fazer? Ora, como vimos, gestos são insuficientes para

---

20 Cf. Leibniz, *Novos ensaios sobre o entendimento humano*, livro III. Leipzig: 1765. (NT)

a criação de uma linguagem, a não ser que os homens adquiram a arte da pantomima – suposição que é absurda. Não resta senão o aumento da variedade dos gritos naturais. Mas então põe-se a questão de saber como seria essa variação. Quanto a isso, estou de acordo com o Dr. Blacklock, quando ele afirma que a natureza progride do mais fácil ao mais difícil, e que tais indivíduos tentariam primeiro as variações mais simples e óbvias antes de distingui-las pela operação mais difícil, que é a articulação.[21]

Essa sorte de variação, porém, é limitada, e requer a criação de um novo método. Tendo chegado a tanto, é natural que um animal sagaz como o homem prossiga e obtenha articulação de sons. Que um tal progresso se deu na formação da linguagem bem como em tudo o que diz respeito ao homem, parece-me fora de questão, e estou convencido de que a mais bárbara das línguas existentes representa um progresso considerável em relação à sua origem primeira.

Os primeiros gritos articulados provavelmente foram tais que um animal poderia utilizar para chamar outro e ordenar-lhe ou exortar-lhe a fazer isto ou aquilo. Tais gritos são indispensáveis à execução das tarefas coletivas das quais os homens certamente se ocupam antes da invenção da linguagem. A primeira articulação deve ter sido muito simples, o som da voz pontuado e demarcado por umas poucas vogais e consoantes, sem a complexas variações que encontramos nas línguas artísticas. Se, em tudo o que faz, o homem progride apenas lenta e vagarosamente, isso vale em especial para a invenção dessa arte sumamente difícil. Por fim, como todos os gritos naturais, embora tenham modulações musicais, vêm da garganta e da laringe, sem qualquer ou quase nenhuma operação de órgãos vocais, é natural supor que as primeiras línguas tenham sido principalmente guturais e que as consoantes utilizadas para variar a sonoridade dos gritos se formassem na garganta e não nos órgãos da boca.

Essa teoria é confirmada pelo que diz Sagard da língua dos Huron.[22] Se recorro aqui a esse estudo, é porque essa língua, a mais imperfeita de que tenho notícia, é a que está mais próxima da origem primeira des-

---

21 Cf. Rousseau, *Ensaio sobre a origem das línguas*. Paris: 1781. (NT)

22 *Le grand voyage au pays des Hurons*, vol. II, p. 219-220, *op. cit.* (NA)

sa arte. A explicação que Sagard oferece da língua dos Huron concorda perfeitamente com a da referida jovem selvagem acerca de sua própria língua – ao que tudo indica, um dialeto Huron. Segundo ela me disse, trata-se de uma língua inteiramente gutural, que não mobiliza a língua ou os lábios da boca. Para convencer-me disso, pronunciou algumas palavras das quais ainda se lembrava.

A explicação que oferecemos da origem da linguagem mostra que os primeiros sons articulados foram os gritos naturais de homens, por meio dos quais significam suas carências e desejos uns aos outros e se reúnem para realizar tarefas de interesse comum. Com o passar do tempo, surgem outros gritos, que são articulados para significar ações e ocorrências de importância geral. Posteriormente, inventam-se nomes para os objetos mais importantes e essenciais. O aumento do número de palavras torna necessárias novas articulações. Assim, a língua vai crescendo, e, à medida que cresce, embora se torne cada vez mais pontuada e articulada por consoantes, as palavras retêm algo de sua natureza original, de gritos animais. Mas como a constante multiplicação de palavras a torna inconveniente ao uso, a arte se vê obrigada a intervir e a formar uma linguagem de acordo com regra e método, processo que procuraremos explicar no decorrer desta obra.

Cartas sobre o sânscrito[1]

Edimburgo, 20 de Junho de 1789

PREZADO SENHOR,

Tive a honra de receber a vossa elegante carta, acompanhada pelo discurso que pronunciastes por ocasião da fundação da Academia de Ciências da Índia, instituição que certamente nos dará muitas informações curiosas referentes à história do homem, das artes e das ciências naquele país. O vosso discurso inaugura um campo de investigação magnífico, e se puderdes mostrar de qual país as nações que mencionastes teriam derivado as afinidades de linguagem, maneiras e artes que tão bem observastes entre elas, teríamos uma descoberta espantosa relativa à história do gênero humano. Dos três fatores que nos permitem discernir conexão e relação entre países diferentes, parece-me que a linguagem é o mais importante. A linguagem é a primeira arte a ser inventada pelos homens, é a fundação da sociedade civil e de todas as outras artes. E, além de ser primeira entre as artes, é também a mais resistente, a que viaja mais longe e se propaga até as mais distantes regiões. Essa afirmação é confirmada por uma descoberta recente, realizada por um cavalheiro prussiano. Este senhor, que residiu na Lapônia e aprendeu a língua local, é também um exímio conhecedor do idioma húngaro, e redigiu um tratado que prova, por demonstração, que o lapão e o húngaro são uma e a mesma língua.

Sabemos com certeza que os húngaros são originários de um país situado entre os mares Euxino e Cáspio. Não se dizem húngaros, mas *magiares*; e os russos descobriram um povo com esse nome naquele país. Essa constatação, aliada ao testemunho de Amiano Marcelino, segundo o qual os hunos são oriundos desse país,[2] não deixa dúvida de que temos aqui uma língua que viajou do país *magiar* até a Lapônia. E mais. Estou convencido de que a língua falada na Groenlândia, que é mais artística que o latim (posso dizê-lo, pois estudei a sua gramática), chegou a esse país trazida por um povo do

---

1 Lorde Monboddo a Sir William Jones, presidente da Academia Real de Ciências da Índia Britânica. Cartas publicadas por Garland Cannon no *American Anthropologist*, 70: 559-62, 1968. Tradução: Fernão de Oliveira Salles. (NE)

2 *História*, livro XXXI. (NT)

oriente, pois é impossível que pudesse ter sido formada em meio a selvagens como os habitantes da Groenlândia.

O estudo da história do gênero humano, do qual há anos me ocupo, permitiu-me chegar à conclusão de que são originárias do Oriente não apenas todas as artes e ciências, mas também a própria raça humana. O homem, a exemplo de outros animais, como o cavalo e o boi, não surgiu ao mesmo tempo em diferentes países; sua terra natal é o Oriente, a partir do qual se espalhou pela face da terra. Essa migração pode ser reconstituída principalmente pela linguagem. E a língua que mencionas, o sânscrito, parece-me ser o original de muitas outras. Quando de minha estada em Londres na última primavera, dediquei-me ao estudo do sânscrito sob a orientação do Sr. Wilkins,[3] ao qual vos referistes em vossa conferência. Ele domina o sânscrito perfeitamente, tendo estudado por anos a fio com dois mestres brâmanes. Estou de acordo convosco: trata-se de uma língua mais perfeita que o grego, e estou convencido que, no que diz respeito às três principais artes da linguagem – derivação, composição e flexão –, o sânscrito é a língua mais excelente que jamais existiu. Suas regras de analogia são tão completas que nela não há heteróclitos. Parece-me correto o que diz, se não me engano, o jesuíta Du Pont:[4] o homem que tenha aprendido os radicais do sânscrito, que não são muito numerosos, e as suas regras de derivação, composição e flexão, pode criar uma língua própria, que será entendida por todos aqueles que dominem o sânscrito. Em outras línguas, o conhecimento da gramática é insuficiente, precisamos aprender as palavras se quisermos utilizá-la de maneira inteligível. O aspecto mais interessante do sânscrito é provavelmente sua afinidade com o grego, e com o latim, que é um dialeto do grego. Essa afinidade é tão grande que ou o grego é um dialeto do sânscrito ou ambos são dialetos de uma mesma língua-mãe.

O Sr. Wilkins coligiu cerca de setenta palavras comuns ao grego e ao sânscrito, que apresentam variações típicas de diferentes dialetos de uma mesma língua. Muitas são palavras necessariamente originais em todas as línguas, como os nomes de números, de relações familiares e de membros

---

3   Sir Charles Wilkins, autor de *Sanskrut Grammar* (Londres: 1808). (NT)

4   Heródoto, *História*, livro VI, caps. 53-55. (NT)

do corpo humano. O nome que se dá ao pé, por exemplo, é exatamente igual em sânscrito e em grego; e o composto do nome *pé* com o número *três* (*trí-pode*) denota em ambos exatamente a mesma coisa. A questão que se põe é saber onde os gregos teriam aprendido essa língua, se é que a aprenderam. Certamente não foi na Índia, nem com indianos residentes na Grécia. O único lugar em que poderiam tê-la aprendido é o Egito, de onde receberam todas as artes e ciências.

Assim, o sânscrito deve ter sido a antiga língua do Egito. E não seria de admirar que os gregos a tivessem aprendido com os egípcios, considerando que deles adquiriram não somente suas artes e ciências como também sua religião e mesmo seu povo. O mais antigo povo da Grécia, os arcádios, veio do Egito; os atenienses eram uma colônia egípcia. Heródoto nos diz que os homens de destaque e liderança entre os dóricos são oriundos do Egito.

A única questão que resta a considerar poderá ser esclarecida pelos estudos desenvolvidos na Academia que presidis. Trata-se de saber se os egípcios aprenderam o sânscrito com os indianos, se o contrário é que é verdadeiro ou ainda se ambos a aprenderam com uma outra nação. Que os indianos não chegaram ao Egito me parece certo. Mas, se é que se pode dar crédito aos livros sagrados dos egípcios ou às tradições indianas da época de Alexandre, os egípcios estiveram na Índia.[5]

Segundo essa hipótese, os egípcios encontraram o sânscrito em uso na Índia, e ali aprenderam a língua. E quanto aos indianos, foram eles autodidatas ou aprenderam sua língua com outra nação? Direi apenas que a conformidade entre a religião, a política, os costumes, as maneiras e, como parece claro, entre as línguas desses dois países, é tão grande que é impossível que um deles não as tenha copiado do outro ou que ambos não as tenham copiado de uma terceira nação.

***

---

5   Cf. Robertson, *An historical disquisition concerning the knowledge which the ancients had of India*. Londres: 1762. (NT)

Edimburgo, 20 de Junho de 1791
Prezado Sr.,

Tive a honra de receber a vossa carta de 12 de Outubro de 1790, e uma honra muito grande, em se tratando de um homem tão ocupado como sois. Contenta-me saber que estais de acordo com a maioria das coisas que mencionei em minha última carta.

Dizeis que estais inclinado a crer que não somente os egípcios como também os indianos vêm da Caldeia. Se puderdes comprová-lo, será uma grande descoberta, ao menos para mim, que não tenho mais que uma conjectura sobre a origem dessas duas nações. E ficaria contente de saber de vós se pensais que não somente essas duas grandes nações vieram do pequeno país da Caldeia, como também todas as artes e ciências. No presente, sou da opinião de que qualquer que tenha sido o país do qual os egípcios derivaram suas artes e ciências, exportaram-nas para a Índia. Que os egípcios estiveram na Índia em tempos remotos parece pacífico, pois d'outro modo teríamos que rejeitar o testemunho de Diodoro Sículo, de Arriano e de todos os autores antigos que trataram da Índia e do Egito.[6] Além desses testemunhos, há monumentos que ainda podem ser encontrados não só na Índia mas mesmo no Japão, os quais me parecem provar demonstrativamente não apenas que os egípcios estiveram na Índia, mas que sua religião e suas artes e ciências foram tão longe que chegaram ao Japão. Em ambos os países, podem ser encontrados ídolos de homens negros com cabelos lanosos, narizes chatos e lábios grossos. Esse fato é atestado por um francês, um certo Bailly,[7] em suas cartas sobre a origem das ciências e do povo da Ásia, e por Bryant, no quinto volume de sua *Mitologia*,[8] que, citando um livro francês sobre as missões holandesas no Japão, não deixa dúvidas de que há diversos ídolos como esses e que são adorados pelos japoneses em seus templos. Esses ídolos, como ele observa, provam ao menos que os homens divinizados vieram

---

6 Diodoro Sículo, *Biblioteca histórica*, livro II, cap. 3; Arriano, *Expedição de Alexandre*, vol. II. (NT)

7 Jean Sylvain Bailly, *Lettres sur l'origine des sciences et sur celle des peuples de l'Asie*. Londres e Paris: 1777. (NT)

8 Jacob Bryant, *A new system of analysis of ancient mythology*. 6 vols. Londres: 1774-76.

de um país estrangeiro, uma vez que os japoneses são brancos e o cabelo crespo não é encontrado em nenhuma localidade do oriente. Já os antigos egípcios, como é sabido, eram homens negros com cabelos lanosos. Para mim, isso prova que os egípcios estiveram não só na Índia como no Japão, e que não foram a esses países para aprender as artes, mas para ensiná-las, razão pela qual foram divinizados por indianos e japoneses. De modo que eu ficaria contente se vos dispusésseis a me informar se haveis visto esses ídolos de cabelos lanosos na Índia ou se ouvistes falar deles. Uma outra prova de que os egípcios, ou ao menos sua religião, chegaram ao Japão, é pouco conhecida e talvez não seja do vosso conhecimento. Apesar disso, é fato asseverado por fontes confiáveis. Trata-se do seguinte: os japoneses chamam *tifão/tufão* (conhecido nome de um deus egípcio maligno) um violento furacão, frequente nos mares que banham as suas costas e as da China. Gregos e romanos tomaram de empréstimo dos egípcios essa mesma palavra, e para expressar a mesma coisa. Um alemão, cujo nome me escapa, fez uma compilação de outras palavras comuns aos japoneses e aos gregos. Em suma, há tantas palavras comuns em todas as línguas que conhecemos, das quais M. Buller fez uma grande compilação em seu *Dicionário Céltico*,[9] que estou convencido de que houve uma língua primitiva da qual todas as outras descendem, e que essa língua era do Egito, país de origem, em minha opinião, de todas as artes e ciências.

---

9   Referência não encontrada. (NT)

Thomas Reid (1710-1796)

NASCIDO EM ABERDEEN, REID se torna professor na universidade local em 1752; posteriormente, transfere-se para a Universidade de Glasgow, pela qual se aposenta em 1781. Amigo e interlocutor de James Beattie, George Campbell e Lorde Kames, Reid é movido em sua reflexão pelo desgosto em relação à filosofia moderna. Identifica o empirismo de Locke, o imaterialismo de Berkeley e o ceticismo de Hume às piores tendências que encontra na filosofia de Descartes e de seus seguidores continentais. Propõe uma análise da mente que reconhece o primado da experiência sensível na constituição das ideias, sem no entanto reduzir a razão a uma instância subsidiária das paixões. Essas doutrinas são expostas em prosa límpida e direta, em obras sistemáticas tais como *Inquiry into the human mind on the principles of common sense* (1764), *Essay on the intellectual powers of man* (1785) e *Essay on the active powers of man* (1788). O legado de Reid, segundo James Oswald, seu discípulo mais direto, é ter sido o responsável pela fundação de uma filosofia baseada no *common sense*, por oposição ao hábito raciocinante dos filósofos. A *Investigação sobre a mente humana*, publicada em 1764, da qual extraímos o texto que se segue, constitui um verdadeiro *tour de force* e é talvez a análise mais paciente e perspicaz do que poderíamos chamar de *lógica da sensações*, dos mecanismos e regras pelas quais os sentidos constituem ideias dos objetos. Sem dúvida, uma peça de excelente raciocínio.

O antagonismo de Reid em relação às tradições filosóficas britânicas mais arraigadas lhe valeu uma imensa reputação. Na Inglaterra, será visto como aquele que, ao lado de Beattie, encontrou um antídoto para o ceticismo. Na França, sua filosofia, pouco afeita a considerações de gosto e sentimento, mais metafísica no conteúdo e escolástica na exposição, sofre, em comparação à recepção que encontram Hume e Smith, por exemplo. Retrospectivamente, isso parece natural. O espírito de Reid, embora viva no Século das Luzes, é típico do século XIX. Ignorado pelos *philosophes*, desprezado por Kant, que tem mais em comum com Reid do que gostaria de reconhecer, é somente mais tarde que ele será devidamente apreciado, por Stuart Mill na Inglaterra, Maine de Biran na França, Schopenhauer na Alemanha. Uma das principais consequências do recente despertar de interesse pela filosofia escocesa foi, sem dúvida, a reabilitação da metafísica de Reid; e hoje é comum encontrá-la mencionada, em manuais de filosofia, como um dos pontos altos da especulação no século XVIII. A edição de seus manuscritos (como as *Lectures on logic and rhetoric*), por outro lado, vem contribuindo para iluminar a faceta mais vibrante e irônica desse pensador que é o mais legítimo herdeiro da tradição que inclui o *Ensaio* de Locke, os *Princípios* de Berkeley, o *Tratado* de Hume.

Da visão[1]

1. Excelência e dignidade dessa faculdade

Os RECENTES AVANÇOS realizados no campo da ótica, e em especial as descobertas de Sir Isaac Newton,[2] honram não somente a filosofia como também a natureza humana, e relegam ao esquecimento as infames tentativas dos céticos modernos de depreciar o entendimento humano e desencorajar a busca da verdade, representando nossas faculdades como se servissem unicamente para nos enredar em contradições e absurdos.

Das faculdades às quais chamamos *cinco sentidos*, a visão é sem dúvida a mais nobre. Os raios de luz que a banham, sem os quais não teríamos nenhuma concepção das coisas, constituem a parcela mais maravilhosa e assombrosa da criação inanimada. Basta considerar como eles são finos e velozes, os diferentes matizes de cores que eles exibem, as imutáveis leis segundo as quais atuam nos corpos, por meio de reflexão, inflexão e refração, sem alterar as propriedades destes, e a facilidade com que penetram nas superfícies mais densas e cerradas, sem resistência, sem violá-las ou alterá-las, sem imprimir qualquer impulso sensível a corpos mais leves.

Quanto aos olhos, a sua estrutura, os admiráveis dispositivos naturais que lhes permitem executar diferentes movimentos, a variedade com que se encontram nos diferentes animais, segundo suas respectivas naturezas e modos de vida, tudo isso demonstra inequivocamente que são uma obra-prima da natureza. Somente quem ignora as descobertas mais recentes ou tem um entendimento perturbado pode duvidar que os raios de luz e os olhos foram feitos um para o outro, com consumada sabedoria e exímia destreza ótica.

Supondo uma ordem de seres que tivessem todas as faculdades humanas exceto pela visão, quão incrível não lhes pareceria, acostumados às vagarosas informações do tato, que a mera adição de um órgão esférico, situado em órbita de uma polegada de diâmetro, poderia torná-los capazes,

---

1 "Of Seeing". In: *An enquiry into the human mind*, cap. VI, seções 1-6. Edimburgo: 1764. Tradução: Daniel Lago Monteiro. (NE)

2 Newton, *Ótica*. 4ª edição. Londres: 1730. (NT)

num mesmo instante e sem mudar de lugar, de perceber a disposição de um exército inteiro, a progressão de um batalhão, a figura de um magnífico palácio ou a riqueza de detalhes de uma paisagem? Quem quisesse descobrir pelo tato o desenho do monte Tenerife ou da basílica de São Pedro teria trabalho para uma vida inteira.

Ainda mais incrédulos ficariam, se lhes fosse dito que esse pequeno órgão é capaz de descobrir coisas que estão fora do alcance dos outros sentidos. Por intermédio dos olhos, orientamo-nos no oceano inexplorado, percorremos o globo terrestre, determinamos a sua dimensão e figura, delineamos cada uma de suas regiões, medimos a órbita planetária e realizamos descobertas na esfera das estrelas fixas.

E não lhes pareceria espantoso que esse órgão dê a perceber o temperamento e a disposição, as afecções e as paixões de nossos semelhantes, por mais que as escondam de nós? Se a língua é treinada no ardil da dissimulação e da mentira, o olhar atento discerne a hipocrisia no semblante; os olhos distinguem o reto do oblíquo, na mente e no corpo. Em quantas coisas não acreditaria um cego, que se fiasse por tudo que lhe dizem os que veem? Sua fé haveria de ser tão forte quanto a do mais fervoroso cristão.

É com boas razões, portanto, que se considera a faculdade da visão como o mais nobre dos sentidos, como se houvesse em sua natureza algo superior à própria sensação. A evidência da razão é chamada de *visão*, não de *tato*, *olfato* ou *paladar*; e não hesitamos em nos referir ao conhecimento de Deus como *visão*, a espécie mais perfeita de conhecimento de que dispomos.

2. A vista não descobre quase nada que o cego não possa compreender.
O porquê disso

Apesar da dignidade da visão e da natureza superior desse sentido, cabe observar que apenas uma mínima parte do conhecimento adquirido por essa faculdade não poderia ser obtido por um *cego de nascença*. Quem nunca viu a luz pode ser instruído e versado em todas as ciências, inclusive a ótica, sendo perfeitamente capaz de realizar descobertas em cada um dos ramos da filosofia. Um cego pode muito bem entender não somente a ordem, a distância e o movimento dos corpos celestes, como também a natureza da luz e as leis da reflexão e refração de seus raios, sendo capaz de conceber de maneira distinta como essas leis produzem fenômenos tais como o arco-íris, o prisma, a *câmera obscura*, a lanterna mágica e os poderes de ampliação e redução do telescópio ou do microscópio. Esse fato é suficientemente atestado pela experiência.

Para saber porque é assim, é preciso distinguir entre a aparência que os objetos têm para os olhos e o que a própria aparência do objeto sugere aos olhos, além de separar, na aparência visual dos objetos, a cor dos aspectos de movimento, extensão e figura. Quanto à aparência visual de movimento, extensão e figura dos corpos, afirmo que um cego de nascença é capaz de ter uma noção distinta, senão das próprias coisas ao menos de algo muito semelhante a elas. Acaso um cego não concebe que um corpo que se afasta dos olhos ou que se aproxima deles parece estar em repouso? Ou que um mesmo movimento parece mais rápido ou mais lento, dependendo da distância do objeto em relação aos olhos e da sua trajetória mais ou menos reta ou oblíqua? Ou que uma superfície plana que parece uma linha reta varia em aspecto, conforme a posição do espectador em relação a ela? Ou que um círculo, visto obliquamente, parece uma elipse, e um quadrado parece um losango ou um retângulo oblongo? O Dr. Saunderson,[3] que compreendeu perfeitamente a projeção da esfera e as regras comuns da perspectiva, estava ciente de tudo isso. Para que não reste dúvida de que era capaz de compreender tais coisas, cito aqui uma conversa na qual ele diz que, se de início sentira muita dificuldade para entender a demonstração do Dr. Halley[4] da proposição segundo a qual a medida esférica de um círculo permanece a mesma em sua projeção estereográfica, tão logo desistiu da demonstração e passou a considerar a proposição ao seu modo, percebeu claramente que ela era verdadeira. O cavalheiro que participou dessa conversa, pessoa respeitável e dotada de indubitável discernimento em tais questões, recorda-se vivamente da ocasião.

Quanto à aparência das cores, o cego está inevitavelmente envolto em incerteza, pois não tem quaisquer percepções semelhantes a elas. Mas pode,

---

3 Dr. Nicholas Saunderson (1682-1739), professor de matemática em Cambridge. Citado por Burke, *Investigação filosófica sobre o sublime e o belo*, livro V, cap. 5. 2ª edição. Londres: 1759. (NT)

4 Edmund Halley, *Synopsis of the Astronomy of Comets*. Londres: 1705. (NT)

por analogia, ainda que parcialmente, suprir essa deficiência. Para os que veem, a cor escarlate significa a desconhecida qualidade de um corpo que produz nos olhos uma aparência recorrente, que se observa com frequência. Para o cego, ela significa a desconhecida qualidade de um corpo que produz nos olhos uma aparência não-observável. Mas ele pode conceber que o olho é tão diversamente afetado por diferentes cores quanto o nariz é por odores e o ouvido é por sons. Concebe assim o escarlate tão diferente do azul quanto o som do trompete daquele do tambor, e o cheiro da laranja daquele da maçã.[5] Mas é impossível saber se a cor escarlate aparece para mim tal como para um outro homem, bem como se as suas diferentes aparências não são tão diferentes para cada um como se fossem uma cor e um som. No entanto, é óbvio que um cego é capaz de discorrer longamente sobre as cores, e de maneira distinta e pertinente; e, se o puseres à prova sobre a natureza, composição e beleza delas, vos responderá a tudo perfeitamente, sem errar.

Até esse ponto pode ir o cego no conhecimento das aparências que as coisas produzem nos olhos. Quanto ao que elas sugerem e o que delas se pode inferir, embora jamais possa descobri-lo por si mesmo, a informação que recebe de outros lhe faculta uma compreensão perfeita. Tudo o que entra em nossa mente pelos olhos pode entrar na do cego pelos ouvidos. Guiando-se exclusivamente por suas faculdades, ele nunca sonhará com algo como a luz, mas será capaz de aprender tudo o que sabemos a respeito dela e de conceber tão distintamente como nós a minúcia e a velocidade de seus raios, os variados graus de reflexão e refração e todos os maravilhosos poderes e virtudes desse elemento. Por si mesmo, ele jamais poderia descobrir corpos como o sol, a lua e as estrelas, mas é capaz de aprender todas as excelentes descobertas dos astrônomos referentes ao movimento e às leis da natureza que regulam esses corpos. Parece óbvio, assim, que poucos conhecimentos adquiridos pelos olhos não poderiam ser comunicados aos cegos pela linguagem.

Se a visão fosse tão estranha aos homens em geral quanto para o cego, os poucos dotados desse raro dom passariam por profetas inspirados. *Inspiração*, como a concebo, não é uma faculdade extraordinária, apenas a comunicação

---

5 Locke, *Ensaio sobre o entendimento humano*, livro II, cap. IV, § 05. 4ª edição. Londres: 1704. Citado por Kames no ensaio "Crença", incluído nesta coletânea. (NT)

extraordinária de algo que as faculdades comuns não poderiam compreender e comunicar por meios ordinários. Assim, a vista é para o cego tal como uma inspiração, pela qual os homens dotados de visão lhe comunicam o conhecimento que adquirem. É impossível dar ao cego uma noção distinta da maneira pela qual o conhecimento é adquirido: uma esfera situada numa órbita parece-lhe um instrumento tão inadequado à aquisição de conhecimentos variados e extensos quanto um sonho ou uma visão, e a maneira pela qual os olhos discernem coisas lhe é tão ininteligível quanto a inspiração divina imediata. Mas deveríamos por isso ter na conta de impostura toda alegação de dom visionário? Não seria melhor reconhecer, com bonomia e candura, as evidências da sua realidade, e aproveitá-lo em benefício próprio?

A distinção que se faz aqui entre a aparência visual dos objetos e o que ela nos sugere nos dá uma noção justa da intenção da natureza ao nos dotar de olhos. Se prestarmos atenção às operações de nossa mente no uso dessa faculdade, perceberemos que mal consideramos a aparência visual do objeto. Ela não é motivo de pensamento ou reflexão, serve apenas como um signo que oferece à mente uma outra coisa que assim é concebida distintamente, mesmo que não tenha se oferecido à visão.

A aparência visual das coisas neste aposento varia com o passar das horas, conforme o dia esteja claro ou nublado, o sol se levante a leste ou se ponha a oeste e eu me encontre nesta ou noutra parte do quarto. Essas variações eu tomo como signos de que é manhã, tarde ou noite, de que o céu está limpo ou nublado. Por mais que a aparência de um livro ou de uma cadeira se altere conforme a distância ou a posição do objeto, consideramos que ele permanece inalterado, e, desprezando sua aparência, concebemos a figura, distância e posição real do corpo, dos quais seu aspecto, ou aparência visível, é o signo distintivo.

Vejo um homem ora a dez jardas, ora a cem jardas. A aparência visual de sua altura, largura e proporção relativa é dez vezes menor no último caso do que no primeiro, mas a redução visual de sua figura não me autoriza supor que tenha diminuído sequer uma polegada, ao contrário, desconsidero essa aparente diminuição, por mais que me permita extrair a conclusão de que ele se afastou de mim. A operação da mente é nesse caso tão sutil que extraímos conclusões de premissas das quais não nos damos conta. Mil ocorrências poderiam mostrar que a aparência visual dos objetos é designada pela natureza como mero signo ou indicação: ao ver um objeto, a mente logo passa à coisa significada sem refletir sobre o signo ou se dar conta de que ele existe. Do mesmo modo, quando falamos uma língua, desconsideramos os sons e só prestamos atenção às coisas por eles significadas.

Vale lembrar, a propósito, a importante e judiciosa observação do Dr. Berkeley, de que a aparência visual dos objetos é uma espécie de linguagem, que a natureza utiliza para nos informar a respeito da magnitude, distância e figura dos objetos.[6] Esse engenhoso autor soube tirar proveito de tal observação e propôs a solução de alguns fenômenos óticos que incomodaram grandes mestres dessa ciência. A mesma observação, aprimorada pelo judicioso Dr. Smith, em sua ótica, explica a figura aparente dos corpos celestes bem como a magnitude e distância aparente desses objetos quando vistos com lentes ou a olho nu.[7]

Para não ser redundante, restrinjo-me a mencionar esses autores por ocasião da distinção que aqui adoto, entre *signos* que a natureza utiliza na linguagem visual e *coisas* por eles significadas. Dando sequência às nossas considerações, faremos algumas observações sobre os signos que lhe são próprios.

3. Da aparência visual dos objetos

Certas coisas, embora não sejam objeto de reflexão, estão quase sempre presentes à mente. Quis a intenção da natureza que fossem meros signos, e é assim que as empregamos no decorrer de nossa vida. A mente adquire o hábito inveterado e resoluto de não dar atenção a tais signos: tão logo aparecem, a coisa significada se sucede súbita como um raio, absorvendo prontamente a nossa consideração. As línguas não lhes dão nomes, e embora estejamos cientes de sua passagem pela mente, é tão rápida e familiar que a desconsideramos; tampouco há rastros deles na memória ou na imaginação. Que algo

---

6 Berkeley, *An essay towards a new theory of vision*. Londres: 1709. (NT)

7 Dr. William Smith, autor de uma *Ótica* e desde 1757 professor na universidade da Filadélfia (América do Norte). (NT)

assim ocorre na sensação tátil foi demonstrado no capítulo anterior;[8] o mesmo vale para a aparência visual dos objetos.

O que direi aqui só poderá ser compreendido por leitores que adquiriram, com o treino e a prática, o hábito de distinguir entre a aparência dos objetos para os olhos e o juízo que formamos de sua magnitude, distância, figura e cor. A única profissão na qual esse hábito é indispensável é a *pintura*. O pintor deve fazer uma abstração dos objetos visuais tal como a que se requer aqui. Tal é, na verdade, a parte mais difícil da sua arte. Pois é evidente que se ele pudesse fixar em sua imaginação a aparência visual dos objetos sem confundi-la com as coisas por ela significadas, pintar a partir da vida, em perspectiva, e dar a cada figura seu sombreamento e relevo próprios, e justas proporções, seria tão fácil quanto pintar copiando outras obras. Sombrear em perspectiva, dar relevo, colorir, tudo isso é copiar a aparência de coisas que temos diante dos olhos. Essa arte pode ser útil para esclarecer a questão da aparência visual.

Se olhamos para um objeto familiar qualquer, como um livro, por exemplo, em diferentes distâncias e posições, não poderíamos dizer, a partir do testemunho da visão, que se trata do mesmo livro e objeto, esteja à distância de um ou dez pés, nesta ou naquela posição, e que, até onde julgam os olhos, sua dimensão, figura e cor permanecem iguais? Certamente que sim: o mesmo objeto individual se apresenta à mente, apesar das variações de distância e posição. Que se pergunte a seguir se esse objeto tem para os olhos a mesma aparência em distâncias diferentes, e a resposta é não. Pois:

Em *primeiro* lugar, por mais que nosso juízo tenha certeza de que a cor do objeto não varia, está igualmente certo de que sua aparência muda, dependendo da distância em que o observamos. À medida que o objeto se distancia de nós, verifica-se uma gradação de cores, e uma indistinção ou mistura de suas partes mínimas. Quem não é pintor ou crítico não se dá conta disso, e dificilmente se deixa convencer de que a cor do objeto muda de aparência conforme ele se encontre a dez ou a doze pés de distância, à luz ou à sombra. Mas os mestres da pintura, pela gradação de cores e a mistura de tons, representam numa mesma tela figuras separadas entre si por distâncias desiguais, equidistantes em relação aos olhos; e, para que os objetos tenham viço próprio, dão a cada um deles um colorido diferente, dependendo de sua iluminação ou posição.

Em *segundo* lugar, como sabem os conhecedores das regras da perspectiva, a aparência da figura do livro deve variar conforme a posição em que se encontre na tela. E, caso se pergunte a um homem sem noção de perspectiva se a figura do livro não lhe parece a mesma em diferentes posições, ele não hesitará em dizer que sim, é o caso. Considerando as variações das figuras visuais em diferentes posições, ele chega à conclusão mais adequada, e a extrai com tanta prontidão e rapidez que desconsidera as premissas: comparando entre si conclusões iguais, infere que a aparência visual é a mesma.

Em *terceiro* lugar, quanto à magnitude ou dimensão aparente do livro, pouco importa a distância em que o vejo, ele parece ter cerca de sete polegadas de comprimento, cinco de largura e três de espessura. Posso julgá-las quase que unicamente pelos olhos, e considero que são independentes da distância. Igualmente indubitável é que à distância de um metro a extensão e largura visual da figura do objeto é aproximadamente dez vezes maior que a dez metros, e sua superfície é aproximadamente cem vezes maior. Mas essa mudança de magnitude aparente passa despercebida, e todos imaginam que o objeto tem para os olhos o mesmo tamanho, independentemente da distância. Olho novamente para o livro, e parece-me que ele tem três dimensões: extensão, largura e espessura. Mas é certo que a aparência visual só tem duas dimensões, e pode ser representada com exatidão numa tela, que só tem extensão e largura.

Em *último* lugar, é possível perceber, pela visão, a distância que separa o livro dos olhos, e afirmar que ora o livro está a um pé de distância, ora a dez pés. Não obstante, parece certo que a distância que separa o livro dos olhos não é objeto imediato da visão. Alguns elementos da aparência visual são signos de distância em relação aos olhos, o que nos ensina, com a experiência, a julgar distâncias, dentro de certos limites. Parece fora de dúvida, entretanto, que um cego de nascença, que recuperasse subitamente a visão, não seria capaz, no início, de formar um juízo acerca da distância dos objetos que vê. O jovem curado por Cheselden imaginava que aquilo que ele via *tocava* os seus olhos; com a experiência, aprendeu a julgar as distâncias que nos separam dos objetos visuais.[8]

Se me detenho nesses detalhes, é para mostrar que a aparência visual de um objeto é inteiramente diferente da noção que a experiência nos ensina a formar pela visão, e que a aparência visual de extensão, figura e cor das coisas que vemos, embora não constitua em geral um objeto de pensamento, deve ser cuidadosamente considerada por quem queira analisar filosoficamente o sentido da visão ou compreender o que se diz a seu respeito. Para um homem que só recentemente adquiriu esse sentido, os objetos aparecem assim como para nós, mas ele não vê nem poderia ver as coisas em suas reais dimensões, nem tampouco, por intermédio da visão, formar uma conjectura da extensão e medida, da espessura ou largura de cada coisa; e apenas dificilmente poderia perceber algo da figura real ou discernir que isto é um cubo e aquilo uma esfera, isto um cone e aquilo um cilindro, pois seus olhos não lhe informariam que este objeto está perto, e aquele, longe, e roupas que nos parecem ter uma cor uniforme em suas dobras e drapejos não se apresentariam assim aos seus olhos, que veriam muitas cores diferentes. Por mais perfeitos que fossem, seus olhos não poderiam lhe fornecer qualquer informação acerca de coisas externas. É verdade que os seus olhos falam a mesma linguagem que os nossos. Mas, diante de uma nova linguagem, que lhe é estranha, o cego não tem como lhe atribuir significação, e só presta atenção aos signos mesmos, ao passo que nós, que estamos acostumados a ela, ignoramos os signos e só prestamos atenção às coisas por eles significadas.

4. *Que a cor é uma qualidade dos corpos, não uma sensação da mente*

Qualquer um que não tenha sido pervertido pela filosofia moderna entende por *cor* não uma sensação da mente mas uma qualidade ou modificação dos corpos que permanece a mesma, independentemente da percepção. A rosa escarlate que tenho diante de mim permanece a mesma quando fecho

---

8   William Cheselden, *Account of some observations made by a young gentleman who was blind* (Londres: 1729), obra na qual relata a cura de um jovem nascido cego. A referência a esse experimento remete ao "problema de Molyneux", exposto por Locke no *Ensaio*, livro II, caps. 8-10 ss. (NT)

os olhos ou à meia-noite, quando ninguém a vê. A cor continua ali, mesmo quando a aparência se esvai ou se altera. Para quem sofre de icterícia, a cor tem uma aparência diferente; mas compreende-se que a mudança está nos olhos, não na cor do objeto. Cada grau de variação de luz dá à cor uma aparência diferente: a completa escuridão suprime toda aparência, mas não produz qualquer mudança na cor do corpo. Experimentos óticos permitem-nos alterar a aparência do corpo quanto à cor, figura e magnitude, mas ninguém diria que o caleidoscópio fragmenta um objeto ou que o microscópio aumenta o tamanho de suas partes, ou ainda que um filtro de luz altera sua cor sem que nós vejamos.

A linguagem ordinária dos homens mostra de forma evidente que se deve distinguir entre a cor de um corpo, que é concebida como qualidade fixa e permanente, e sua aparência aos olhos, que varia de mil maneiras, seja devido à luz, seja ao meio em que se encontra ou mesmo aos próprios olhos que o veem. A cor própria de um corpo é a causa que, por intermédio de gradações de luz e pela interposição de corpos transparentes, realiza todo o espectro de aparências. Na presença de um corpo, os olhos veem uma aparência que chamamos de *aparência da cor*. O Sr. Locke diz que essa aparência é uma *ideia*, e parece-me apropriado chamá-la assim.[9] Essa ideia só existe ao ser percebida. É como um pensamento, é ato de um ser perceptivo ou pensante. Pela nossa constituição, somos levados a concebê-la como o signo de algo externo, e é natural que queiramos descobrir qual o seu significado. Experimentos com esse propósito são realizados todos os dias pelas crianças, antes mesmo que adquiram o uso da razão. Veem as coisas, manuseiam-nas e as colocam em várias posições, a diferentes distâncias e sob diferentes luzes. Assim, as ideias da visão são associadas a coisas externas completamente diferentes delas e que elas passam a sugerir. A ideia que chamamos de *cor aparente* sugere a concepção, na qual cremos firmemente, de uma qualidade desconhecida do corpo que a produz. A essa qualidade, não à ideia, damos o nome *cor*. As inúmeras cores, embora igualmente desconhecidas em sua natureza, são facilmente distinguidas quando pensamos ou falamos sobre elas, associando-as às ideias que as excitam. Assim também, gravi-

---

9 Locke, *Ensaio*, livro II, cap. IX, *op. cit.* (NT)

dade, magnetismo e eletricidade, embora sejam qualidades desconhecidas, são distinguíveis por seus respectivos efeitos. Quando crescemos, a mente adquire o hábito de passar tão rapidamente das ideias da visão às coisas externas por elas sugeridas que não damos a menor atenção às ideias, sequer as nomeamos na linguagem comum.

Quando pensamos numa cor qualquer ou discorremos sobre ela, a noção da imaginação, que nos parece simples, é na verdade composta, e inclui a ligação de um efeito conhecido a uma causa desconhecida. O nome *cor* se refere a uma causa, não a um efeito; mas, como essa causa é desconhecida, só podemos formar dela uma concepção distinta estabelecendo uma relação entre ela e um efeito conhecido. Causa e efeito ocorrem juntos na imaginação, e estão tão intimamente ligados que são tomados por um mesmo objeto do pensamento. Se considerardes as cores que chamamos de *escarlate* e *azul*, concebendo-as como qualidades que desconheceis, não percebereis qualquer distinção entre elas. É preciso, portanto, a título de distinção, ligar a cada uma delas, na imaginação, um efeito ou relação peculiar. A distinção mais óbvia é a aparência que cada uma delas produz nos olhos, que se encontra tão intimamente ligada na imaginação à qualidade denominada *cor escarlate* que é fácil tomá-las pela mesma coisa, a despeito do fato de que uma é ideia da mente e a outra é qualidade de um corpo.

Conclui-se assim que a cor não é uma sensação, mas uma qualidade secundária dos corpos no sentido, ou seja, que é um poder ou virtude graças ao qual os corpos exibem para os olhos, à luz do dia, uma aparência familiar. Diferentemente do que ocorre com outras qualidades secundárias, nas quais o nome indica a sensação provocada pela qualidade, o nome *cor* não se refere à sensação, apenas à qualidade. Uma mesma cor tem aparências tão variáveis e oscilantes, segundo diferentes modificações de luz, do meio e dos olhos, que a linguagem prefere não nomeá-las. E são de fato tão pouco interessantes que é justo ignorá-las, e utilizá-las como meros signos que introduzem as coisas por elas significadas. Tampouco admira que as aparências mais frequentes e familiares não tenham nomes nem sejam objetos do pensamento, pois, como vimos, o mesmo vale para muitas das sensações táteis menos frequentes.

5. Inferência a partir do precedente

Do que eu disse sobre cores, podemos inferir duas coisas. A cada uma das quais devotarei uma seção. Em *primeiro* lugar, um dos mais notáveis paradoxos da filosofia moderna, universalmente admirado como se fosse uma grande descoberta, revela-se, quando atentamente examinado, como nada mais que um mau uso de palavras. Refiro-me ao paradoxo de que *a cor não é uma qualidade dos corpos, senão uma ideia na mente.*

Mostrei que o vulgo emprega a palavra *cor* para significar *não* uma ideia na mente *mas sim* uma qualidade permanente do corpo. Mostrei também que realmente há uma qualidade permanente do corpo com a qual o uso comum dessa palavra concorda exatamente. Poderíeis querer prova mais contundente de que essa qualidade é aquela que o vulgo chama de *cor*? Se disserdes "que essa qualidade a que chamais *cor* é desconhecida pelo vulgo, que não pode, portanto, ter um nome para ela", eu respondo, a qualidade é de fato conhecida pelo vulgo, mas apenas por seus efeitos, *i.e.* por ser causa de certa ideia em nós. Mas não são inúmeras as qualidades de corpos que conhecemos apenas por seus efeitos, para as quais constatamos necessário ter nomes? Somente na medicina, encontrarmos centenas de exemplos disso: o que designam as palavras *adstringente, narcótico, cáustico* e tantas outras, senão qualidades que são conhecidas pelo efeito de fluidos animais nos corpos? E por que não teria o vulgo um nome para uma qualidade cujos efeitos a cada momento são percebidos pelos olhos?

Temos boas razões, portanto, para pensar que, de acordo com a natureza das coisas, o vulgo aplica o nome *cor* à qualidade dos corpos que causa em nós aquilo a que os filósofos chamam *ideia de cor*. Ora, que *há* nos corpos uma tal qualidade, concordam todos os filósofos que pensam que há uma coisa tal como corpo. A outros, aprouve deixar inominada a qualidade dos corpos a que o vulgo chama *cor*, reservando esse nome a uma ideia ou aparência que o vulgo deixa inominada, porque jamais pensa ou reflete sobre ela. Parece assim que quando filósofos dizem que não se encontra *cor* nos corpos, mas sim na mente, e o vulgo diz que não se encontra *cor* na mente, mas sim nos corpos, não há entre eles uma diferença em relação às coisas, apenas quanto ao significado da palavra.

O Iluminismo escocês 251

Mas mesmo em uma discordância puramente verbal pode haver um lado certo e um errado, e neste caso os filósofos estão errados. É incontestável o direito do vulgo de dar nomes a coisas com as quais lidam diariamente, e parece justo acusar os filósofos de abusar da linguagem quando alteram o significado de uma palavra comum sem avisar que estão a fazê-lo. Se é uma boa regra, como diz Berkeley, "pensar com os filósofos, falar com o vulgo",[10] o mais correto é falar como o vulgo, se também pensamos como ele, e não chocá-lo com paradoxos filosóficos que, traduzidos em linguagem comum, não expressam mais do que o senso comum do gênero humano.

Se perguntardes a um homem que não seja filósofo, "O que é a cor?", ou "O que faz com que um corpo pareça branco, e outro escarlate?", ele não terá o que dizer. Ele deixa essa questão para os filósofos, e poderia aceitar qualquer hipótese a respeito, *exceto* a de nossos filósofos modernos, que afirmam que a cor não se encontra nos corpos, apenas na mente. Nada lhe parece mais chocante do que a afirmação de que os objetos visíveis não têm cor e que esta se encontraria em algo que é invisível... E, no entanto, esse estranho paradoxo é não somente de aceitação geral como ainda passa por uma das mais finas descobertas da filosofia moderna. O elegante Addison, no número 413 do *Spectator*, diz o seguinte: "Pressuponho que o meu leitor esteja a par da grande descoberta dos modernos, universalmente adotada por todos os que se dedicam à filosofia natural; qual seja, que as luzes e a cor, tais como captadas pela imaginação, são meras ideias na mente, não qualidades existentes na matéria. Esta verdade, incontestavelmente provada por muitos filósofos modernos, constitui um das mais finas conquistas dessa disciplina".[11] O leitor interessado poderá encontrar essa linha de raciocínio exposta em detalhe no *Ensaio* de Locke, livro II, capítulo 08. O Sr. Locke e o Sr. Addison são autores tão caros ao gênero humano que não me sinto à vontade para discordar deles, quanto mais para privar-lhes do mérito de uma "descoberta" tão estimada como essa. E, de fato, é forçoso admitir que Locke e outros filósofos modernos que escreveram sobre qualidades secundárias têm o mérito de distinguir mais acuradamente do que seus predecessores entre a sensação na mente e a constituição ou qualidade

---

10 Berkeley, *Princípios do conhecimento humano*, prefácio. 2ª edição. Londres: 1736. (NT)

11 Joseph Addison, *The pleasures of the imagination*, nº 04. Londres: 24/06/1712. (NT)

dos corpos que desperta a sensação. Mostraram com clareza que essas duas coisas são não apenas distintas uma da outra como também inteiramente dissimilares, que não há semelhança alguma entre os fluidos de um corpo suado e a sensação do cheiro, entre as vibrações de um corpo que produz ruídos e a sensação da audição, que não pode haver semelhança alguma entre a temperatura que se sente e a constituição do corpo aquecido que produz calor, entre um corpo que parece colorido para os olhos e a textura do corpo que causa a aparência.

É um mérito considerável ter distinguido acuradamente entre essas coisas, pois, por mais diferentes e dissimilares que sejam, estiveram sempre associadas na imaginação, como duas faces de uma mesma moeda, um composto cuja dupla e dúbia natureza impede de atribuí-lo seja à mente, seja ao corpo, que não poderiam receber o devido crédito por essa "forma de duas caras", antes que fossem separadas as diferentes partes que a constituíam. Essa distinção não se encontra em nenhum dos filósofos antigos. Os seguidores de Demócrito e Epicuro pensavam que as formas de temperatura, som e cor se encontrariam apenas na mente, embora os sentidos falsamente as representassem como estando nos corpos. Os aristotélicos imaginavam que realmente se encontrariam nos corpos, e que símiles delas seriam transmitidos à mente pelos sentidos. Para o primeiro sistema, os sentidos são naturalmente falsos e enganosos, para o outro, as qualidades dos corpos se assemelham às sensações da mente. Para que se chegasse a um sistema alternativo, foi preciso realizar a distinção à qual me refiro, distinção essa que nos permitiu *evitar* os erros de ambos os sistemas antigos e libertou-nos do triste destino de ter que escolher entre o que dizem os aristotélicos de um lado, os atomistas de outro. De modo que é com prazer que presto homenagem à doutrina de Locke e de outros filósofos modernos a respeito da cor e de outras qualidades secundárias, dando a ela o crédito que lhe cabe. Mas peço que me seja permitido criticar a linguagem na qual a expressaram. Quando explicam e estabelecem a distinção entre a aparência da cor para os olhos e o estado do corpo que, pelas leis da natureza, causa essa aparência, a questão é saber se o nome *cor* deve ser dado à causa ou ao efeito. Por terem dado esse nome ao efeito, colocaram a filosofia em conflito com o senso comum, expondo-a ao ridículo do vulgo. Mas, se tivessem dado esse mesmo nome à causa, como sói, teriam se unido ao vulgo por afirmar que *cor* é uma qualidade dos corpos, e que não há cor ou algo *como* ela na mente. Sua linguagem, bem como suas opiniões, estariam então em perfeito acordo com os pensamentos ordinários dos homens, e a verdadeira filosofia poderia dar as mãos ao senso comum. E como Locke não era um inimigo do senso comum, só nos resta presumir que, nesse caso, como em outros, deixou-se seduzir por uma hipótese previamente aceita. É o que de fato ocorreu, como veremos a seguir.

6. Nenhuma de nossas sensações se assemelha a qualquer das qualidades dos corpos

Das duas inferências mencionadas no início da seção precedente, a segunda afirma que a cor, embora seja uma qualidade do corpo, não é representada à mente por uma ideia ou sensação que lhe seja semelhante, pelo contrário, é sugerida por uma ideia que não tem com ela a menor semelhança. E isso se aplica não somente à cor como também a todas as qualidades dos corpos que foram aqui examinadas. Observe-se, no entanto, que em minha análise das operações dos cinco sentidos e das qualidades dos corpos que elas descobrem, não ofereci até aqui um exemplo sequer de sensação alguma que se assemelhe a qualquer qualidade dos corpos, ou de alguma qualidade dos corpos cuja imagem ou similaridade seja transmitida à mente por meio dos sentidos.

Não há na natureza fenômeno tão difícil de explicar como as transações que se efetuam entre a mente e o mundo exterior, fenômeno esse que, mais do que qualquer outro, desafia a mente filosófica. Todos concordam que essas transações são realizadas por meio dos sentidos. O vulgo se contenta com isso; mas os filósofos querem mais. Precisam de um sistema, de uma hipótese que mostre *como* os nossos sentidos nos oferecem coisas exteriores. Toda a fertilidade da invenção humana não produziu senão uma hipótese a respeito, que se tornou universalmente aceita. Trata-se da teoria de que a mente, tal como um espelho, recebe imagens de coisas de fora, por meio dos sentidos, de maneira que o papel destes é transmitir essas imagens. Tais imagens de coisas exteriores que se encontram na mente recebem variados nomes. Pode-se chamá-las *formas sensíveis*

254   Pedro Paulo Pimenta (org.)

ou *espécies sensíveis*, com os aristotélicos, ou *ideias de sensação*, com Locke;[12] ou pode-se ainda, com filósofos posteriores (como Hume), distinguir entre *sensações*, imediatamente transmitidas pelos sentidos, e *ideias de sensação*, cópias fracas de nossas sensações, retidas na memória e na imaginação.[13] Mas essas diferenças são apenas de palavras. A hipótese que mencionei é comum a todos esses sistemas. Ela implica que nenhuma coisa material ou qualidade de coisa material pode ser concebida ou tornar-se objeto de pensamento antes que sua imagem tenha sido transmitida à mente por meio dos sentidos. Para cada qualidade e atributo de corpos que podemos conhecer ou conceber, haveria uma sensação correspondente, imagem e semelhança dessa qualidade. Sensações que não se assemelhem a corpos ou a alguma de suas qualidades não nos ofereceriam qualquer concepção de um mundo material ou de algo que pertença a este mundo. Considerei até aqui extensão, forma, solidez, movimento, dureza e aspereza, bem como cor, calor e frio, audição, paladar e olfato. Tentei mostrar que a nossa natureza e constituição nos leva a conceber essas qualidades como qualidades de corpos, a exemplo do que sempre fizeram todos os homens. Examinei ainda, com muita atenção, as variadas sensações que adquirimos por meio dos cinco sentidos, e não pude encontrar entre elas uma única imagem do corpo ou de alguma de suas qualidades. O que põe a questão: essas imagens de corpos e de qualidades na mente, de onde vieram? Que os filósofos respondam a essa questão. Tudo o que posso dizer é que *através dos sentidos elas não vêm!* Tenho certeza de que, se tiver cuidado e atenção, posso conhecer minhas sensações, e posso dizer, fora de dúvida, se elas se assemelham ou não a algo. Examinei-as uma a uma, comparando-as com a matéria e suas qualidades, e não pude encontrar *uma única* que mostrasse traços de semelhança.

Nossas sensações não são imagens da matéria ou de qualquer uma de suas qualidades – uma verdade tão evidente *como essa* não deve se render a uma hipótese tal como a que ora consideramos, por mais antiga e bem recebida que seja. Tampouco pode haver conciliação entre estas duas, a verdade evidente

---

12 Locke, *Ensaio sobre o entendimento humano*, livro II, cap. 1, §§ 20-23. 4ª edição. Londres: 1704. (NT)

13 Hume, *Tratado da natureza humana*, livro I, cap. 1. 3 vols. Londres: 1739-40. (NT)

e a hipótese consagrada. Para ver que é assim, reflitamos sobre o diferente espírito das filosofias antiga e moderna a respeito da sensação.

Durante o reinado da filosofia aristotélica não se examinaram as nossas sensações com minúcia e acuidade. A atenção dos filósofos e do vulgo se voltava para as coisas significadas pelas sensações, a partir do antigo pressuposto de que todas as sensações que temos de coisas exteriores são a forma ou imagem delas. E assim foi inteiramente suprimida a evidente verdade acima mencionada.

Descartes foi o responsável por voltar a nossa atenção para nós mesmos e examinar as nossas sensações, e foi seguido, nesse exemplo, com muito mérito, pelos filósofos modernos, em particular por Malebranche, Locke, Berkeley e Hume. O efeito desse escrutínio foi a gradual descoberta da verdade que estamos discutindo, a saber, que as sensações de nossa mente não se assemelham às qualidades ou atributos de uma substância inerte e insensível tal como concebemos a matéria. Mas essa valiosa e útil descoberta se combinou, em seus diferentes estágios, com a *antiga hipótese*, emparelhamento de duas opiniões conflitantes e discordantes que deu origem ao paradoxo e ao ceticismo, dos quais justamente se acusa a filosofia moderna.

Locke viu com clareza e provou de maneira definitiva que as sensações que temos de paladar, olfato e audição, bem como as de cor, calor e frio, não se assemelham ao que quer que seja nos corpos, entrando em acordo com Descartes e Malebranche. Unindo-se essa opinião à *antiga hipótese*, segue-se necessariamente que três de nossos cinco sentidos nada nos dizem, nem poderiam dizer, a respeito do mundo material. Olfato, paladar e audição, assim como cor e temperatura, não podem ter mais relação com os corpos do que a raiva ou gratidão, e têm o mesmo direito que estas de serem chamadas qualidades (primárias ou secundárias) dos corpos. É então natural e óbvio que se argumente, a partir dessa hipótese, o seguinte: se tais qualidades são realmente dos corpos, as sensações pelas quais as percebemos devem se assemelhar a elas; tais sensações não se assemelham a qualidades de corpos; logo, tais qualidades não são realmente de corpos. Vemos assim que Locke, por constatar que as ideias de qualidades secundárias não se assemelham a qualidades dos corpos, foi levado, pela *antiga hipótese*, a negar que elas seriam qualidades dos corpos. Mais difícil é explicar porque continuou a chamá-las de *qualidades secundárias*, da mente ou do corpo. Parece que aqui ele se curvou ao *senso comum*, respeitando sua autoridade ainda que ela desmentisse a hipótese por ele defendida. Esse mesmo *senhor de opiniões*, que levou o filósofo a chamar de *qualidades secundárias* coisas que, de acordo com os seus próprios princípios, sequer pertenceriam aos corpos, levou o vulgo, em todas as épocas, e mesmo os filósofos, incluindo os discípulos de Locke, a *acreditar* que elas seriam qualidades reais dos corpos. O *senso comum* é o que os levou a conduzir experimentos acerca da natureza da cor, do som e da temperatura dos corpos. Se não houvesse tais coisas nos corpos, essas investigações teriam sido infrutíferas, quando na verdade produziram nobres e úteis descobertas que respondem por considerável parte da filosofia natural. Se, portanto, a filosofia natural não é um sonho, *há* nos corpos algo que chamamos de *cor, temperatura* e *som*. Sendo assim, é falsa a hipótese a partir da qual se conclui o contrário. Um argumento que leva a uma falsa conclusão se volta contra suas premissas e as destrói. Se as qualidades dos corpos nos fossem conhecidas apenas por sensações semelhantes a elas, então cores, som e temperatura não poderiam ser qualidades de corpos, quando na verdade o são. E, portanto, as qualidades de corpos são conhecidas por algo mais do que sensações semelhantes a elas.

Prossigamos. O que Locke provara com respeito às sensações que temos por olfato, paladar e audição, Berkeley provou, de maneira igualmente conclusiva, com respeito a todas as nossas demais sensações, ou seja, que *nenhuma* delas se assemelha minimamente a qualidades de um ser desprovido de vida e sensibilidade tal como concebemos a matéria. Hume o confirmou por sua autoridade e raciocínio. Essa *nova opinião* certamente lança uma luz desfavorável sobre a *antiga hipótese*, que continuou, entretanto, a ser mantida, e foi conjugada à *nova opinião*. E quais monstros não surgiram então!

O primeiro rebento, talvez o mais inofensivo, é a tese de que as qualidades secundárias dos corpos são meras sensações da mente. Depois, veio a noção de Malebranche de que "vemos todas as coisas nas ideias da mente divina", noção estrangeira que não chegou a se naturalizar nesta ilha. A seguir, temos a tese de Berkeley, segundo a qual a extensão, o aspecto, a densidade e o movimento mais não são que ideias da mente, e o mesmo vale para a terra, o mar, as habitações e os nossos corpos, bem como os de nossas esposas, filhos e amigos, pois nada existe na natureza que não seja a mente e suas ideias. A prole que se seguiu é ainda mais assustadora, e surpreende que alguém tenha se disposto a atuar como parteiro, supervisionando a sua gestação e os trazendo ao mundo... Causas e efeitos, substâncias materiais ou espirituais, verdades evidentes em demonstrações matemáticas, liberdade ou poderes ativos, nada existe na natureza, exceto por impressões e ideias que se seguem umas às outras, sem tempo, lugar ou objeto. Nenhuma outra época produziu um tal sistema de opiniões, solidamente deduzidas, com grande acuidade, clareza e elegância, a partir de um princípio universalmente estabelecido.

Às vezes acontece, num cálculo aritmético, que dois erros se anulem reciprocamente, tendo pouco ou nenhum efeito na conclusão. Mas, quando um deles é corrigido e o outro não, afastamo-nos ainda mais da verdade, e parece que foi isso o que aconteceu quando a filosofia aristotélica da sensação[14] chegou aos modernos. Os aristotélicos adotavam dois erros, mas o segundo servia como corretivo ao primeiro, amenizando e suavizando as suas consequências, e impedindo que o seu sistema levasse ao ceticismo. Os modernos retiveram o primeiro deles, mas gradualmente detectaram e corrigiram o segundo. A consequência é que a faísca de luz criou a escuridão, e o ceticismo avançou de mãos dadas com o conhecimento, espalhando a sua sombra primeiro sobre o mundo material, depois sobre a face da natureza como um todo. Um fenômeno como esse pode espantar mesmo os amantes da luz e do conhecimento, enquanto permaneça desconhecido; mas, quando a causa estiver detectada, pode nos dar a esperança de que essas trevas não irão durar para sempre, ao contrário, serão seguidas por uma luz ainda mais duradoura e radiante.

---

14 Cf. Aristóteles, *De anima*. (NT)

William Robertson (1721-1793)

O SURGIMENTO DA FILOSOFIA DA HISTÓRIA se deu no momento em que chegara ao auge a *história filosófica*. Trata-se de duas disciplinas bem diferentes, embora se debrucem sobre uma mesma realidade, a história política das sociedades humanas. O objetivo da *filosofia da história* é interpretar os fatos que se encontram registrados pelos historiadores para desvendar, na sucessão dos diferentes regimes políticos ao longo dos tempos, os indícios ou marcas de um sentido, como se os homens, em suas transações, estivessem a serviço de uma finalidade da qual não teriam consciência. Os responsáveis pela existência dessa vertente filosófica, que chega ao auge no século XIX com Hegel e Marx, são Herder e Kant, que assim inventaram uma nova espécie de reflexão, que antes não existia, na qual imaginação e juízo se combinam para conferir à política uma nova dimensão, que ultrapassa o empírico. A *história filosófica*, por sua vez, reconstitui os eventos mais marcantes na vida das principais sociedades de modo a extrair leis, de validade restrita, que explicariam a lógica das instituições políticas. Mas não só: o interesse maior da história filosófica é oferecer, em exemplos bem-acabados, as variações de caráter de que é suscetível a natureza humana. Disciplina duplamente subsidiária, portanto, da política bem como da moral. Herdeira da grande historiografia dos antigos, pautada pelas recomendações de Cícero, esse gênero literário é praticado no século XVIII por grandes filósofos como Voltaire e Hume, que dão o exemplo e permitem o surgimento de grandes historiadores com ambição e profundidade filosófica, como no caso de Gibbon e de Robertson, que são, ao lado de seus predecessores, os "corifeus da historiografia ilustrada" (palavras de Sérgio Buarque de Holanda, na introdução à obra de Maria Odila da Silva Dias, *O fardo do homem branco*, publicada em 1974).

Graduado em teologia, Robertson se torna, aos quarenta anos, capelão de Jorge IIII, e assume um posto na Universidade de Edimburgo, da qual virá a ser reitor. Em 1764, recebe a nomeação de historiador real. Essa bem sucedida carreira se deve grandemente ao êxito de suas obras junto ao público (para deleite de Hume, ele é tido como *um inglês*, educado em Oxford: "como poderia um escocês escrever tão bem?"). A boa condição financeira que adquire o incentiva à produção de outros escritos, igualmente eruditos e bem-informados, como a monumental *História de Carlos V* (3 vols., 1767), sua obra-prima, da qual extraímos uma seção sobre o progresso da ciência e das letras na Europa medieval. É interessante notar que Robertson não se restringe a estudar os reinos da Europa. Fiel aos preceitos que encontra nos autores que servem de modelo aos historiadores da época, volta-se, como fizera Heródoto, para a investigação de regiões "remotas" do planeta. Em 1794 surge *An historical disquisition concerning the knowledge which the ancients had of India*; a partir de 1792, uma *History of América*, em seis volumes, baseada em relatos de viajantes e em documentos de administração colonial. O texto que extraímos do primeiro volume constitui um exercício de descrição à moda dos antigos, combinação de geografia, história natural e antropologia; é também um exemplo dos poderes de evocação desse escritor, dotado de uma prosa elegante e límpida, qualidade pela qual Burke o considerava como *o único* historiador verdadeiramente excelente de seu tempo.

Do progresso da ciência e do cultivo
da arte literária[1]

O PROGRESSO DA CIÊNCIA e o cultivo da arte literária contribuíram consideravelmente para alterar as maneiras das nações europeias, ao introduzirem o
refinamento e civilidade pelos quais elas atualmente se distinguem. Os romanos da época da queda do império, se não mostravam o mesmo gosto correto
pelo qual as obras de seus ancestrais viriam a se tornar um verdadeiro padrão
de excelência, modelo de imitação para épocas futuras, tinham ainda, no entanto, algum apreço pelas letras, e cultivavam as artes com grande afinco. Mas
os rudes bárbaros, longe de admirarem suas obras, e incapazes de entendê-las,
simplesmente as desprezaram. Não haviam chegado ao estágio da sociedade no
qual florescem as faculdades da mente cujo objeto é a elegância e beleza, desconheciam a maioria das necessidades e desejos que dão azo à invenção, e, como
não compreendessem o mérito ou a utilidade das artes de Roma, destruíram
os seus monumentos com zelo comparável ao que a posteridade viria a mostrar em seu estudo, preservação e conservação. As convulsões ocasionadas pelo
assentamento dessas rudes tribos no seio do império, as violentas e frequentes
revoltas ocorridas nos reinos por elas estabelecidos, juntamente com os defeitos
inerentes a suas formas de governo, terminaram por suprimir a segurança e o
bem-estar, tolhendo o apuramento do gosto e o cultivo da ciência e mantendo a
Europa, durante séculos, no estado de ignorância que descrevemos alhures.[2] Os
eventos e instituições desse período produziram, porém, importantes alterações
na sociedade. Os efeitos dessas mudanças, tão logo se tornaram perceptíveis
com a restauração da liberdade e da independência de uma parcela significativa
da comunidade, transmitiram-se aos demais membros da sociedade, que assim
começaram a se tornar sensíveis a vantagens decorrentes do comércio tais como
a ordem pública e a segurança individual. A mente humana descobriu em si
mesma poderes que até então desconhecera, e passou a valorizar ocupações e
tarefas que estiveram para além de sua capacidade. Podemos discernir, no início

---

1   *The history of the reign of Charles V; with a view of the progress of society in Europe*, vol. I,
    cap. XII. 3 vols. Londres: 1767. Tradução: Pedro Paulo Pimenta. (NE)

2   *The history of Charles V*, vol. I, seção IX, *op. cit.* (NT)

do século XII, os primeiros sintomas de que ela desperta enfim da letargia em que estivera mergulhada, e observamos a curiosidade e a atenção com que se volta para novos objetos.

Os primeiros passos dos países europeus no campo da arte literária foram, no entanto, mal-direcionados. Em nações, tal como no indivíduo, os poderes da imaginação adquirem viço antes que as faculdades intelectuais tenham se exercido em disquisições especulativas ou abstratas. Os homens se tornam poetas antes de serem filósofos, sua sensibilidade aguçada e seus poderes de descrição são praticamente independentes de progressos na investigação e no raciocínio. A época de Homero e Hesíodo antecede a de Tales e Sócrates. Infelizmente para as letras, nossos ancestrais se desviaram do curso indicado pela natureza e lançaram-se nos profundos abismos da investigação metafísica e abstrusa. Sua conversão à religião cristã se deu logo após a invasão do império romano. Não a receberam, porém, em estado puro: a presunção de alguns acrescentara, às simples e edificantes doutrinas cristãs, teorias de vã filosofia que pretendem desvendar mistérios e resolver questões que as limitadas faculdades da mente humana não podem compreender ou explicar. Essas impertinentes especulações, uma vez incorporadas ao sistema da religião, foram tidas como a sua parte mais essencial, e quando a curiosidade incitou os homens a retomarem a investigação e o raciocínio, foram esses os tópicos que primeiro lhes chamaram a atenção, e aos quais mais intensamente se dedicaram. A teologia escolástica, com suas infinitas séries de robustas disquisições, e sutis distinções de pontos que não concernem à razão humana, foi o primeiro rebento do espírito investigativo europeu, quando este recobrou algo de sua atividade e vigor. Mas não foi essa a única circunstância responsável por imprimir à mente humana um feitio inadequado, quando os homens voltaram a exercer os talentos que até então haviam negligenciado. A maioria daqueles que tomaram parte no renascimento da arte literária nos séculos XII e XIII foram instruídos ou nos princípios da ciência dos bizantinos ou naqueles da ciência dos árabes. Esses povos, extremamente sagazes e inquiridores, corromperam todas as ciências que cultivaram. Os bizantinos transformaram a teologia num sistema de refinadas especulações e infinitas controvérsias; os árabes contaminaram a filosofia com o espírito frívolo da sutileza metafísica. Desencaminhados por esses guias, os primeiros homens que se aplicaram à ciência se enredaram numa intricada rede de investigações. Em vez de permitir que a própria fantasia ocupasse o posto que lhe cabe de direito, e produzisse as obras de invenção que aprimoram o gosto e refinam o sentimento, em vez de cultivar as artes que embelezam a vida humana e a tornam mais confortável, deixaram-se dominar pela autoridade, e, pervertidos pelo mau exemplo, desperdiçaram a força de seu gênio em especulações tão áridas quanto inóspitas.

Mas, apesar de disparatadas e infrutíferas, essas especulações representavam uma *novidade*, o que é tudo que basta para despertar o interesse da mente humana. É espantoso o afinco com que os homens de então se dedicaram a estudos tão pouco convidativos. A genuína filosofia nunca foi tão intensamente cultivada em outras épocas, mais ilustradas. Abriram-se escolas, no modelo de Carlos Magno, em todas as catedrais e em quase todos os monastérios de alguma importância. Colégios e universidades foram promovidos a congregações ou corporações, governadas por leis próprias e investidas de minuciosa jurisdição, extensiva a todos os seus membros; disciplinas de estudo foram regulamentadas; professores e pesquisadores receberam estímulos especiais; títulos e honrarias acadêmicas foram criados para premiar a sua dedicação. E não só nas escolas o destaque na atividade científica confere reputação e honra. O estudo da ciência se torna objeto de respeito na vida em geral, promovendo os que a ela se dedicam a uma posição de considerável eminência. Atraídos por essas vantagens, numerosos estudantes se matriculam nas instituições de ensino, ávidos por trilhar o novo caminho rumo à distinção e à fama.

Esses esforços iniciais, por consideráveis que nos pareçam, não tiveram, no entanto, graças a uma circunstância determinada, os profundos efeitos que seriam de esperar no curso natural das coisas. No período que nos interessa, as línguas europeias eram ainda bárbaras, sem exceção, destituídas de elegância e de força, e mesmo de perspicuidade. Não havia o menor esforço no sentido de aprimorá-las e poli-las. O latim era utilizado pela Igreja para fins religiosos. O vulgo, sob a égide da santa Igreja, empregava-o na prática da arte literária. Todas as ciências cultivadas nos séculos XII e XIII eram ensinadas em latim; todos os livros redigidos a respeito se encontram nessa língua. Considerava-se degradante que um tópico qualquer fosse discutido em língua moderna. Com isso, a ciência se viu confinada a um círculo extremamente restrito. Somente os que conheciam o latim eram admitidos no templo do saber, cujos portões permaneciam fechados aos demais, condenados assim à ignorância e às trevas.

A despeito dessas circunstâncias, que por muito tempo impediram a difusão da ciência pela sociedade e restringiram sua influência a poucos, pode-se considerar o progresso da ciência como uma das principais causas que contribuíram para promover a alteração de maneiras na Europa. O ardente espírito inquiridor ao qual nos referimos, ainda que equivocado, ocasionou uma considerável efervescência intelectual, que despertou e revigorou a invenção e o gênio. Os homens encontraram um novo uso, tão agradável quanto interessante, para as suas faculdades, e acostumaram-se aos exercícios e ocupações que pulem as maneiras e recomendam o gosto pelas virtudes mais brandas, que são próprias dos povos bem-sucedidos no cultivo das ciências.

Prova e Ilustração

O objeto de minhas investigações me dispensa de redigir uma história do progresso da ciência. As observações e fatos que aqui ofereço são suficientes para ilustrar o seu efeito nas maneiras e no estado da sociedade. A ciência, inteiramente extinguida nas regiões ocidentais da Europa, era cultivada em Constantinopla e em partes do Império Bizantino. O gênio peculiar dos bizantinos se voltava quase que exclusivamente para disputas teológicas. Os latinos absorveram deles esse espírito, e muitas das controvérsias que continuam a envolver e dividir os teólogos surgiram em Bizâncio, da qual os demais europeus adquiriram uma parte considerável do seu conhecimento. (Ver os testemunhos de Enéas Sílvio, *Antiguidades acadêmicas*, p. 43,[3] e da *Histoire de France*, tomo VII, p. 113 ss., e tomo IX, p. 151 ss).[4] Não muito tempo depois do estabelecimento do império dos califas no Oriente, surgiram monarcas ilustrados que encorajaram o estudo e a prática da ciência.

---

3 Enéas Sílvio, professor da Universidade de Viena no século XV. (NT)

4 Paul François Velley *et al. Histoire de France depuis l'établis de la monarchie jusqu'au regne de Louis XIV*. 30 vols. Paris: 1755. (NT)

Mas, quando voltaram a atenção para a arte literária, tal como era cultivada pelos antigos gregos e romanos, o gosto correto e casto dessas obras geniais pareceu frígido e efeminado aos olhos desse povo dotado de uma imaginação mais inflamada. Embora não admirassem os historiadores e os poetas gregos ou romanos, reconheceram o mérito de seus filósofos. As operações do intelecto são mais estáveis e uniformes que as da fantasia e do gosto; a impressão realizada pela verdade é praticamente a mesma, em todos os lugares: mas as ideias do belo, do elegante ou do sublime variam conforme o gênio de cada país. Assim, embora tenham desprezado Homero, os árabes traduziram em sua língua os mais eminentes filósofos gregos, e, guiados por seus preceitos e descobertas, aplicaram-se intensamente ao estudo de geometria, astronomia, medicina, dialética e metafísica. Nas três primeiras disciplinas, chegaram a aprimoramentos importantes e valiosos, que contribuíram para levá-las a um alto grau de perfeição; nas duas últimas, deixaram-se guiar por Aristóteles, e, refinando ainda mais o espírito de sutileza e minúcia dessa filosofia, tornaram-na ininteligível e imprestável. As escolas estabelecidas no Oriente para o ensino e o cultivo dessas ciências desfrutavam de excelente reputação. Transmitiram o amor pela ciência aos seus compatriotas, conquistadores de Espanha e África, e a fama das escolas que ali instituíram rivalizava com as do Oriente. Muitos que nessa época se distinguiram por sua proficiência científica foram educados em escolas árabes. Bruckerus reúne numerosos exemplos em sua *História filosófica*, vol. III, p. 681 s.[5] Quase todos os homens que, ao longo dos séculos, se destacaram na ciência, ou foram diretamente educados pelos árabes ou estudaram a filosofia deles. A Idade Média tomou conhecimento da filosofia aristotélica graças a traduções realizadas por estudiosos árabes. Os comentadores árabes eram considerados os mais capacitados e legítimos guias no estudo desse sistema (*Antiguidades acadêmicas, op. cit.*, 3ª dissertação, p. 95 s. e suplemento, p. 241 s. Muratori, *Antiguidades italianas*, vol. III, p. 932 s).[6] A esses comentadores devem os escolásticos o gênio e os princípios da sua própria filosofia, que tanto contribuiu para retardar o progresso da verdadeira ciência.

---

5   Jacobus Bruckerus, *Institutiones Historiae Philosophicae*. Breitkopf: 1756. (NT)

6   Lodovico Antonio Muratori, *Antiquitates italicae medii aevi*. 6 vols. Roma: 1738-1743. (NT)

O estabelecimento de universidades e colégios inaugura uma era excepcional na história da arte literária. As escolas de monastérios e catedrais se restringiam principalmente ao ensino da gramática; um ou dois professores eram suficientes para o cumprimento desse ofício. Outros colégios empregavam mais professores e ensinavam outras partes da ciência. O curso e o currículo eram invariáveis: estipulava-se o tempo a ser dedicado ao estudo de cada uma das ciências, aplicava-se regularmente um exame para avaliar a proficiência dos estudantes, os aprovados recebiam títulos e condecorações acadêmicas. Um bom relato da origem e natureza dessas instituições se encontra em Johannes Bacmeisterus, *Antiguidades de Rostock, apud Monumenta inedita Rerum Germania,* vol. III, p. 781.[7] A primeira menção de graduação acadêmica na universidade de Paris (da qual as outras universidades da Europa absorveram a maior parte de seus costumes e institutos) data de 1215 (Crevier, *Histoire de l'université de Paris,* tomo I, p. 296 ss).[8] Seu estabelecimento definitivo se deu em 1231; *idem,* p. 248. Não é preciso enumerar os muitos privilégios aos quais se intitulavam bacharéis, mestres e doutores. Uma única circunstância é suficiente para mostrar a elevada estima de que desfrutavam. Em diferentes faculdades, a eminência dos doutores era comparável a dos cavaleiros: muitas vezes eram promovidos à condição destes, com as respectivas prerrogativas. A atribuição do título de doutor independia do sobrenome de família. Bartolus foi professor de "doctorem actualiter regentem in jure civili per decennium effici militem ipso facto" (Honoré de St. Marie, *Dissert.* p. 165).[9] Esse posto era chamado "chevalerie de lecture", e quem o ocupava era dito "milites clerici". Os novos estabelecimentos educacionais, juntamente com as extraordinárias honras concedidas aos homens de letras, contribuíram para o aumento significativo do número de estudantes. No ano de 1262, havia na universidade de Bolonha cerca de dez mil estudantes; a história mostra que o direito era a única disciplina ali ensinada.

---

7 Johann Vogt, *Monumenta Inedita Rerum Germanicarum, præcipiie Bremensium.* Bremen: 1740. (NT)

8 Jean-Baptoiste Louis Crevier, *Histoire de l'université de Paris depuis son origine jusqu'en 1600. 7 vols.* Paris: 1761. (NT)

9 Honoré de St. Marie, *Dissertations historiques et critiques sur la Chevalerie ancienne et moderne, Séculière et Régulière.* Paris: 1718. (NT)

Em 1340, a universidade de Oxford contava cerca de trinta mil estudantes (Anderson, *Deduction of commerce*, vol. I, p. 172).[10] Nesse mesmo século, dez mil pessoas votaram numa assembleia da universidade de Paris, mas, como esse privilégio era exclusivo dos graduados, é provável que o número total de estudantes fosse muito maior (Velley, *Histoire de France, op. cit.*, tomo XI, p. 147). É verdade que havia poucas universidades na Europa da época, mas um tão grande número de estudantes prova o extraordinário ardor com que os homens se dedicavam ao estudo da ciência e mostra ainda que também consideravam honrosas e dignas outras profissões além da carreira militar.

---

10 Adam Anderson, *An historical and chronological deduction of commerce*. Londres: 1764. (NT)

Descrição da América[1]

PASSARAM-SE VINTE E SEIS ANOS desde que Colombo conduziu o povo europeu ao Novo Mundo. Nesse ínterim, os espanhóis realizaram grandes progressos em sua exploração. Firmaram-se em cada uma das ilhas dispersas pelos mares que separam o sul do norte da América. Velejando ao longo da costa leste, do rio da Prata ao golfo do México, certificaram que o continente se estende ininterruptamente por uma imensa parcela do globo. Descobriram um vasto oceano ao sul, abrindo novas perspectivas de navegação. Adquiriram algum conhecimento da costa da Flórida, e embora não tenham ido mais para o norte, outras nações visitaram as regiões que eles deixaram intocadas. Os ingleses velejaram ao longo da costa leste, do Labrador à Flórida, e os portugueses, em busca de uma passagem para as Índias Orientais, se aventuraram no Atlântico e chegaram a regiões mais ao sul.[2] Foi assim que se adquiriu, nesse período, um conhecimento quase que completo da extensão total do Novo Mundo. Faltava apenas descobrir os países que ocupam a costa oeste, do grande império do Peru até os extensos domínios dos soberanos do México.

A primeira coisa que impressiona quando contemplamos a América é a sua imensidão. O continente descoberto por Colombo não é uma parcela de terra desprezível, que tivesse se furtado à observação e ao interesse de épocas precedentes. O que ele descobriu é um hemisfério maior do que a Europa, a África ou a Ásia, que são as três subdivisões do mundo antes conhecido, e não muito inferior a um terço das partes habitáveis do globo. A América se destaca tanto por sua posição quanto por sua magnitude. Estende-se do círculo polar ao norte até uma extrema latitude ao sul, onde ultrapassa em mais de 1.500 milhas a latitude das partes correspondentes de outros continentes. Uma terra tão vasta inclui a gama inteira dos climas propícios à habitação

---

1 *History of America*, livro IV, cap. 1 (abertura). 6 vols. Londres e Edimburgo: 1792 ss. Tradução: Pedro Paulo Pimenta. (NE)

2 Antonio de Herrera, *Historia general de los hechos de los castellanos en las islas y Tierra Firma*, livro VI, cap. 16. 4 vols. Madrid: 1601; Jean de Lery, *Histoire d'une voyage fait à la terre du Brésil*. Paris: 1578. (NA)

humana, favoráveis ao cultivo dos variados produtos peculiares das zonas temperada ou equatorial.

A par da extensão, impressiona ao observador a grandeza dos objetos que ali se oferecem à vista. A natureza parece ter realizado suas operações em escala mais vasta e com mão mais firme que de costume, dotando suas feições de uma magnificência ímpar. As montanhas são muito mais altas na América do que em outras divisões do globo. O planalto de Quito, que pode ser considerado a base dos Andes, eleva-se acima do nível do mar, muito mais que os Pirineus. A estupenda cordilheira dos Andes, que se destaca por sua extensão bem como por sua altura, ergue-se em alguns pontos mais de um terço acima do Tenerife, que é ponto mais alto do velho hemisfério. Dos picos dos Andes, pode-se dizer literalmente *que eles se escondem por entre as nuvens*; as tempestades e tormentas passam incógnitas por seus cumes, que expostos aos raios de sol da zona equatorial, estão eternamente cobertos de neve.[3]

Dessas formidáveis montanhas desprendem-se rios de proporcional estatura, aos quais não se comparam os braços d'água que cindem a Europa, seja em extensão, seja quanto ao volume de água que despejam no oceano. O Maranhão,[4] o Orinoco e o Prata, na América do Sul, o Mississipi e o São Lourenço na América do Norte, fluem entre margens tão largas que muito antes de chegarem ao mar eles parecem mais afluentes marítimos do que rios d'água fresca. Os lagos não são menos conspícuos pela estatura do que as montanhas e os rios. Em outras partes do globo, não se encontra nada de similar às prodigiosas cadeias de lagos da América do Norte. Mais apropriado é referir-se a eles como mares de água fresca, no interior do continente, pois mesmo os de segunda ou terceira ordem têm uma circunferência maior que a de qualquer lago de outras partes do globo, com exceção do Cáspio.

O Novo Mundo está predisposto, por sua forma, ao intercurso comercial. Um continente como a África, formado por uma vasta massa sólida,

---

3 Tropo recorrente na literatura do século XVIII, herdado da pintura: a cordilheira, ou as montanhas como representação que ocasiona o sentimento do sublime. A desproporção entre as forças da natureza e a estatura humana remete à sabedoria e ao poder do criador ou da natureza (conforme a preferência filosófica de cada um). (NT)

4 O rio Amazonas. (NT)

imperturbada por afluentes a cindirem o seu interior, com uns poucos grandes rios, situados a considerável distância uns dos outros, um continente como esse, digo, está fadado a permanecer eternamente incivilizado, sem qualquer comunicação ativa ou constante com o resto da humanidade. Já um continente como a Europa, rasgado por imensas incursões marítimas, tais como o Mediterrâneo e o Báltico, ou como a Ásia, cuja costa é recortada por profundas baías que avançam terra adentro, tais como o mar Negro e os golfos da Arábia, da Pérsia, de Bengala e do Sião, um continente cujo litoral é pontuado por uma abundância de ilhas, grandes e férteis, e no qual não faltam rios navegáveis, de uma terra assim pode-se dizer que ela possui tudo o que há de mais necessário ao progresso de seus habitantes nas artes do comércio e do aprimoramento.

Em cada um desses quesitos, a América é comparável a outras partes do mundo. O golfo do México, que se situa entre a América do Norte e a do Sul, pode ser considerado uma espécie de mar Mediterrâneo, que viabiliza o comércio marítimo entre as terras férteis que o circundam. As ilhas que se espalham por seu litoral ficam pouco a dever às do arquipélago do Índico, em número, magnitude e riqueza. Na parte mais setentrional do hemisfério americano, a baía de Chesapeak oferece ao navegante uma espaçosa enseada, que o conduz ao interior de províncias não menos férteis que extensas. E caso o progresso da cultura e da população venha a mitigar o extremo rigor do clima, nos distritos mais ao norte, a baía de Hudson se tornará tão útil ao comércio naquela parte do globo quanto é o Báltico na Europa. A grande porção meridional do Novo Mundo é rodeada de águas por todos os lados, com exceção do fino istmo que separa o oceano Atlântico do Pacífico, e embora não seja entrecortada por grandes baías ou golfos, pode-se alcançar o seu interior por meio de numerosos e caudalosos rios, alimentados por tantos afluentes vindos de múltiplas direções que é possível, com um mínimo de arte e indústria, navegar o interior do continente passando por quase todas as suas províncias, do rio da Prata ao golfo de Pária. Essas benesses da natureza tampouco se confinam à América do Sul. O norte é igualmente abundante em rios que são navegáveis quase até a foz, e sua imensa cadeia de lagos provê uma comunicação interna mais extensa e cômoda do que em qualquer outra parte do globo. Mesmo as terras que se estendem entre os golfos de Darién e da Califórnia, entre os quais se encerra a parte central, têm vantagens peculiares. De um lado, banham a sua costa as águas do Atlântico, de outro, as do Pacífico. Os rios que deságuam em um e no outro propiciam ao comércio benefícios similares aos que poderiam resultar da comunicação direta entre eles.

O que principalmente distingue a América de outras partes do globo é, porém, a temperatura de seu clima, de acordo com as leis, ali vigentes, responsáveis por regular a distribuição de calor e frio. É impossível determinar com precisão a temperatura de uma parte do globo apenas pela medição de sua distância em relação ao Equador. O clima de um país é afetado por circunstâncias muito diversas, como a elevação em relação ao mar, a extensão de terra firme, a natureza do solo, a altura de montanhas adjacentes e muitas outras mais. Por diversos motivos, entretanto, a influência delas é menos considerável na Europa, onde se pode determinar, com razoável margem de acerto, a partir da posição de um país, o tenor de seu clima e a natureza de seus produtos.

As máximas fundadas na observação de nosso hemisfério não se aplicam à América, onde predomina o frio. Os rigores da zona glacial afetam regiões que, por sua posição, deveriam ser temperadas. Terras nas quais a uva e o figo amadureceriam são recobertas pela neve, durante metade do ano; outras, situadas no mesmo paralelo que as regiões mais férteis e cultivadas da Europa, são varridas por ventos que praticamente aniquilam o poder de vegetação. Regiões da América que se encontram nos mesmos paralelos que outras da África ou da Ásia, agraciadas por um clima brando, que favorece a vida e a vegetação, são dominadas pelo frio: o inverno reina, ainda que por um período de tempo relativamente curto, com extrema severidade. Na zona equatorial do continente, constata-se que o frio mitiga o calor abrasivo. Enquanto a costa da África é castigada com um fervor implacável, a do Peru respira um ar tão brando quanto temperado, ao abrigo dos fortes raios de sol, sob nuvens que os interceptam sem obstruir sua influência benigna.[5] Na costa leste, o clima mais similar ao de outras partes da terra é, no entanto, consideravelmente mais ameno do que em países da África e da Ásia que se encontram na mesma

---

5 Dom Antero de Ulloa, *Voyage historique de l'Amerique meridionale*, tomo I. 2 vols. Paris: 1752. (NA)

latitude. Entre o trópico de Capricórnio e o extremo sul, deparamos, antes que ao norte, mares de gelo e terras estéreis e inabitáveis, por serem muito frias.[6]

Causas diversas conspiram para tornar o clima americano tão marcadamente diferente daquele de outras partes do globo. Ainda não descobrimos a completa extensão do continente ao norte, mas sabemos que adentra mais o polo que a Europa ou a Ásia, que são banhadas por grandes mares navegáveis durante o verão, e que, mesmo quando estão cobertas de gelo, recebem ventos menos frios que os de outras terras em latitudes equivalentes. Na América do Norte, encontra-se uma imensa planície, que se estende do rio São Lourenço até a região polar, e da costa leste até uma cadeia de enormes montanhas cobertas de neve e gelo, a oeste. O vento, ao passar por essas terras altas e geladas, é impregnado de um frio intenso e cortante que se mantém inalterado quando cruza regiões mais ao sul, sendo mitigado apenas quando chega ao golfo do México. Na América do Norte, vento noroeste e frio extremo são sinônimos. Mesmo em climas mais úmidos, o vento noroeste tem um efeito indelével, que torna a transição do calor ao frio tão súbita quanto cortante. A essa poderosa causa podemos atribuir o extraordinário predomínio do frio e a implacável violência com que nessa parte do globo ele castiga as províncias do extremo sul.[7]

Outras causas, não menos notáveis, diminuem o poder de atuação do calor nas regiões do continente americano que se situam entre os trópicos. Na faixa tropical do globo terrestre, o vento sopra invariavelmente de leste para oeste. Partindo da Europa, chega à costa ocidental da África inflamado pelas abrasivas partículas que colheu nas áridas planícies da Ásia e nas escaldantes areias do Saara. A costa da África é, por isso, a parte do globo que sofre o calor mais tórrido, expondo-se, ademais, ao impiedoso ardor da zona equatorial. O mesmo vento quente que invade os países situados entre o rio Senegal e a Cafraria,[8] atravessa o Atlântico antes de chegar ao litoral sul-americano e, cruzando esse imenso corpo d'água, resfria-se e chega às

---

6 Pierre Charlevoix, *Histoire et description génééale de la Nouvelle France*, livro XIV. 3 vols. Paris: 1744; Jerome Richard, *Histoire Naturelle de l'air et des méteors*, livro II. Paris: 1771. (NA)

7 Charlevoix, *Histoire et description génééale de la Nouvelle France*, livros III, XIV, *op. cit.* (NA)

8 Região da costa leste da África que se estende do norte de Moçambique ao sul da Somália. (NT)

costas do Brasil e da Guiana como se fora uma brisa fresca, o que confere a esses países, entre os mais quentes da América, um clima mais ameno em comparação aos que estão do outro lado do oceano. Ao avançar pela América do Sul, atravessa imensas planícies, cobertas por florestas impenetráveis ou ocupadas por imensos rios, pântanos e mangues, que mantêm constante a sua temperatura, chegando por fim aos Andes, que se estendem de uma ponta a outra da América do Sul, onde, cruzando as imensas e geladas montanhas, resfria-se a tal ponto que os países da costa oeste mal sentem o calor ao qual estariam expostos por sua localização.[9] Nas províncias que se estendem de Tierra Ferma ao Império do México,[10] o clima é temperado – em alguns lugares devido aos planaltos, em outros, à extrema umidade, em todos, às enormes montanhas que se esparramam por essa porção de terra. As ilhas americanas da zona equatorial são pequenas ou montanhosas, arejadas por ventos frescos marítimos ou por brisas terrestres.

As causas do extraordinário frio no extremo sul da América e nos mares circundantes não são fáceis de explicar. Uma suposição antiga diz que haveria um imenso continente, dito *Terra Australis Incognita*, entre o extremo sul da América e o polo antártico. Os mesmos princípios que dão conta do frio extremo das regiões mais setentrionais do continente são empregados para explicar o frio do cabo de Horn e adjacências. A imensa extensão da América do Sul e os grandes rios que deságuam no Atlântico são mencionados e aceitos por alguns estudiosos como uma causa suficiente para explicar a peculiar sensação de frio e, o que é ainda mais inusitado, a existência de mares de gelo naquela parte do globo. Contudo, o continente imaginário ao qual se atribui essa influência no clima jamais foi encontrado – o espaço que ele ocuparia é mar aberto e nada mais[11] –; é necessário elaborar outra conjectura para dar conta das causas da temperatura de um clima tão diverso daquele que encontramos em outros países posicionados na mesma latitude.

---

9 Padre José de Acosta, *De Natura Novi Orbis*, cap. 11. Paris: 1589; Buffon, *Histoire naturelle*, livro II. Paris: 1749. (NA)

10 Isto é, do noroeste da Colômbia ao sul do México, onde se situava o reino asteca. (NT)

11 Refere-se às expedições do capitão James Cook (1772 e 1774). A Antártida foi avistada pela primeira vez em 1820. (NT)

Tendo contemplado as qualidades características e permanentes do continente americano, aquelas que dependem de sua localização peculiar e da disposição de suas partes, o próximo objeto digno de atenção é a sua condição quando foi descoberto, no que se refere à indústria e à intervenção humanas. Os efeitos do cultivo e da lavoura são mais extensos e profundos do que se imagina. Quando percorremos as partes habitadas do globo, muito da beleza e fertilidade que atribuímos à mão da natureza é obra do homem. Seus esforços, quando persistem por muitas épocas sucessivas, alteram a aparência e aprimoram as qualidades da terra. E, como uma boa parte da Europa se encontra há muito tempo ocupada por nações avançadas nas artes e na indústria, nosso olhar se habituou a ver a terra na forma que ela adquire ao ser adaptada à residência de numerosos habitantes e ao suprimento de suas necessidades.

Na América, em contrapartida, a condição do gênero humano era mais rudimentar, e a natureza tinha um outro aspecto. Ao longo de sua vasta extensão, duas monarquias somente se destacavam por seus territórios ou por sinais de progresso e desenvolvimento.[12] O resto do continente era ocupado por tribos menores, destituídas de arte e indústria, e tão incapazes de corrigir os defeitos quanto indispostas a melhorar a condição da terra em que viviam. As regiões habitadas por esses povos se encontravam quase no mesmo estado em que estariam se fossem desabitadas. Imensas florestas recobriam boa parte das terras incultivadas, a mão da indústria não dera aos rios o melhor curso, nem drenara as águas estagnadas, e muitas das mais férteis planícies estavam inundadas ou haviam se convertido em pântanos. Nas províncias do sul, onde o calor do sol, a umidade do ar e a fertilidade do solo conspiram para recrutar os mais vigorosos poderes de vegetação, as florestas são tão luxuriantes que se tornam quase impenetráveis, e a superfície do solo é recoberta por uma grossa camada de raízes, ervas e mato. Nesse estado de desolação e abandono permanecem boa parte das províncias que se estendem dos pés dos Andes à costa do Atlântico. Os colonos europeus desbravaram e cultivaram alguns pontos, localizados ao longo da costa; mas os habitantes originais nada fizeram para aprimorar um solo dotado de praticamente todas as vantagens possíveis de localização e clima.

---

12 Refere-se aos reinos do Peru (Inca) e do México (Maia e Asteca). (NT)

Nas províncias mais ao norte, a natureza mostra o mesmo aspecto inóspito, e tão mais desoladoras e horríveis se tornam quanto mais rigoroso o clima. As florestas, embora não tenham vegetação exuberante, são imensas e vastas, prodigiosos pântanos cobrem as planícies, raras são as marcas de atividade humana no cultivo ou melhoria do solo. Não admira que os colonos enviados da Europa tenham se decepcionado ao desembarcar no Novo Mundo, que lhes pareceu estéril, solitário e pouco auspicioso. Os ingleses que se assentaram no norte chamaram de *bravas* as terras que ali encontraram. E apenas a expectativa de encontrar minas de ouro pode explicar a determinação com que os espanhóis marcharam pelas florestas e pântanos da América. A cada passo que deram, não deixaram de observar a marcante diferença entre a face da natureza incultivada e a beleza que ela poderia adquirir com a benfeitoria da indústria e arte humanas.

O trabalho do homem não somente embeleza a terra como a torna mais acolhedora e receptiva. Em regiões negligenciadas, destituídas de civilização, o ar estagna nas florestas, vapores pútridos sobem das águas, a superfície da terra, oprimida pela densa vegetação, não recebe raios de sol ou ventos que a refresquem, os nocivos destemperos incidentes ao clima se tornam mais virulentos, e abundam as doenças fatais. As províncias americanas, quando descoberto o continente, se mostraram invariavelmente insalubres, como sentiram na pele os espanhóis, em suas expedições de conquista e colonização. Embora estivessem perfeitamente qualificados, por sua constituição física, por seu temperamento e por seu vigor intelectual, para servir em climas opressivos, foram severamente castigados pelas mortíferas e perniciosas qualidades das regiões incultivadas das quais se apossaram e nas quais se estabeleceram. Muitos tombaram vítimas de pestes desconhecidas e virulentas, e os que sobreviveram à devastadora fúria da pestilência não puderam evitar os perversos efeitos do clima, retornando à Europa, segundo informam os historiadores, abatidos e desanimados, com a aparência lânguida e a tez amarela, tão inclemente o regime ao qual estiveram submetidos.[13]

---

13 Francisco Lopez de Gomara, *La historia general de las Indias*, caps. 20-22. Madrid: 1554; Dom José Oviedo y Bagnos, *Historia de la Conquista y Publicación de Venezuela*, livro II, cap. 13. Madrid: 1723 ; Petrus Martyr, *De rebus oceanicis et novo orbe decades tres*, epístola 545. Colônia: 1574. (NA)

O estado incultivado do Novo Mundo afetou não somente a temperatura do solo como também a qualidade de suas produções. O princípio de vida parece ali menos ativo e vigoroso do que em outras partes do globo. Apesar de sua imensa extensão e de seu clima variado, as espécies animais peculiares à América não são numerosas, em comparação a outros continentes. Nas ilhas avistadas por Colombo, não havia mais do que quatro espécies de quadrúpede, o maior deles do tamanho de um coelho. No continente, a variedade é maior. Embora os indivíduos de cada espécie se multipliquem mais à vontade, sem serem molestados pelos homens, que nunca foram tão numerosos ou organizados a ponto de representarem uma ameaça aos animais, o número de espécies é muito reduzido. Das duzentas espécies de animais que conhecemos, espalhadas pela face da terra, apenas um terço é originária da América. Ali, a natureza é não somente menos prolífica como também menos vigorosa em suas produções.[14] Os animais originários dessa parte do globo não parecem ser tão robustos ou ferozes quanto os de outros continentes. A América não produz qualquer criatura de dimensões comparáveis às do elefante ou do rinoceronte, nem tampouco de ferocidade equivalente à do leão ou do tigre. A onça brasileira, o mais nobre quadrúpede do Novo Mundo, não é maior que um bezerro de seis meses. O puma e o jaguar, feras caçadoras que os europeus chamaram de *leão* e *tigre*, não possuem a coragem daquele nem a crueldade deste,[15] são tímidos e pacatos, não amedrontam o homem e fogem ao menor perigo.[16]

As mesmas qualidades do clima americano que tolhem o crescimento e enfraquecem o ânimo de seus animais nativos se mostram perniciosas aos animais que migraram de outros continentes ou que foram trazidos pelos europeus.[17] Os ursos e lobos americanos são menores que os do ve-

---

14 Buffon, *Histoire naturelle*, livro VIII, *op. cit.* (NA)

15 Buffon, *Histoire naturelle*, livro IX, *op. cit.*; Giorgi Marcgravi, *Historiae naturatis brasiliae*. Amsterdam: 1648. (NA)

16 Buffon, *Histoire naturelle*, livro IX, *op. cit.*; Acosta, *De natura novi orbis*, livro IV, cap. 34, *op. cit.*; Herrera, *Historia general de los hechos de los castellanos*, livro IV, cap. 1, livro X, cap. 13, *op. cit.* (NA)

17 Alonso Ovalle, *Historica Relacion del Reyno de Chili*, livro III. Roma: 1646; Oviedo y Bagnos, *Historia de la conquista de Venezuela*, caps. 14-22, *op. cit.* (NA)

lho mundo.[18]A maioria dos animais domésticos de procedência europeia diminuíram de tamanho e perderam as suas qualidades nessa terra cuja temperatura e solo parecem menos propícios à perfeição do mundo animal.

As mesmas causas que refreiam o crescimento e o vigor dos animais mais nobres estimulam a propagação e o crescimento de répteis e insetos. Embora não sejam exclusivas do Novo Mundo, e, fomentadas pela umidade e pelo calor, infectem a zona equatorial como um todo, é na América que essas odiosas tribos de animais mais rapidamente se multiplicam e atingem dimensões monstruosas. Como esse continente é no geral menos cultivado e menos habitado que outras partes do globo, o princípio ativo da vida é desperdiçado na produção de formas inferiores. O ar é infectado por nuvens de insetos, o chão é tomado por répteis horripilantes e repulsivos. A região de Porto Belo[19] é tão infestada de sapos que eles recobrem a superfície dos campos; as cobras não são menos numerosas em Guaiaquil; enxames de morcegos perturbam o gado e os habitantes de Cartagena.[20] Nas ilhas, legiões de formigas devastam as plantações e exaurem a terra, como se fora numa queimada. Os mangues às margens do Orinoco e do Maranhão estão infestados de toda espécie de criatura repugnante e venenosa que a pútrida umidade é capaz de dar à luz.[21]

Os pássaros do Novo Mundo não se destacam por qualidades tão características ou conspícuas como as que se observam nos quadrúpedes. Mais independentes do homem, são menos afetados pelas alterações que a indústria

---

18 Buffon, *Histoire naturelle*, livro IX, *op. cit.*; Peter Kalm, *Travels in North America*, livro I. Londres: 1748; Antoine Biet, *Voyage de la France*. Paris: 1664. (NA)

19 Colônia estabelecida pelos portugueses em meados do século XVIII em Santa Catarina, no sul do Brasil. (NT)

20 Ulloa, *Voyage historique*, livro I, *op. cit.*; Herrera, *Historia general*, livro III, caps. 03, 19, *op. cit.* (NA)

21 Charles Marie de la Condamine, *Relation abrégée d'un voyage fait dans l'intérieur de l'Amérique méridionale*. Paris: 1745; Padre José de Gumilla, *El Orinoco illustrado y defendido. Historia Natural, Civil y Geographica de este Gran Rio*, vol. II. 2 vols. Madrid: 1745; Charlevoix, *Histoire générale*, livro XIV, *op. cit.*; Dumont de Montigny, *Memoires historiques sur la Louisienee*, livro I. 2 vols. Paris: 1753; Oviedo y Bagnos, *Historia de la conquista de Venezuela*, caps. 52-62, *op. cit.* (NA)

realiza nas condições naturais; mais propensos a imigrar de um país a outro, gratificam seu instinto natural sem tantas dificuldades ou riscos. Isso explica o grande número de pássaros comuns à América e a outras partes do globo. Mesmo os que são peculiares ao Novo Mundo são semelhantes àqueles que se encontram em regiões correspondentes de outros continentes. Os pássaros americanos da zona equatorial, a exemplo daqueles de Ásia e África, exibem plumagens que deslumbram o olhar com a beleza de suas cores. Mas a natureza, contente em revesti-los em trajes tão vivos, negou-lhes a melodia e a variedade de notas que cativam e deleitam os ouvidos. Os pássaros do clima temperado americano têm uma aparência menos esplêndida, e lembram os do nosso continente; em compensação, têm mais amplitude vocal e são mais melodiosos que estes. Em alguns distritos da América, o clima inóspito parece ser desfavorável a essa espécie de animal. O número de pássaros diminui sensivelmente, e impressiona o viajante a solidão e o silêncio das florestas. É notável que a América, onde os quadrúpedes são nanicos e temerosos, tenha produzido o condor, que se intitula a *príncipe dos pássaros*, por seu tamanho, força e coragem.

O solo de um continente tão vasto só poderia ser variado ao extremo. Em cada uma de suas províncias, encontra-se uma peculiaridade distintiva. Pode-se observar em geral que a umidade e o frio, que predominam no continente como um todo, exercem grande influência no solo. Certas regiões da América passam uma boa parte do ano sob o gelo, enquanto países da Europa que se encontram no mesmo paralelo não são punidos dessa maneira. Abatido pelo frio lacerante, o solo não chega a recuperar calor suficiente para o amadurecimento de frutas tais como as que se encontram na Europa. Para semear na América os produtos abundantes no Velho Mundo, é preciso estar mais próximo da linha do Equador, onde a intensidade do calor enfim compensa a frigidez do solo e do clima. No cabo da Boa Esperança, que está muito abaixo do trópico de Capricórnio, cultivam-se com êxito muitas das plantas e frutas peculiares aos países tropicais; na Flórida ou na Carolina do Sul, que estão mais próximas do trópico de Câncer, os resultados são mais incertos. Mas, a não ser pela temperatura adversa, pode-se dizer que o solo da América é naturalmente tão rico e fértil quanto o de qualquer outra parte do mundo. Nesse continente, escassamente habitado, e por um povo indolente, que não tem o hábito de criar animais, ao contrário do que ocorre em nações civilizadas, a terra ainda não foi exaurida. Os produtos vegetais gerados pelo solo permanecem intocados; apodrecem, e, retornando a ele, fertilizam-no. Plantas e árvores dependem principalmente do ar e da água, e como não são consumidas pelo homem nem por outros animais, devolvem ao solo mais do que recebem dele. E assim, é provável que o solo da América venha se enriquecendo ao longo dos séculos. O grande número e as imensas dimensões das árvores americanas comprovam o extraordinário vigor do solo em seu estado nativo. Os europeus, quando começaram a desbravar o novo mundo, surpreenderam-se com o exuberante poder de vegetação dessa terra virgem: não raro os recursos do agricultor são indispensáveis para diminuir uma fertilidade excessiva e reduzi-la ao estado conveniente à cultura. [...]

A condição e o caráter das nações americanas na época em que os europeus as conheceram merece uma consideração mais atenta do que a investigação sobre a sua origem. Esta última é objeto de mera curiosidade; a primeira é uma das pesquisas mais importantes e instrutivas de que poderia se ocupar um historiador ou filósofo. Para tornar completa a descrição histórica da mente humana e chegar ao perfeito conhecimento de sua natureza e operações, devemos contemplar o homem em todas as situações em que se encontra. Devemos acompanhá-lo em seu progresso por diferentes estágios da sociedade, à medida que ele gradualmente avança do estado infantil para a sociedade civil, rumo à maturidade e ao declínio. Devemos observar, em cada período, como as faculdades de seu entendimento se desdobram, devemos acompanhar os esforços de seus poderes ativos, contemplar o surgimento dos vários movimentos de desejo e afecção em seu peito, assinalar para onde tendem e o ardor com que se exercem. Os filósofos e historiadores da Antiguidade, que são os nossos principais guias, aqui como em outras disquisições, tinham uma visão apenas limitada desse objeto, e raras vezes puderam investigar o homem em seu estado mais rudimentar e primeiro. Nas regiões da terra com as quais estavam familiarizados, a sociedade civil realizara avanços consideráveis e as nações já haviam percorrido boa parte de sua trajetória, antes que pudessem observá-las. Os sitas e os germanos, que são os povos mais rudimentares dos quais dispomos de relatos por escrito, tinham rebanhos e manadas, adquiriram propriedade de variada espécie, e, comparados ao gênero humano em estado primitivo, pode-se dizer que haviam chegado a um alto grau de civilização.

A descoberta no Novo Mundo alargou a nossa esfera de contemplação, oferecendo-nos à vista nações que, em seu grau de desenvolvimento, se encontravam muito menos avançadas do que aquelas que observáramos em nosso próprio continente. Na América, o homem se mostra na forma de subsistência mais rudimentar possível. Vemos comunidades que mal começaram a se reunir e podemos examinar os sentimentos e ações de seres humanos na infância da vida social, que apenas imperfeitamente sentem a força desse laços e mal abandonaram a sua liberdade nativa. O estado de primeva simplicidade que em nosso continente só era conhecido em fantasiosas descrições dos poetas, neste outro era uma realidade. A maior parte de seus habitantes desconhecia a indústria e a lavoura, ignorava as artes, concebia imperfeitamente a natureza da propriedade e desfrutava, quase sem restrição ou controle, das dádivas que espontaneamente afluem da fartura natural. Nesse vasto continente, somente duas nações realizaram um progresso mais considerável na aquisição de ideias e na adoção de instituições próprias de sociedades polidas. Seu governo e suas maneiras serão discutidas quando relatarmos a descoberta e a conquista dos impérios do México e do Peru, quando teremos a oportunidade de contemplar os americanos na mais alta condição a que jamais chegaram.[22]

---

22 Cf. *History of America*, livro VII, *op. cit.* (NT)

Adam Smith (1723-1790)

GRAÇAS À RIQUEZA DAS NAÇÕES, obra publicada em 1776 (o mesmo ano em que as treze colônias da América do norte declaram independência frente à Coroa britânica), Adam Smith se tornou um autor conhecido e aplaudido, primeiro na Grã-Bretanha e na Europa de seu tempo, depois pela posteridade. Aclamado em nossos dias como o profeta da economia de mercado, Smith foi bem menos e bem mais que isso. Sua obra não se restringe à economia política, disciplina filosófica que ele ajudou a promover ao estatuto de ciência. Autor de uma *Teoria dos sentimentos morais* (1759), foi um moralista na melhor tradição de Shaftesbury, Hutcheson e Hume. Lecionou retórica na Universidade de Edimburgo e escreveu uma investigação sobre a origem da linguagem. Examinou com argúcia as diferenças entre as belas-artes, dividindo-as, na esteira de Diderot, Burke e Rousseau, em imitativas e expressivas. Rastreou a natureza humana para encontrar nela os princípios de origem do conhecimento. Na *Riqueza das nações*, obra do gênero histó-rico-descritivo (trata-se de uma *inquiry* – investigação, inquérito), chegou ao ponto máximo de rigor a que o estudo das relações de produção e troca pôde leva-lo sem degenerar em um sistema que ignora a complexidade da natureza humana. Jamais ocorreu-lhe reduzir o homem, como farão os que o sucedem, ao ser que tudo considera e tudo faz pelo prisma da utilidade. De acordo com isso, sua maneira de falar nessa obra é rigorosa ao extremo, mas não se confunde com uma língua dos cálculos. Smith segue Condillac até certo ponto: sabe que o discurso é exposição e análise do pensamento, e que uma ciência não é mais que "uma língua bem feita", mas recusa-se a privar as línguas existentes (dentre elas o inglês, que ele considera inferior aos idiomas latinos) da capacidade de dizer, com precisão e seca eloquência, tudo o que se passa na mente do homem.

A vida desse profundo investigador da vida do homem em sociedade se passou sem grandes percalços. Começa como tutor, torna-se professor universitário, volta a inspecionar a educação de homens da elite de seu país e termina seus dias tranquilamente, como inspetor do tesouro. Mantém as melhores relações com Hume, Robertson e Blair; conhece os filósofos franceses, inclusive Rousseau, que, pode-se argumentar, é um dos principais interlocutores e adversários de seus escritos. Traduzido na Alemanha, será lido por Kant, Schiller e Hegel. Se a sua obra principal pode ser consultada por qualquer leitor interessado, em diversas traduções (é verdade que no mais das vezes infiéis ao original), bem como no texto original, inúmeras vezes reeditado, seus outros escritos permanecem relativamente desconhecidos. Os textos aqui incluídos, curtos e pontuais, chamam a atenção para aspectos menos estudados da obra de Smith, na verdade tão importante para a compreensão adequada de seu pensamento quanto para uma leitura em perspectiva da *Riqueza das nações* ou da *Teoria dos sentimentos morais*. Sua leitura mostra, se ainda fosse preciso, que estamos diante de um dos grandes da época das Luzes, capaz, inclusive como professor, de uma fina ironia que é rara em seus sóbrios escritos, posta a serviço da análise crítica.

Das origens da filosofia[1]

Nos PRIMÓRDIOS DA SOCIEDADE, quando a lei, a ordem e a segurança ainda não foram estabelecidas, os homens pouco se interessam pela descoberta das cadeias de eventos que ligam entre si fenômenos naturais aparentemente desconexos. Um selvagem cuja subsistência é precária e cuja vida está constantemente exposta aos maiores perigos não tem qualquer inclinação para se entreter com a busca de algo que, uma vez descoberto, não parece ter outro propósito além de tornar a cena da natureza um espetáculo mais coerente à sua imaginação. Muitas das pequenas incongruências que causam perplexidade ao filósofo escapam-lhe inteiramente à atenção. As irregularidades mais visíveis, cujo esplendor não se pode ignorar, inspiram-lhe assombro. Cometas e meteoros, eclipses, trovões e relâmpagos, tudo isso naturalmente o apavora pela grandeza, e ele os vê com uma reverência que beira o medo. Sua inexperiência e incerteza de tudo o que diz respeito a essas coisas – como elas surgiram, como desaparecem, o que veio antes, o que virá depois – exasperam seu sentimento, levando-o ao terror e à consternação. Mas, como bem observa o padre Malebranche, nossas paixões se justificam por si mesmas; isto é, sugerem-nos opiniões que as justificam.[2] Assim, diante de fenômenos aterrorizantes, o selvagem é propenso a acreditar em tudo o que possa confirmá-los como objetos de terror. Que esses fenômenos procedam de uma causa inteligente, embora invisível, que sejam o sinal ou efeito de sua ira e desgosto, tal é a noção que mais se presta a intensificar aquela paixão, e é, enquanto tal, a que ele está mais propenso a adotar. Reforçam essa disposição a covardia e a hesitação natural de homens de condição incivilizada: sem a proteção das leis da sociedade, exposto e indefeso, tem sempre ocasião para sentir a própria fraqueza, nunca a própria força.

Porém, nem todas as irregularidades da natureza são de espécie medonha ou terrível. Há outras perfeitamente agradáveis e belas. E estas, em

---

1   "The origins of philosophy". In: *Essays on philosophical subjects*: "The history of astronomy", seção III. Londres e Edimburgo: 1795. Redigido entre 1748 e 1755, com possíveis acréscimos posteriores. Tradução: Alexandre Amaral Rodrigues. (NE)

2   *Recherche de la verité*, vol. I, livro V, seção II. 3 vols. Paris: 1674-75. (NA)

virtude da mesma impotência da mente, são tidas com um prazer e ternura que beiram a devoção, pois tudo o que causa prazer naturalmente excita em nós gratidão. A criança acaricia a fruta que lhe parece saborosa e atira longe a pedra que a machuca. As noções de um selvagem não são muito diferentes. Os primeiros atenienses condenavam solenemente o cutelo que acidentalmente causara uma morte, e erigiam altares e faziam oferendas ao arco-íris.[3] É possível que sentimentos não muito diversos estejam presentes, em ocasiões similares, no coração dos homens mais civilizados, mas logo são coibidos pela reflexão de que tais coisas não lhes são apropriadas. Para um selvagem, cujas noções se orientam exclusivamente pela natureza bruta e a paixão indômita, tudo o que basta para provar que um objeto é apropriado a um sentimento é que ele excite tal sentimento. A reverência e gratidão que certos fenômenos da natureza lhe inspiram convencem-no de que são objeto apropriado à reverência e devoção, e, consequentemente, de que provêm de seres inteligentes aos quais agrada a expressão de tais sentimentos. Assim, aos seus olhos, todo objeto da natureza que pareça belo ou grandioso, benigno ou ameaçador, desde que seja suficientemente notável para atrair sua atenção e não opere de maneira perfeitamente regular, é considerado obra de uma potência invisível e dotada de intenção. O mar se dissipa em calmaria ou se atiça em tempestade ao bel-prazer de Netuno. A terra provê colheita generosa? Deve-se à indulgência de Ceres. A vinha dá frutos abundantes? É graças ao favor de Baco. Os deuses recusam as oferendas? Estão aborrecidos com os que as ofertam. A árvore, que ora viceja, ora definha, é habitada por uma Dríade, de cuja saúde dependem essas oscilações. A fonte que ora corre em abundante torrente, ora em exíguo fio d'água, ora límpida e tranquila, ora turva e agitada, é afetada, em cada uma dessas mudanças, pela Náiade que a habita. Tal é a origem do politeísmo e da superstição mais vulgar, que atribui todos os eventos irregulares da natureza às boas graças ou ao desgosto de seres inteligentes, mas invisíveis – deuses, demônios, bruxas, gênios ou fadas. Em todas as religiões politeístas, cultivadas pelos selvagens bem como pela primitiva Antiguidade pagã, observa-se que os eventos irregulares da natureza são os únicos atribuídos à intervenção ou poder dos deuses. O fogo

---

3 Cf. Porfírio, *De abstinentia ab esum animalum*, livro II, seções 29-30. (NT)

queima e a água refresca, corpos pesados caem e substâncias leves sobem pela necessidade natural que lhes é própria, sem que jamais se considere que a mão invisível[4] de Júpiter se ocupe de tais coisas. Eventos mais irregulares como trovões e relâmpagos, tempestades e secas, atribuem-se às boas graças ou à ira do deus. O homem, única potência dotada de intenção que conhecem, só atua para interromper ou alterar o que seria o curso natural dos eventos se deixados a si mesmos. Quanto aos demais seres inteligentes, que eles imaginam mas desconhecem, supostamente agiriam da mesma maneira, não em prol do curso ordinário das coisas, que se mantém por si mesmo, mas para interrompê-lo, perturbá-lo ou contrariá-lo. Nas primeiras épocas do mundo, a mais vil e temerosa superstição ocupa o lugar da filosofia.

Quando a lei estabelece ordem e segurança, e a subsistência deixa de ser precária, aumenta a curiosidade dos homens e diminuem as suas preocupações. O ócio de que então usufruem aguça sua atenção para os fenômenos da natureza, eles observam suas mínimas irregularidades e querem explicar a cadeia que liga uns aos outros. Que algum encadeamento subsiste em meio aos fenômenos naturais aparentemente desconexos, eles não podem deixar de reconhecer; os sentimentos magnânimos e dóceis que as naturezas generosas adquirem quando cultivadas em sociedades civilizadas, onde raramente sentem a própria fraqueza e frequentemente se dão conta da própria força e segurança, os tornam menos inclinados a preencher essa conexão com os seres invisíveis engendrados pelo medo e pela ignorância de seus rudes antepassados. Aqueles de fortuna abundante, que não se dedicam a negócios ou a prazeres mundanos, só conseguem preencher o vazio de sua imaginação, alheia às coisas da vida ordinária, voltando a atenção para a sequência de eventos que acontecem à sua volta. Enquanto os grandes objetos da natureza se sucedem diante deles, muitas coisas ocorrem numa ordem à qual não estão acostumados. Sua imaginação, que acompanha com facilidade e deleite o andamento regular da natureza, se detém embaraçada e constrangida por essas aparentes incoerências, que têm algo de espantoso e parecem exigir uma cadeia de eventos intermediários, que, conectando-as a algo já ocorrido, dê consistência

---

4 Trata-se da primeira vez que Smith se utiliza da metáfora da "mão invisível", repetida na *Teoria dos sentimentos morais*, livro IV, cap. 1 (Londres: 1758), e celebrizada na *Riqueza das nações*, livro IV, cap. 2 (Londres: 1776). (NT)

e coesão ao curso do universo como um todo. É o espanto, por conseguinte, não uma expectativa qualquer de obter vantagem com essas descobertas, o princípio primeiro que instiga os homens ao estudo da filosofia, ciência que pretende expor as conexões ocultas que unem os diversos fenômenos da natureza. E, se os homens perseguem esse estudo, é por seu valor intrínseco, como um prazer original e um bem em si mesmo, sem consideração pela tendência a lhes dar acesso a outros prazeres.

A região da Grécia, e suas colônias na Sicília, na Itália e na Ásia Menor, foi a primeira, na parte ocidental do mundo, a chegar à condição de sociedade civilizada. Foi ali que surgiram os primeiros filósofos de cujas doutrinas temos conhecimento. Lei e ordem parecem ter se estabelecido nas grandes monarquias da Ásia e do Egito muito antes de se firmarem na Grécia. Mas, não obstante o que se diz da sabedoria dos caldeus e egípcios, não é possível averiguar com um mínimo de precisão, por falta de registros históricos, se em algum momento houve nessas nações algo que merecesse o nome de ciência, ou se o despotismo, que predominou em todo o Oriente, mais ruinoso para a segurança e tranquilidade do que a própria anarquia, teria impedido o florescimento da filosofia.

As colônias gregas, tendo se assentado em meio a nações que ou eram inteiramente bárbaras ou inteiramente arredias à guerra, e sobre as quais não demoraram a impor a sua autoridade, parecem por isso ter alcançado um grau de considerável imponência e opulência antes que qualquer um dos estados de sua região de origem tivesse superado a pobreza extrema, que, sem dar ensejo a qualquer distinção evidente de classes, é necessariamente acompanhada da confusão e desregramento que decorre da falta de uma subordinação regular. Também as ilhas gregas, por estarem protegidas de invasões de exércitos por terra bem como da investida de forças navais, pouco utilizadas nessa época, parecem ter se antecipado ao resto do continente em toda sorte de civilidade e melhoramento. Tudo indica que os primeiros filósofos e os primeiros poetas foram nativos de colônias e ilhas gregas. Nelas nasceram Homero, Arquíloco, Estesícoro, Simônides, Safo e Anacreonte. Tales e Pitágoras, fundadores das duas seitas filosóficas mais antigas, surgiram respectivamente numa colônia asiática e numa ilha, mas nenhum deles estabeleceu sua escola no país natal.

Qual teria sido o sistema particular de cada um desses filósofos, se é que suas doutrinas eram suficientemente metódicas para merecerem o nome de sistema, eis algo impossível de determinar com precisão, dadas as imperfeições e incertezas contidas nos relatos tradicionais de que dispomos a respeito. A escola de Pitágoras, contudo, parece ter ido além daquela do filósofo jônio no estudo dos princípios de conexão da natureza. Os relatos acerca de Anaximandro, Anaxímenes, Anaxágoras e Arquelau, sucessores de Tales, representam as doutrinas desses sábios repletas das mais inextricáveis confusões. Entretanto, pode-se entrever algo próximo de um sistema composto e ordenado nos fragmentos que temos das doutrinas dos mais renomados filósofos da escola italiana – Empédocles, Árquitas, Timeu e Ocalo de Lugano. As opiniões destes dois últimos coincidem, respectivamente, com as de Platão e as de Aristóteles. O mesmo vale em relação aos dois primeiros: Empédocles é o autor da doutrina dos quatro elementos, ao passo que Árquitas inventou as categorias. Eles podem, portanto, ser considerados fundadores da física e da dialética antigas, respectivamente. Mostraremos mais adiante qual a proximidade entre essas doutrinas.[5] Contudo, foi na escola de Sócrates, com Platão e Aristóteles, que a filosofia primeiro recebeu a forma que viria a lhe facultar o reconhecimento geral do mundo. É a partir desses homens que podemos reconstituir a história da filosofia em detalhe. Tudo o que há de

---

5 "A metafísica considera a natureza geral dos universais e as diferentes sortes ou espécies em que podem ser divididos. A lógica, por sua vez, se ergue a partir da doutrina da metafísica, e tenta, a partir da natureza geral dos universais e das sortes em que se dividem, certificar as regras gerais pelas quais podemos distribuir todos os objetos particulares em classes gerais, e determinar a qual classe pertence cada objeto individual. Consiste nisso, como bem viram os antigos, a arte do raciocínio filosófico. A primeira dessas ciências, a *metafísica*, subordina-se inteiramente à segunda, a *lógica*; mas parece que, antes de Aristóteles, eram tidas como uma mesma ciência, compondo a antiga dialética, da qual tanto se fala e pouco se entende. Mas a separação entre elas não foi observada pelos seguidores de Aristóteles, os antigos peripatéticos, nem por qualquer outra das antigas escolas filosóficas. Posteriormente, os escolásticos distinguiram a *ontologia* da *lógica*. Mas a sua ontologia contém apenas uma parcela daquilo que é objeto dos livros de metafísica de Aristóteles, cuja parte principal, isto é, a doutrina dos universais e todo o preâmbulo às artes de definir e dividir é, desde Porfírio, parte integrante da lógica." "The history of ancient logics and metaphysics", § 1. In: *Essays on philosophical subjects, op. cit.* (NT)

valor nos primeiros sistemas é inteiramente consistente com os princípios gerais destes últimos filósofos e foi consolidado por eles em seus próprios sistemas. Até onde vejo, Platão e Aristóteles não devem nada à filosofia de Íon. Da escola pitagórica eles parecem derivar os princípios fundamentais de quase todas as suas doutrinas. Platão foi ainda influenciado por duas outras seitas filosóficas, que por serem extremamente obscuras não chegaram a obter uma maior reputação: a primeira é a de Crátilo e Heráclito; a segunda, de Xenófanes, Parmênides, Melisso e Zenão. Resgatar do atual esquecimento os sistemas desses filósofos pré-socráticos seria, no entanto, algo vão e inútil. O que porventura se deve a eles será oportunamente assinalado.

Há ainda outra escola filosófica, anterior a Platão, mas da qual ele estava tão afastado que não parece ter aproveitado dela o que fosse, valendo-se, pelo contrário, de toda a força de sua razão para desacreditar e desmascarar os seus princípios. Trata-se da filosofia de Leucipo, Demócrito e Protágoras, a qual, ao que tudo indica, parece ter tombado diante da eloquência platônica, permanecendo esquecida e em estado latente por sucessivas gerações, antes de ser revivida com mais êxito por Epicuro.

A eloquência inglesa[1]

Ofereço-lhes agora uma explicação sobre o estado da eloquência judicial na Inglaterra, que é muito diferente daquela da Grécia ou de Roma.[2] Geralmente, atribui-se essa diferença aos exíguos progressos realizados no cultivo da linguagem e do estilo neste país, em comparação aos de tempos antigos. Essa causa é, em certa medida, verdadeira, mas imagino que outras tenham ainda contribuído para uma diferença tão essencial na prática da eloquência. A eloquência que hoje mais se estima é a do estilo pleno, distinto e perspícuo, sem as partes floreadas ou ornamentais que se encontram no estilo antigo. Essa e outras diferenças devem surgir necessariamente da natureza das cortes judiciais e da disposição particular do povo. As cortes de então se pareciam muito com os júris de hoje, sendo formadas por um considerável número de homens, que não tinham treino jurídico, que ocupavam seus postos por um brevíssimo período de tempo,

---

1 *Lectures on rhetoric and belles-lettres*, seção XXX, parte final. Ministradas entre 1761-63, editadas por J. C. Bryce e publicadas em 1983, no volume IV das obras completas (Oxford). Tradução: Pedro Paulo Pimenta. (NE)

2 As características da eloquência antiga são enumeradas por Smith nesta comparação entre as virtudes dos dois maiores oradores antigos: "Demóstenes era muito diferente de Cícero, tanto por temperamento próprio quanto pelo gênio do seu país. Austero, só se deixava mover pelo que é realmente importante, e sua indignação ia sempre mais longe do que a sua compaixão. Por ansiedade, passava de uma coisa a outra sem observar uma ordem particular. A lógica e a dialética, bem como a retórica, não desfrutavam em Atenas da mesma estima que viriam a ter em Roma, e por isso não há em Demóstenes nenhum sinal das divisões recomendadas por essas ciências. Frequentemente, não tem exórdio ou não o distingue marcadamente da narração. As demais partes da oração [confirmação, refutação, peroração] encontram-se, da mesma maneira, misturadas umas às outras. O florido e o esplendoroso não aparecem em suas obras, o fácil e o familiar eram mais valorizados em sua época. A paixão que o anima é a indignação, mais duradoura que a compaixão, com a qual Cícero inicia as suas orações e ao longo das quais se mantém fiel. A maneira livre e fácil dos gregos não poderia admitir perorações designadas para mover as paixões, tais como as que encontramos em Cícero; por isso, não as encontramos em nenhum orador grego. No geral, Cícero é mais apto a obter nossa piedade e amor, Demóstenes a despertar nossa indignação. Este é firme e imponente, aquele é persuasivo e comovente". *Lectures on rhetoric*, seção XXX, *op. cit.* (NT)

que muitas vezes eram, em boa parte, escolhidos para o julgamento de um caso particular, e que eram escolhidos não entre os mebros de uma classe determinada, mas por sorteio ou revezamento entre membros do povo como um todo. Os juízes na Inglaterra, por sua vez, são indivíduos preparados para o direito, que têm ou deveriam ter exaustivo conhecimento das leis, que são versados nas diferentes circunstâncias dos muitos casos dos quais já participaram, como juízes ou litigantes, e que supostamente conhecem todos os argumentos que venham a surgir na corte. Por isso tudo, é-lhes estranha uma boa parte da substância que compõe as orações de outrora. Não há lugar para nenhuma narração, cujo único desígnio é entrelaçar fatos que podem ser comprovados com outros que não o podem, de modo a conferir credibilidade a estes últimos por meio de sua conexão com os primeiros. Mas como hoje não tem mais peso algum o que não pode ser comprovado, essa sorte de narração perdeu toda finalidade. Ao litigante não resta senão relatar os fatos que deve provar, e que, muitas vezes, não têm conexão alguma uns com os outros. A única situação, na verdade, em que ele pode oferecer uma narração completa do caso como um todo, é quando há uma testemunha de tudo o que ocorreu, o que é muito raro. Se afirma como fato algo que não pode provar, como faziam os antigos oradores, será severamente reprimido; não há qualquer oportunidade para que faça pouco de um argumento que se ofereça contra a sua causa, pois o juiz perecebe a artimanha e ignora o que se diga com esse intento; e tampouco pode escamotear uma fraqueza entre dois pontos fortes, manobra que logo será detectada. Se tudo isso era recomendado pelos antigos retóricos, é porque contavam com a desatenção e ignorância dos juízes. Mas como essa circunstância foi suprimida, tais recursos deixaram de ter sentido. O litigante de hoje deve ser muito mais estrito que os de Roma ou da Grécia, e constatamos que os mais respeitados são aqueles que apontam para o objeto da maneira mais clara e distinta e tentam oferecer ao juiz uma ideia nítida da causa.

Uma numerosa assembleia popular é um objeto imponente, que de início assusta e amedronta o orador. Mas, tão logo se deixe comover pela causa que ele com tanto empenho defende, torna-se um estímulo e passa a animá-lo, e a confusão que ele percebe no público o encoraja a provocar as suas paixões. Um juiz, todavia, é um único homem, que, auxiliado por um júri sereno, jamais se deixaria levar pela comoção ou pela animação de suas paixões.

Oradores floridos não são nada respeitados. Quem quisesse levantar uma tempestade diante de cinco ou seis pessoas passaria por tolo ou por louco, embora o mesmo comportamento, diante de uma imensa assembleia popular, pareça apropriado e conveniente à ocasião. Seria de esperar que a Casa dos Lordes, por ser consideravelmente numerosa, desse ensejo a mais passionalidade e animação. Na maioria dos debates acerca de causas privadas, porém, só 30% dos membros se faz presente. Em questões de Estado, é verdade, encontram-se todos reunidos, mas então a ordem e o decoro são mantidos solenemente e não se permite qualquer distensão das paixões. Dentre todos os julgamentos de questões de Estado que foram publicados, os discursos mais louváveis são aqueles que procedem na ordem plena e natural, e se alguma vez se introduz algo que possa parecer calculado para comover as paixões, é tão-somente a título de sugestão. O decoro atualmente em voga não admite a menor extravagância. O comportamento que na Inglaterra se considera polido é calmo e composto, tem a paixão serena, imperturbada por ímpeto. Estrangeiros observam que nenhuma outra nação do mundo usa tão pouco os gestos na conversação como os ingleses. Um francês que conta uma história que não diz respeito à sua pessoa utiliza mil gestos das mãos e contorções da face: um inglês educado vos contará uma outra, que diz respeito à sua própria vida e fortuna, sem mover um músculo. Montesquieu diz que assistiu à encenação de uma mesma ópera diante de duas audiências, uma italiana e a outra inglesa, e que a reação delas foi muito diferente: enquanto uns se derretiam em êxtases de prazer, os outros permaneceram inteiramente indiferentes. Esse judicioso autor francês atribui o fenômeno à falta de sensibilidade dos ingleses e à sua ignorância da música,[3] mas parece estar enganado. Se há uma arte que os ingleses compreendem bem, é a música. Os de baixa condição muitas vezes dão mostra de grande acuidade em seu juízo, os de melhor condição muitas vezes a conhecem de maneira completa e magistral. A verdadeira causa da indiferença passional dos ingleses é a ideia que eles têm de polidez.

A noção de polidez do espanhol é uma gravidade majestosa, cheia de si, pesadamente filosófica. O francês, por sua vez, a encontra em uma facilidade

---

3   Montesquieu, *Do espírito das leis*, livro XIV, cap. 2. Paris: 1748. (NA)

jovial, afável e sociável. Na Inglaterra, polidez consiste em compostura e em comportamento calmo e discreto. As pessoas mais polidas são as que frequentam a ópera, onde se considera indecente que se mostre uma emoção qualquer. Essas mesmas pessoas, quando querem se divertir e vão a cervejarias ou a outros lugares indignos de cavalheiros, preservam a mesma compostura que mostram na ópera, enquanto os que estão à sua volta expressam muitas e variadas paixões, em gestos e no comportamento.

Não seria de esperar, portanto, que se permitisse algo de passional ou exagerado na Casa dos Lordes. Só se admite o que é ou parece ser uma exposição plena, justa e exata. Por essa razão, as arengas dos mais celebrados oradores ingleses nos parecem, a nós escoceses, que estamos acostumados a um litígio mais livre, meros títulos de discursos. Se, no entanto, sob a aparência de clareza e candura, o litigante consegue habilmente interpor algo que favoreça a sua causa, o efeito obtido pode ser considerável.

Os lordes, nos discursos que pronunciam uns para os outros, observavam sempre as mesmas regras de decoro, e se algo se insinua de passional, é simples insinuação. Oradores que adquiriram reputação na Casa dos Comuns, na qual muitas vezes se admite uma boa dose de deboche e de chacota, tinham uma maneira excessivamente livre, e perderam todo o seu mérito quando se transferiram para a câmara alta do parlamento. Pois, embora estivessem cientes de que a maneira à qual estavam acostumados não era de modo algum apropriada à Casa dos Lordes, não puderam se desvencilhar dela definitivamente e de uma hora para outra. É provável (e não podemos dizer mais) que muitos discursos sobre questões de Estado devam grande parte de seu efeito à elocução e à ênfase com que foram pronunciados. O famoso discurso de Atterbury, tão exaltado por todos aqueles que o ouviram, parece-nos confuso e sem vida, por maravilhoso que tenha sido o efeito produzido em seus ouvintes. O esplendoroso e o florido nunca foram apreciados, e os discursos de sir Robert Walpole eram por isso derrisoriamente chamados de *orações*.[4]

---

4 Referência ao discurso de Henry Sacheverell, pronunciado aos Lordes em 1710 e atribuído a Lorde Mansefield, e aos discursos de Walpole, primeiro-ministro da Grã-Bretanha entre 1721 e 1741. (NT)

Observo por fim, quanto a esse tópico, que a ideia inglesa de eloquência aqui sugerida é muito provavelmente justa,[5] dado que os dois oradores ingleses mais admirados, Lorde Mansefield e John Pym, falavam exatamente da mesma maneira, apesar do lapso de tempo que os separa.[6] O primeiro, no entanto, agrada-nos mais, por causa de sua linguagem, e é sem dúvida muito mais perspícuo e ordenado que o outro.

---

5 Compare-se Hume, "Da eloquência". In: *Ensaios políticos*, vol. I. Edimburgo: 1741; e Blair, *Lectures on rhetoric and belles-lettres*, cap. 26. Edimburgo: 1780. (NT)

6 Parlamentares, respectivamente, nos Lordes (a partir de 1756) e nos Comuns (a partir de 1621). (NT)

Da afinidade entre as artes da música,
da dança e da poesia[1]

NA SEGUNDA PARTE de meu *Ensaio sobre as artes imitativas* menciono a conexão formada entre as artes da *música* e da *dança* pelo *rythmus*, como diziam os antigos, ou pelo tempo, ou compasso, como dizemos, que regula igualmente a ambas.

A poesia é capaz de expressar perfeitamente e de modo distinto muitas coisas que a dança ou não pode absolutamente representar ou só pode fazê-lo de modo obscuro e imperfeito, como raciocínios e juízos do entendimento, ideias, fantasias e conjeturas da imaginação, sentimentos, emoções e paixões do coração. No que respeita ao poder de expressar significado com clareza e distinção, a dança é superior à música, e a poesia à dança. Dessas três *artes irmãs*, que originalmente se combinavam e continuaram a se combinar com frequência ao longo dos tempos, duas delas podem subsistir por si mesmas, separadas de suas companheiras naturais, a outra não. A essência da dança e da poesia ou verso consiste na observação precisa do que os antigos chamavam *rythmus* e que nós chamamos de *tempo* ou *compasso*, qualidade que distingue a primeira de todo outro movimento ou ação e a última de todo outro discurso. Quanto à proporção entre os intervalos e divisões da duração que constituem o que chamamos tempo ou compasso, parece que o ouvido julga com mais precisão que o olho. A poesia, da mesma maneira que a música, destina-se ao ouvido, ao passo que a dança destina-se ao olhar. Na dança, o ritmo, isto é, a devida proporção de movimentos, ou seu tempo ou compasso, não pode ser distintamente percebido a não ser que seja marcado pelo tempo ou compasso da música, que é mais distinto. Com a poesia ocorre algo diferente: não é necessário nenhum acompanhamento para marcar o compasso do

---

1 "Of the affinity between music, dancing and poetry", apêndice a "On the nature of imitative arts". In: *Essays on philosophical subjects*. Londres e Edimburgo: 1795. Redigido por volta de 1777. Tradução: Alexandre Amaral Rodrigues. O tradutor agradece as sugestões do Prof. Maurício Monteiro. (NE)

bom verso. Portanto, se a música e a poesia podem subsistir por si mesmas, a dança depende sempre de um acompanhamento musical.[2]

Mas nem toda espécie de movimento, passo ou gesto correspondente ao tempo, ou compasso da música constitui uma dança. É preciso que seja de uma espécie em particular. Num bom ator operístico não somente as modulações e pausas da voz mas cada movimento e gesto, cada variação, seja nos ares de sua face, seja na postura de seu corpo, corresponde ao tempo ou compasso da música. Contudo, nenhuma língua europeia subentende que o ator operístico, por melhor que seja, deva dançar, e se para representar seu papel geralmente se faz uso da chamada marcação de cena, esse passo não é considerado uma dança.

O olhar do espectador comum distingue prontamente entre o que se chama de passo de dança e um outro movimento, passo ou gesto qualquer, mas nem sempre é fácil dizer o que constitui essa distinção. Certificar-se com exatidão dos limites precisos em que uma espécie começa e a outra termina, dar uma definição acurada numa matéria tão frívola como essa talvez requeira mais ponderação e atenção do que merece um objeto aparentemente sem importância. Fosse essa, no entanto, a minha tarefa, eu observaria que, ao realizar uma ação ordinária qualquer, como, por exemplo, caminhar num aposento de um lado para o outro, uma pessoa pode mostrar graça e agilidade, mas, caso traia a menor intenção de mostrá-las, certamente nos ofenderá e não deixaremos de acusá-la de vaidade e afetação. No desempenho de uma ação ordinária como essa, ninguém quer ser julgado como se tivesse em vista outro intuito além daquele que é próprio da ação. Uma pessoa que queira exibir graça ou agilidade terá o cuidado de esconder esse objetivo, e a ofensa que causa será proporcional ao sentido que se exibe na ação. Mais difícil ainda é ocultá-lo totalmente. Na arte de dançar, ao contrário, todos proclamam e como que declaram a intenção de exibir graça, agilidade ou ambas. A exibição de uma ou de ambas essas qualidades é efetivamente o intuito próprio da ação, e observar o devido propósito de uma ação jamais poderia implicar afetação ou vaidade. Quando dizemos que ao dançar uma pessoa tem ares e graças afetados, ou bem queremos dizer que estes

---

2 Parágrafo acrescentado nesta tradução; extraído de "On the nature of imitative arts", § 08, *op. cit.* (NT)

são inconvenientes à natureza da dança, ou que seu desempenho é desajeitado, ou ainda talvez que ela exagera nos ares e graças que convêm à arte de dançar (esta última falta é a mais comum). Toda dança é na verdade uma sucessão de ares e graças de uma espécie ou de outra, e tais que, se posso me expressar assim, *se declaram* abertamente. Os movimentos, passos e gestos que *proclamam*, por assim dizer, a intenção de exibir uma sucessão de ares e graças, são peculiares à arte de dançar, e, realizados conforme ao tempo, ou compasso da música, constituem o que propriamente se chama *uma dança*.

Mas, se nem toda espécie de movimento, passo ou gesto, embora conforme ao tempo ou compasso da música, produz por si uma dança, quase toda espécie de som, desde que repetido num ritmo distinto, de acordo com um tempo ou compasso, produz uma sorte de música, por mais imperfeita que seja e ainda que não tenha qualquer variação de graves e agudos. Tambores, pratos e, ao que eu saiba, todos os outros instrumentos de percussão, têm apenas uma nota. Mas se essa nota for repetida num certo ritmo ou de acordo com um tempo ou compasso, distintamente marcado por uma mínima variação incidental de volume, esses instrumentos sem dúvida produzirão uma espécie de música, ainda que desprovida de toda variação de graves e agudos. Essa música, longe de ser desagradável, chega a ter efeitos notáveis. É verdade que as notas simples são, em tais instrumentos, muito distintas, ou são, como se diz, melodiosas. Contudo, não parece imprescindível que o sejam. O som abafado do tambor que marca o compasso da marcha fúnebre não é definido ou melodioso, e mesmo assim produz uma espécie de música que pode ser muito comovente. No desempenho do mais modesto artista, do homem que tamborila sobre a mesa, podemos distinguir o compasso e, às vezes, algo do espírito de uma canção favorita, reconhecemos que produz uma espécie de música. Sem movimentos e passos apropriados, seguir uma melodia não é dançar, mas o simples compasso, sem melodia, já produz uma espécie de música.

A observação exata da entonação, ou dos intervalos adequados de graves e agudos, constitui a principal beleza da música perfeita e também a sua maior dificuldade. O tempo, ou compasso de uma canção, é matéria simples, que mesmo um ouvido grosseiro e mal treinado é capaz de compreender e distinguir. Compreender e distinguir cada uma das variações de entonação e conceber com precisão a exata proporção de cada nota, eis o que muitas vezes, porém, não está ao alcance nem mesmo do ouvido mais refinado e cultivado. Quando ouvimos pessoas comuns a cantar, podemos observar que se elas em geral respeitam o tempo de maneira suficientemente distinta, apenas imperfeitamente respeitam a entonação. Descobrir e distinguir com precisão os intervalos próprios de entonação é o resultado de longa experiência e muito estudo. É comum que, em tratados teóricos sobre a música, o que os autores têm a dizer sobre tempo rítmico seja discutido num único capítulo, curto e superficial. O resto do volume é dedicado à teoria da entonação, que já há muito se estabeleceu como uma ciência tão vasta quanto abstrusa, que nem os mais sagazes dominam integralmente. As nações incivilizadas, em suas tentativas rudimentares na arte de cantar, não observam as minúcias da entonação. É por isso, aliás, que desconfio da suposta antiguidade de canções nacionais, que teriam sido transmitidas ao longo dos tempos por uma espécie de tradição oral, sem que, no entanto, tenham sido transcritas ou registradas por sucessivas gerações. O compasso, que é o espírito da canção, pode ser preservado dessa maneira, mas parece difícil preservar as notas da melodia com precisão. O método que utilizamos para cantar algumas de nossas velhas canções escocesas sofreu grandes alterações em tempos mais recentes, e é provável que já tivesse passado por muitas outras ainda maiores.

A distinção entre os sons ou tons do canto e os da fala parece equivalente à distinção entre os movimentos, passos e gestos da arte de dançar e os de uma ação ordinária qualquer. Por mais agradável que seja o tom da voz de uma pessoa, se quando ela fala transparece a intenção de mostrá-lo e parece-nos que ela escuta o som de sua própria voz, como que para afiná-la numa modulação aprazível, é inevitável que nos ofenda e seja censurada por uma das mais desagradáveis afetações que existe. Na fala, como em qualquer outra ação ordinária, esperamos e exigimos da parte atuante que ela observe tão-somente o intuito próprio da ação, ou, nesse caso, a expressão clara e distinta daquilo que tem a dizer. No canto, ao contrário, é declarada a intenção de agradar com o tom e a cadência da voz, e longe de censurarmos o cantor por uma afetação desagradável, esperamos e exigimos que ele o faça. Aprazer com a escolha e o arranjo de sons agradáveis é o intuito próprio de toda música, seja ela vocal ou instrumental, e esperamos ou exigimos que um indivíduo, não importa qual ação ele realiza, se atenha ao intuito próprio dessa ação. Uma pessoa que canta ou dança pode nos parecer afetada por querer nos deleitar com sons e tons inconvenientes à natureza da canção, por prolongar excessivamente os sons e tons convenientes, por exibir com arrogância as próprias habilidades e ser desmentida pelo próprio desempenho. Seja como for, a afetação desagradável consiste invariavelmente na tentativa de agradar não com uma modulação de voz apropriada mas, ao contrário, inapropriada. Há muito se sabe que a vibração de acordes ou de cordas em recíproca proporção de comprimento, densidade ou tensão, produz sons que correspondem exatamente aos sons e tons da voz humana que o ouvido aprova no canto. Os sons de acordes, dizem os musicólogos, são *uníssonos* aos da voz humana. Essa descoberta permite aos musicólogos se referirem de maneira distinta e precisa aos sons e tons musicais da voz humana: para determinar com precisão quais sons e tons particulares são significados, basta encontrar a proporção de cordas que vibra em uníssono a eles. O que se chama de intervalo, isto é, a diferença de graves e agudos entre sons e tons, é muito maior e mais distinta na voz que canta do que na voz que fala. Assim, embora os intervalos do canto possam ser medidos e estimados por meio de proporções entre as cordas de um instrumento, ou acordes, o mesmo não se aplica aos intervalos na fala. Mesmo os instrumentos mais aguçados não conseguem expressar intervalos tão mínimos. As *heptamérides* do Sr. Sauveur[3] chegam à expressão de um intervalo tão pequeno quanto a sétima parte da chamada *coma*, que é o menor intervalo admitido na música moderna [a nona parte de um tom]. Contudo, informa-nos o Sr. Duclos,[4] um instrumento como esse não poderia expressar os intervalos mínimos de pronúncia da língua chinesa, que é, de todas as línguas do mundo, a que mais se aproxima do canto e tem os maiores intervalos.

Vemos assim que os sons e tons da voz no canto podem ser determinados e circunscritos, ao contrário do que ocorre na fala, e que, se podem ser transcritos e registrados, o mesmo não vale para estes.

---

3   Joseph Sauveur, *Principes d'acoustique et de musique, ou système général des intervalles des sons*. Paris: 1701. Fundador da ciência acústica musical baseada na análise experimental e matemática da relação entre a frequência e a altura do som e das harmonias que daí se poderiam derivar. Dividiu a oitava em 43 *mérides*, cada uma das quais subdividida em sete *heptamérides*, as quais se subdividem em dez *decamérides*. (NT)

4   Charles Pineau Duclos, *Observações à Gramática geral de Lancelot e Arnauld*. Paris: 1754. (NT)

SOBRE OS TRADUTORES

Alexandre Amaral Rodrigues é mestre pelo Departamento de Filosofia da FFLCH/USP com uma tradução do livro I do *Essay on Genius*, de Alexander Gerard.

Daniel Lago Monteiro é mestre pelo Departamento de Filosofia da FFLCH/USP com uma dissertação sobre Edmund Burke.

Fernão de Oliveira Salles é professor de filosofia no DFMC da Universidade Federal de São Carlos.

Luís F. S. do Nascimento é professor de filosofia no DFMC da Universidade Federal de São Carlos e autor de artigos sobre Shaftesbury.

Marcos Balieiro é professor de filosofia na Universidade Federal de Sergipe.

Pedro Paulo Pimenta é professor no Departamento de Filosofia da FFLCH/USP. Publicou *A linguagem das formas* em 2007 pela Editora Alameda.

Esta obra foi impressa em Santa Catarina pela Nova Letra Gráfica & Editora na primavera de 2011. No texto foi utilizada a fonte Palatino Linotype em corpo 10,5, com entrelinha de 15,5 pontos.